L'IRAK
DE SADDAM HUSSEIN,
PORTRAIT TOTAL

DES MÊMES AUTEURS

Georges Malbrunot

Des pierres aux fusils. Les secrets de l'Intifada, Flammarion, 2002.

Christian Chesnot

La Bataille de l'eau au Proche-Orient, L'Harmattan, 1993.

(Avec Joséphine Lama) *Palestiniens 1948-1998-Génération fedayin, de la lutte armée à l'autonomie*, Autrement, 1998.

CHRISTIAN CHESNOT
GEORGES MALBRUNOT

L'IRAK
DE SADDAM HUSSEIN,
PORTRAIT TOTAL

EDIT1IONS

ISBN 2-84612-108-7
© Édition°1, 2003

*Au peuple irakien,
puisse-t-il enfin apercevoir la lueur au bout du tunnel.*

IRAK

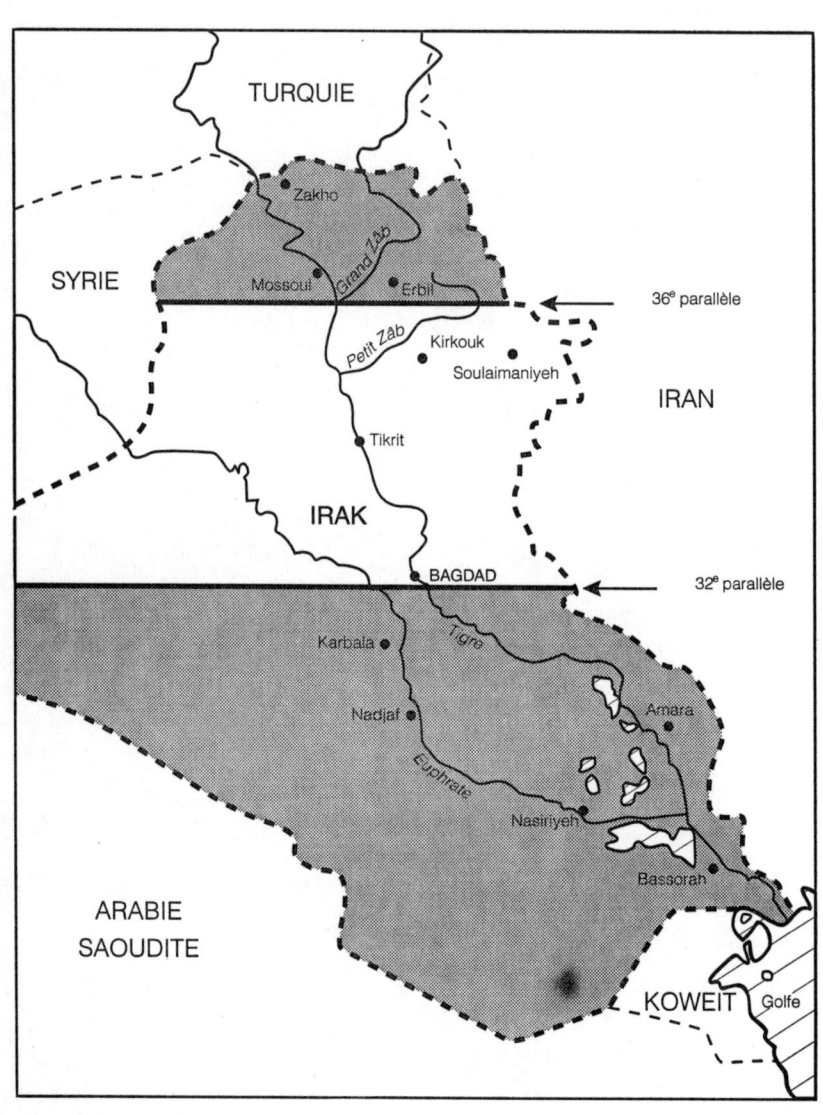

Introduction

L'Irak en ligne de mire

« Saddam ressemble à Hitler dans son bunker », commente son voisin, le roi Abdallah II de Jordanie. Le dictateur de Bagdad n'ignore plus que, pour l'Amérique de George Bush, il est désormais l'homme à abattre.

Traumatisés par les attentats du 11 septembre, les États-Unis ont lancé une campagne contre le terrorisme et les « États voyous » qui pourraient les menacer avec des armes de destruction massive. L'heure est à l'action, même préventive[1]. Sur « l'axe du mal » dressé par le président américain, l'Irak de Saddam Hussein est en haut de la liste noire. La priorité n'est plus à son « endiguement » par le contrôle de l'usufruit de ses gigantesques réserves pétrolières.

Le raïs irakien n'a pas surgi par hasard de Mésopo-

---

1. Le bureau du vice-président Dick Cheney et Condoleeza Rice, conseillère de George W. Bush à la sécurité nationale, ont obtenu à l'automne 2002 le transfert du Proche-Orient d'un diplomate américain de haut rang, fin connaisseur de la région mais peu sensible à leurs thèses guerrières. Son téléphone fut mis sur écoute par le FBI. « Pour la première fois dans l'histoire récente des États-Unis, nous avons un gouvernement extrémiste », réagit l'intéressé.

tamie, comme un mauvais génie. Il est le produit de l'histoire violente de cette terre, de tout temps convoitée, le produit aussi de l'hypocrisie et des rejets successifs de l'Occident. Saddam, le Bédouin de Tikrit, ville du centre du pays située sur les rives du Tigre, a voulu faire de l'Irak la puissance dominante du monde arabe, un remake en quelque sorte de l'époque mythique des califes abbassides.

Quand le président Anouar al-Sadate signe le traité de paix égypto-israélien en 1979, Saddam Hussein se frotte les mains : en pactisant avec « l'ennemi sioniste », l'Égypte perdait son prestige au sein de la nation arabe ; c'est à Bagdad et à son chef qu'il incombait de reprendre le flambeau.

Grâce à la manne pétrolière, l'Irak est le premier pays arabe à vouloir se doter d'une industrie militaire – conventionnelle et non conventionnelle – pouvant rivaliser avec celle de l'Occident. Même l'Égyptien Gamal Abdel Nasser n'était pas parvenu à disposer de tels armements. Cette force militaire entre les mains d'un homme aussi ambitieux que Saddam ne pouvait rester sagement dans les casernes.

L'Occident saura manipuler ses rêves de grandeur et flatter son ego. En 1979, lorsque Saddam arrive au pouvoir, le péril vient de l'Iran, où l'ayatollah Khomeyni promet d'exporter sa révolution islamique. Le maître de Bagdad devient le bouclier protégeant les intérêts occidentaux au Moyen-Orient.

Saddam est pourtant déjà un « mauvais ». Le monde, la France en particulier, qui lui vend les clés pour fabriquer la première bombe atomique arabe, n'ignore pas les conditions sanglantes dans lesquelles il s'empare du pouvoir. Le témoignage de notre ambassadeur sur place à l'époque est saisissant. Mais Saddam est un « salaud utile » face à la menace iranienne, celui que Raymond Barre aide à marcher quand il souffre des vertèbres cervicales lors d'une des visites du Premier ministre à Bagdad, au temps de nos mégacontrats sur les bords du Tigre.

En termes d'armement, rien ne sera trop beau pour le soutenir. Jusqu'en 1988, personne ne dira mot sur le régime de terreur intérieure. En ayant payé le prix du sang pendant sa guerre contre les mollahs iraniens, Saddam a cru qu'il resterait pour toujours le « chouchou » de l'Occident. Il n'écoute pas les conseils du roi Hussein de Jordanie qui, en août 1988, vient à Bagdad lui dire : « Maintenant, j'espère que vous allez consacrer votre temps à dialoguer avec le monde. »

La guerre Iran-Irak terminée, Saddam et sa puissance ne servent plus à rien : il devient le « salaud » tout court. Son crime – pire, selon le mot de Talleyrand à Bonaparte à propos des aventures militaires de l'empereur, son erreur – d'envahir le Koweït a précipité la descente en enfer de son pays. C'est un salaud dont on ne saura que faire et qui, grâce à l'un des systèmes de protection les plus sophistiqués au monde, parviendra à déjouer tous les complots ourdis contre sa personne.

Adossé à l'histoire, Saddam vit dans un monde de conspiration. Celle-ci est devenue la norme autour de lui, dans sa famille, notamment, qui a fait main basse sur le pays. Mais à l'intérieur du clan, les luttes de pouvoir sont violentes entre ses différentes branches.

Il a joué une partie de poker menteur avec l'ONU et ses inspecteurs en désarmement. Il a d'abord menti, pensant, comme tout le monde en ce début de décennie 90, que l'embargo serait levé, avant que l'on ne découvre sa dissimulation.

Ses griefs contre la communauté internationale étaient pourtant parfois recevables. Un témoin au cœur de l'événement raconte comment le Conseil de sécurité des Nations unies, incapable de prendre ses responsabilités politiques, tournicote, notamment en 1998, cette année charnière où une réintégration de l'Irak dans le concert des Nations était encore possible. Mais la voulait-on avec Saddam aux commandes ? À l'aube du xxie siècle, l'expérience du désarmement irakien peut être utile demain.

Sa fierté bédouine ne peut supporter les humiliations. En 1994, Saddam masse ses troupes à la frontière avec le Koweït. À un émissaire jordanien, il lance, péremptoire : « J'ai donné l'ordre personnellement, il faut leur montrer que l'Irak existe encore ! »

Saddam est aujourd'hui au pied du mur pour livrer son dernier combat, celui de sa survie personnelle et politique. Isolé, il n'a pas pour autant coupé le lien avec l'Occident qui le défie. Lui, désormais atteint du cancer, et son fils aîné, Oudaï, blessé dans un attentat, bénéficient encore des bonnes fées de la médecine occidentale. Des docteurs français et allemands continuent de se rendre régulièrement à Bagdad pour prodiguer leurs soins aux membres du clan.

L'Irak de Saddam, c'est histoire d'une immense incompréhension entre l'Orient et l'Occident, dont l'épilogue guerrier pourrait provoquer un séisme au Moyen-Orient.

I

Une histoire violente et tourmentée (1958-1979)

Bain de sang royal

Le massacre de la famille royale est resté dans les annales de l'histoire irakienne moderne comme un moment de pure folie collective. En Égypte, après la révolution de 1952, le roi Farouk part tranquillement en exil à bord de son yacht : sur le port d'Alexandrie, le souverain déchu a même droit à vingt et un coups de canon de la part du nouveau pouvoir républicain. En Irak, le scénario du renversement de la monarchie est d'une brutalité à glacer le sang. Le 14 juillet 1958, le trône hachémite de Bagdad est balayé par un coup d'État militaire, appuyé par une marée humaine assoiffée de revanche.

Depuis l'instauration de la monarchie en 1921, les souverains qui se sont succédé n'ont jamais été vraiment populaires. Le roi est le jouet de la Grande-Bretagne, puissance mandataire qui, en coulisse, tire les ficelles pour préserver ses intérêts politiques et pétroliers, même si, formellement, l'Irak est le premier pays arabe à devenir indépendant et à entrer à la Société des Nations (SDN) en 1932. Seul le roi Ghazi Ier, qui affiche ostensiblement des prises de position antibritanniques, saura s'attirer la sympathie de ses sujets. Or, il meurt en 1939 dans un mystérieux accident de la route. Les Irakiens y voient la main des Anglais.

Trop jeune pour lui succéder, Fayçal, son fils âgé de quatre ans, doit patienter jusqu'à sa majorité pour monter sur le trône. En attendant, la régence est confiée à son oncle Abdul Illah et les affaires du gouvernement au Premier ministre, Nouri Saïd, un ancien officier de l'armée ottomane. Ces deux hommes sont proches des Anglais ; ils manient la matraque pour faire régner l'ordre, n'hésitant pas à pendre les opposants en place publique. Le peuple leur voue une haine tenace. Face à ses deux aînés impopulaires, le roi Fayçal II, jeune homme asthmatique au caractère réservé, ne pèse pas lourd.

Dans une ambiance de bouillonnement révolutionnaire, l'année 1958 s'ouvre sur un coup de tonnerre au Moyen-Orient : l'Égypte de Nasser, le chantre du panarabisme, décide de fusionner avec la Syrie, dans la République arabe unie (RAU), première étape vers la réalisation d'une mythique unité arabe. Pour les monarchies pro-occidentales, cette union politique constitue une menace de déstabilisation. Le royaume hachémite d'Irak et celui de Jordanie forment l'Union arabe, une alliance qui vise à contrebalancer le poids de la RAU.

Au Liban, le régime du président Camille Chamoun, lui aussi un allié de l'Occident, est en difficulté. Contesté dans la rue par les militants nassériens, il doit faire appel aux Marines américains, qui débarquent à Beyrouth au début de l'été. L'inquiétude se répand et gagne alors la Jordanie. Fraîchement intronisé, le jeune roi Hussein ne tient pas encore fermement les rênes de son pouvoir et redoute la contagion révolutionnaire.

D'urgence, il appelle au secours son partenaire irakien de l'Union arabe. Bagdad répond favorablement et envoie une brigade à Amman. Apparemment anodine, cette décision scelle en réalité le sort de la monarchie irakienne.

Depuis plusieurs années déjà, des « officiers libres » complotent à l'intérieur de l'armée irakienne. Mécontents de la mainmise britannique exercée sur les rouages du pays grâce à la complicité de la famille royale et de Nouri Saïd, le Premier ministre, ils s'organisent secrètement. Ces jeunes militaires irakiens sont animés par la même soif d'indépendance que leurs collègues égyptiens qui ont destitué le roi Farouk en 1952.

« Quelques semaines avant le renversement de la monarchie, j'ai reçu un message urgent de notre ambassadeur à Beyrouth, se souvient un ancien membre du cabinet royal. Le Vatican informait alors les autorités libanaises que l'armée irakienne était infiltrée par des officiers libres et qu'elle ne pourrait pas venir en aide au président Chamoun en cas d'insurrection nassérienne. Au sein du cabinet royal à Bagdad, personne ne prit cette information au sérieux. L'armée est fidèle et sous contrôle, me rétorqua-t-on. Le roi Fayçal II demanda toutefois aux ambassadeurs américain et britannique s'ils détenaient des informations relatives à ces soi-disant officiers libres. Les deux diplomates affirmèrent au souverain que toute cette histoire de complot était un mythe et qu'il n'avait rien à craindre pour son trône. »

Ce n'est pas la dernière fois que les États-Unis et leurs alliés britanniques font preuve de duplicité en Irak. Quand un coup d'État éclate à Bagdad, la main de la CIA n'est jamais innocente. William Leakland, deuxième secrétaire mais en réalité l'homme des services de renseignements à l'ambassade américaine, favorise en sous-main le premier putsch du parti Baas en 1963. Personnage sans gêne, reconnaissable à son œil de verre, il se comporte comme un vice-roi, entrant à l'improviste dans les ministères pour rencontrer des hauts fonctionnaires. À la même époque, la CIA a déjà pris contact avec un jeune militant baassiste, Saddam Hussein, alors qu'il est étudiant au Caire.

Mal conseillé par son entourage et trompé par les Anglo-Saxons, le roi Fayçal ne se doute de rien. L'envoi de soldats en Jordanie est l'occasion rêvée de passer à l'action pour les conjurés, emmenés par le brigadier Abdel Karim Qassem et le colonel Abdel Salam Aref. Les autorités irakiennes commettent à ce moment-là une erreur fatale : elles autorisent les soldats à traverser Bagdad pour se rendre en Jordanie. Ces renforts n'arriveront jamais à Amman.

Le 14 juillet 1958, dans la chaleur d'une nuit d'été, les troupes putschistes se déploient dans la capitale irakienne, sans éveiller le moindre soupçon. Les points stratégiques de Bagdad sont occupés : les ponts sur le Tigre, les bâtiments des Postes et Télécommunications, l'immeuble de la radio et le ministère de la Défense. Vers 5 heures du matin, les mutins se présentent devant les portes du palais royal de Rihab. Les soldats de garde opposent une faible résistance et se rallient rapidement aux rebelles.

À la radio, le colonel Abdel Salam Aref s'adresse à la population : « Ici, la république d'Irak. C'est votre jour de victoire et de gloire. L'ennemi de Dieu et son maître ont été tués et gisent dans la rue. » Or, pour le moment, le roi Fayçal, vingt-trois ans, est toujours en vie. À l'intérieur du palais royal, c'est la panique. Toutes les lignes téléphoniques ont été coupées. La famille royale, composée du roi et de sa femme Nafisa, son oncle le régent Abdul Illah et sa femme la princesse

Hiyam, se retrouve prise au piège. Le sauve-qui-peut est lancé.

Tout le monde se réfugie à la cave, puis dans les cuisines du palais assiégé. Bien vite, le roi et ses proches se rendent compte que toute résistance est inutile. Seul espoir : négocier un exil définitif à l'étranger. Dans la rue, une foule hostile de plus en plus nombreuse s'agglutine autour du palais royal et se fait menaçante, brandissant des armes à feu, des couteaux et des pierres.

Vers huit heures du matin, les portes des cuisines s'ouvrent : le roi Fayçal et le régent Abdul Illah agitent un mouchoir blanc en signe de capitulation. Les femmes et les domestiques les suivent. Mais soudain, un officier rebelle se place derrière eux et décharge sa mitraillette. Le roi et le régent sont tués sur le coup, et seule la princesse Hiyam, blessée à la cuisse, réussit à échapper à cette exécution sommaire.

Pourquoi la famille royale a-t-elle été ainsi froidement abattue ? Pour l'historien jordanien Ali al-Mahfaza, spécialiste de la période contemporaine des pays arabes, « les rebelles redoutaient que ne se reproduise l'épisode du coup d'État manqué de 1941 : par la force, les Anglais avaient remis sur le trône le régent Abdul Illah et le roi Fayçal II et écrasé les rebelles, qui avaient été pendus. Cette fois-ci, la famille royale devait disparaître pour éviter tout retour de la monarchie [2] ».

Les dépouilles royales sont chargées dans un camion pour être emmenées à la morgue. Mais la foule, gorgée de rancœur, s'agrippe au véhicule. Finalement, les soldats jettent à la population le cadavre du régent Abdul Illah, qui assouvit sa soif de vengeance.

2. Entretien avec l'un des auteurs, Amman, 21 septembre 2002.

Crachats, coups de pied et de bâton pleuvent. Le corps dénudé est attaché par deux cordes et traîné dans les rues de Bagdad. La dépouille déchiquetée d'Abdul Illah est finalement pendue à une corniche du ministère de la Défense, à l'endroit même où, quelques années plus tôt, il faisait exécuter les opposants au régime. Dans la soirée, le corps est aspergé d'essence et brûlé. Les restes calcinés sont jetés dans le Tigre.

La dépouille du roi Fayçal II, elle, parvient à l'hôpital militaire où sa mort est officiellement constatée. Le souverain est discrètement enterré dans le jardin de l'établissement. Sur les ondes de la radio, pour célébrer la chute de l'ancien régime, résonnent les airs de *La Marseillaise* et de *La Carmagnole*, comme un lointain hommage à la Révolution française. Dans la soirée, le gouvernement républicain appelle la population à capturer mort ou vif Nouri Saïd, le Premier ministre. À l'instar de Saddam Hussein promettant quarante ans plus tard une prime à tout pilote qui abattrait un avion américain, une récompense de 10 000 dollars est assortie à l'appel.

Alerté du coup d'État, le chef du gouvernement a réussi à fuir juste avant que des soldats n'investissent sa résidence. Nouri Saïd cherche à rejoindre la base militaire britannique de Habaniyeh pour se mettre en sécurité. Vêtu d'une *abaya* noire, la robe traditionnelle des femmes irakiennes, il est finalement démasqué par la population dans les rues de Bagdad. Acculé par une foule agressive, il sort son revolver et tire. Un officier présent sur les lieux réplique et l'abat. Le cadavre sera transporté au ministère de la Défense puis enterré au cimetière de Bab al-Moazzam.

Survoltée, la population réclame son corps. Elle parvient à déterrer sa dépouille. Attaché à une moto, le cadavre de l'ex-Premier ministre fait alors le tour de Bagdad, brandi comme un trophée de chasse. Au cours de cette journée de violence inouïe, l'ambassade de Grande-Bretagne est incendiée. Des hommes politiques jordaniens et des hommes d'affaires américains trouvent la mort lors de ces événements incontrôlables, alors qu'ils étaient réfugiés dans leur hôtel.

Cette violence extrême est le reflet des pulsions de l'âme irakienne, qui ne supporte ni la demi-mesure ni la tiédeur. « Ils aiment et détestent à la folie, ils sont souvent excessifs dans leur comportement », constate encore aujourd'hui un diplomate à Bagdad, qui avoue avoir parfois des entretiens orageux avec ses interlocuteurs.

La famille royale irakienne n'est pourtant pas complètement liquidée. La princesse Badi'a, la tante du roi Fayçal II, son mari, Hussein Bin Ali, et leurs trois fils – Mohammed, Abdallah et Ali – échappent au massacre. Par chance, ils sont loin du palais de Rihab au moment où a lieu la tuerie. Pendant plusieurs mois, ils restent réfugiés à l'ambassade d'Arabie saoudite à Bagdad, avant d'être finalement autorisés à s'exiler au Caire puis à s'installer définitivement à Londres. C'est leur dernier fils, le charif Ali Bin Hussein, âgé de deux ans à l'époque, qui revendique aujourd'hui le trône d'Irak.

D'un strict point de vue de la descendance dynastique, dans la famille des Hachémites, c'est le prince Raad qui est le prétendant le plus légitime au titre de roi d'Irak. Résidant en Jordanie, il est le fils du prince Zeid, frère du roi Fayçal Ier [3], marié à une Turque, la princesse Fakhrelnissa. Lors de la révolution de 1958 et du massacre de la famille royale, Zeid se trouvait à Londres, où il occupait le poste d'ambassadeur d'Irak. Une chance pour le charif Ali Bin Hussein : le prince Raad, personnage effacé et sans ambition personnelle,

---

3. Fayçal Ier régna de 1921 à 1933.

n'aspire à jouer aucun rôle politique dans l'Irak de l'après-Saddam.

Laissées à l'abandon pendant des années, les tombes de Fayçal II et de son père Ghazi à Bagdad ont été restaurées en 1989. Respectueux de la lignée monarchique, le roi Hussein de Jordanie tenait à payer les travaux de réfection, mais Saddam Hussein a refusé catégoriquement. Le président irakien a puisé dans sa cagnotte pour financer la construction d'un mausolée coiffé de dômes bleu turquoise afin d'honorer la mémoire de ces deux rois hachémites irakiens. Au centre d'une place, non loin du Tigre, dans le quartier d'al-Adhamiyeh, les deux rois reposent depuis en paix.

Encore aujourd'hui, ces heures sanglantes de la révolution de 1958 restent gravées dans la mémoire collective irakienne. La violence brute qui a caractérisé cet événement s'inscrit dans la lignée d'une histoire chaotique, nourrie depuis la nuit des temps de rébellions et de dissidences. La révolte anticoloniale de 1920 fait partie de ces moments clés où le peuple irakien a donné libre cours à ses sentiments. Dirigés contre l'occupant anglais, les combats acharnés se sont soldés par plus de 420 morts et près de 2 500 blessés au sein des forces britanniques, et 8 500 tués et blessés parmi les tribus. Pour mater les insurgés, les Anglais ont même utilisé des gaz de combat.

Comme tout Irakien, Taha Yassine Ramadan, proche de Saddam Hussein, a le sens de l'Histoire. « C'est dans ces deux événements qu'il faut chercher les racines de l'hostilité britannique à l'égard de l'Irak[4] », déclare-t-il à l'adresse de ceux qui s'interrogent sur la

---

4. Conférence de presse de Taha Yassine Ramadan le 10 septembre 2002 à Amman.

tenace obstination de Tony Blair dans son suivisme pro-américain pour ramener l'Irak à l'âge de pierre.

« L'âge d'or » du Baas

La prise du pouvoir par le parti Baas en 1968 est l'exception qui confirme la règle : pour une fois, le sang n'a pas coulé lors du putsch. Les historiens l'appellent « la révolution blanche ».

Pour les Irakiens, c'est un coup d'État de plus. Quelques années plus tôt, le tombeur de la monarchie, le général Qassem, a été renversé par l'armée [5]. La population s'est lassée des affrontements sanglants entre communistes et baassistes. La prise de pouvoir par le Baas en 1968 constitue presque un soulagement pour elle.

Après la guerre des Six-Jours, en 1967, qui permet à Israël de conquérir le Sinaï égyptien, le Golan syrien, la Cisjordanie et la bande de Gaza, les Arabes sont en état de choc. La défaite est humiliante. Les régimes en place sont affaiblis et discrédités auprès de leurs opinons publiques. Au Caire, le nassérisme est en berne, laissant désormais le champ libre à d'autres forces révolutionnaires : pour les Palestiniens, le Fatah de Yasser Arafat a le vent en poupe, en Irak, c'est le parti Baas qui s'impose.

Bien structuré, disposant de militants aguerris à la clandestinité, le parti panarabe prépare sa conquête du pouvoir sur les décombres de la défaite de 1967. Une nouvelle fois, les rebelles sont des militaires. Le général Ahmed Hassan al-Bakr dirige la conjuration, épaulé par les colonels Abdel Razzak Nayyef, Ibrahim Daoud

---

5. Le général Qassem est renversé le 8 février 1963.

et Saadoun Gheidan. Le 17 juillet 1968, les blindés assiègent le palais présidentiel tandis que des soldats et des miliciens baassistes occupent les points névralgiques de Bagdad.

Le chef de l'État en place, le général Abdel Rahman Aref, qui a succédé à son frère Abdel Salam deux ans plus tôt, est arrêté et exilé à Londres. Cette déposition en douceur installe à la tête de l'Irak un Conseil de commandement de la révolution (CCR) présidé par le général Ahmed Hassan al-Bakr. Un an plus tard, Saddam Hussein est nommé vice-président du CCR, c'est-à-dire numéro deux du régime. Une belle promotion à trente ans pour ce jeune cadre ambitieux du parti, qui n'occupait jusqu'alors que le poste de secrétaire général adjoint.

Mais bien vite, les vieux démons de la vie politique irakienne reprennent le dessus. Entre la direction baassiste et l'état-major militaire, le torchon brûle. Deux semaines seulement après le coup d'État, plusieurs militaires putschistes sont éliminés à l'initiative de Saddam Hussein. Le colonel Abdel Razzek Nayyef est exilé au Maroc tandis que le colonel Ibrahim Daoud, alors en tournée d'inspection en Jordanie des troupes irakiennes stationnées là depuis la guerre de 1967, apprend sa disgrâce par la radio et s'enfuit en Arabie saoudite. La direction civile du parti vient de prendre le dessus sur l'armée.

Avec le Baas au pouvoir, l'Irak connaît une ère de stabilité politique inédite et inaugure une période de prospérité économique et sociale remarquable. Fondé en 1942 à Damas par le chrétien Michel Aflak et le sunnite Salahedine Bittar, le parti se veut le promoteur d'une fusion entre nationalisme et socialisme afin de régénérer la nation arabe. À lui seul, le terme *baas* est un programme. En arabe, il signifie tout à la fois « renaissance », « résurrection » et « résurgence ».

Le dépeçage du monde arabe par les puissances coloniales au sortir de la Première Guerre mondiale est le point de départ de la réflexion et de l'idéologie baassistes. Prenant acte de cette réalité imposée par l'Occident après la chute de l'empire ottoman, le parti a l'ambition de réunifier la nation arabe. Pour cela, il faut mettre la richesse de ces pays, notamment le pétrole, au service de la construction d'un État moderne et laïc [6].

Son mot d'ordre est « unité, liberté, socialisme ». Jugeant les frontières étatiques artificielles, le Baas est le premier parti à considérer l'ensemble du monde arabe comme son champ d'action et de propagande. Son organisation reflète d'ailleurs cette idéologie : un commandement national panarabe chapeaute des commandements régionaux installés dans chaque pays arabe. Quant à sa structure militante, elle est calquée sur le modèle du parti communiste soviétique [7].

Dans les années 50 et 60, le Baas représente un puissant pôle d'attraction politique, notamment auprès de la jeunesse en quête d'idéal. Dans tous les pays arabes du Proche-Orient, une génération entière de militants et d'hommes politiques se forme à l'idéologie baassiste. Cette dernière séduit, car elle transcende les structures traditionnelles des sociétés arabes féodales et confessionnelles. En Irak, le Baas attire les chrétiens pour la laïcité, les sunnites pour les appels à l'unité arabe et les chiites pour les mots d'ordre sociaux et égalitaires. Tout le monde y trouve son compte et des raisons de soutenir le parti.

Cependant, le Baas est victime des divisions entre ses deux principaux commandements régionaux, un

---

6. Pour le Baas, l'islam demeure cependant un élément central dans la formation de l'arabisme.
7. Voir chapitre III.

comble pour un mouvement incarnant l'unité arabe. Comme au temps de l'ancestrale rivalité entre califes omeyyades de Damas et abbassides de Bagdad, le parti se déchire entre la Syrie et l'Irak. Les deux directions baassistes au pouvoir revendiquent la légitimité historique du mouvement et se prétendent les gardiennes du temple idéologique. En réalité, les partis Baas syrien et irakien se sont transformés en simples instruments de contrôle politique au service des régimes en place à Damas et à Bagdad.

Tirant les leçons d'une décennie de putschs et de séditions, le tandem Ahmed Hassan al-Bakr-Saddam Hussein n'a qu'une obsession : consolider et pérenniser le pouvoir baassiste sur la vie du pays. Pour cela, le régime a besoin d'un Baas puissant, discipliné et tentaculaire permettant de contrôler la société. Saddam Hussein, le numéro deux du régime, a carte blanche pour constituer un mouvement politique dictatorial de masse. Dans cette tâche, il s'appuie sur un groupe de personnalités fidèles comme son demi-frère Barzan, Taha Yassine Ramadan, Izzat Ibrahim al-Douri ou encore Saadoun Shaker. Des hommes qui tiennent encore aujourd'hui le haut du pavé à Bagdad.

Saddam Hussein délègue ses représentants dans le moindre village pour recruter de nouveaux membres. Les éléments prometteurs sont envoyés à l'école du parti *(madrasat al 'idad al hizbi)*. Les chiites sont particulièrement ciblés : bientôt, ils sont plus nombreux que les sunnites dans le parti. Cependant, Saddam accorde une attention particulière à ses soutiens les plus loyaux : ceux bien sûr de son clan de Tikrit mais aussi ceux d'Ana, de Samara, d'al-Haditha, ou encore de Mossoul. En 1969, 60 % des membres du Conseil de commandement de la révolution sont des Tikritis.

« À cette période, d'un parti de la classe moyenne d'intellectuels, le Baas devient un parti tribal[8]. »

Sur le plan intérieur, le régime baassiste utilise la manne pétrolière pour transformer en profondeur les structures socio-économiques du pays, au point de devenir un modèle pour les autres pays arabes. Comme au temps de Nasser, qui en 1956 nationalise le canal de Suez, Saddam Hussein prend une mesure hautement symbolique : le 1er juin 1972, il supervise personnellement la nationalisation de l'Iraqi Petroleum Company (IPC), propriété d'intérêts anglo-saxons.

Un événement baptisé par Saddam Hussein « jour de la victoire ». Sur les ondes de Radio Bagdad, le slogan « le pétrole aux Arabes ! » est martelé aux auditeurs. La guerre israélo-arabe de 1973 et la flambée des cours du brut vont donner à l'Irak baassiste les moyens financiers de réaliser ses ambitions économiques et sociales. Grâce à la manne pétrolière et à une politique volontariste, en quelques années, le visage du pays change radicalement.

Les villes poussiéreuses se transforment en cités modernes et les routes chaotiques en larges autoroutes. Un énorme effort dans les infrastructures est accompli (aéroports, électrification, téléphones, réseaux d'eau et d'assainissement, etc.). Une politique de construction de barrages et de modernisation de l'irrigation donne un coup de fouet à l'agriculture, dont la productivité décolle, mais vide les campagnes. Le paysan de la Mésopotamie se transforme en ouvrier qualifié ou en fonctionnaire de l'État. Plusieurs réformes agraires entament le pouvoir des grands propriétaires fonciers. Le régime baassiste veut créer une société moderne

---

8. Saïd Abu Rich, *Saddam Hussein. The Politics of Revenge*, Londres, Bloomsbury, 2000.

encadrée dans un État fort, faisant ressembler l'Irak à une « Prusse » du Moyen-Orient, qui veut se doter de moyens militaires à la hauteur de son ambition.

Le nombre d'employés du secteur public enregistre une croissance vertigineuse. L'État recrute à tour de bras. Entre 1968 et 1972, le nombre de fonctionnaires est multiplié par trois (de 277 000 à 630 000), fournissant les gros bataillons d'une nouvelle classe moyenne aussi nombreuse qu'ambitieuse. Celle-ci devient le socle du pouvoir baassiste. De 1968 à 1990, la classe moyenne grimpe de 28 % à 48 % de la population urbaine. Dépensant sans compter, l'État-providence est généreux et achète cash la paix sociale par la mise en place d'un système éducatif gratuit et d'un système de sécurité sociale pour la majorité des Irakiens.

La construction d'écoles et d'universités s'accélère, formant les cadres dont le pays a besoin. L'éducation est l'une des priorités du régime qui parvient pratiquement à faire disparaître l'analphabétisme [9]. En 1978, le Conseil de commandement de la révolution promulgue une loi obligeant tout Irakien ou Irakienne âgé de quinze à quarante-cinq ans ne sachant ni lire ni écrire à se rendre dans un centre d'alphabétisation. Grâce à ce système d'enseignement gratuit, la promotion sociale joue à plein. Les hôpitaux irakiens sont considérés comme des références dans le monde arabe. Médicaments gratuits en abondance et équipements hospitaliers les plus modernes deviennent peu à peu la règle.

La recherche scientifique obtient elle aussi d'importants crédits. Pour le meilleur et pour le pire. C'est à cette époque en effet que l'État irakien démarre son programme de développement d'armes nucléaires,

---

9. En 1979, l'Unesco décerne à l'Irak le Prix de la lutte contre l'analphabétisme.

chimiques et bactériologiques, avec le soutien de l'Occident. Les ingénieurs reçoivent les meilleures formations en Europe ou aux États-Unis et sont choyés par le régime qui leur accorde de nombreux privilèges (appartements de fonction, voitures, salaires élevés, etc.).

Pendant la décennie 70, les Irakiens deviennent des consommateurs sur le mode occidental. Leur niveau de vie est alors comparable à celui des Européens. Enfants gâtés, ils développent une mentalité d'assistés. Quand un appareil ménager tombe en panne, on ne le répare pas, on le jette et on en achète un autre. La majorité des foyers irakiens possède une voiture, souvent une grosse américaine (Buick, Chevrolet ou Cadillac). Elles détonnent encore aujourd'hui dans les rues de Bagdad, mais, embargo oblige, elles sont beaucoup moins rutilantes.

De larges secteurs de la population accèdent à la propriété, comme en témoigne l'émergence à Bagdad de quartiers résidentiels que l'on croirait copiés sur le modèle américain : des maisons coquettes à un ou deux étages avec un carré de pelouse ou un coin de jardin. Dans ces quartiers typiquement *middle class*, les rues sont tracées « à la californienne » selon un plan d'urbanisation rectiligne. Elles ne portent pas de nom, mais des numéros. C'est le rêve américain façon orientale sur les bords du Tigre.

« Nous avions la belle vie, se souvient une Irakienne aujourd'hui exilée en Jordanie, même si nous n'étions pas forcément tous très fortunés. On passait les week-ends à Bassorah, dans le sud. Le dinar, à l'époque, valait environ 3 euros. En 1976, je suis partie en France. Nous étions autorisés à emporter 1 000 dinars, c'était une somme. Les fonctionnaires pouvaient acheter leur billet d'avion à crédit, ils le remboursaient ensuite 4 dinars par mois. Les salaires n'étaient pas très élevés, mais les avantages étaient nombreux. J'avais droit à une allocation logement de 50 dinars chaque mois (environ 160 euros). »

Le pouvoir d'achat permet aux gens d'assouvir leur soif de culture, dans cette Mésopotamie si fière d'être le berceau de la civilisation. Les galeries de peinture et les bibliothèques se multiplient, donnant corps à l'adage : « Dans le monde arabe, les livres sont écrits par les Égyptiens, imprimés par les Libanais et lus par les Irakiens. »

L'État baassiste soutient la création artistique par des commandes publiques, mais aussi par le biais du syndicat des artistes, qui rémunère peintres, sculpteurs, musiciens et comédiens. La société civile n'est pas en reste non plus, comme le rappelle Hana Sadeq, une modéliste irakienne de renom : « Durant ces années fastes, les familles bourgeoises finançaient les artistes dans une forme de mécénat. Elles passaient des commandes à un peintre, lui offraient même parfois une maison, et payaient les études de ses enfants. »

Les femmes sont les premières bénéficiaires de cet « âge d'or ». Elles accèdent en masse à l'éducation et au monde du travail, car le régime s'attache à promouvoir l'égalité entre hommes et femmes. Le code de la famille est revu : la répudiation est interdite et la garde des enfants en cas de divorce fait l'objet d'un examen impartial. Laïc, le pouvoir n'est pas hostile à la religion, et respecte les croyances de chacun. À cette époque, le voile islamique n'a pas la cote. Les jeunes femmes préfèrent porter robes et pantalons pour aller à l'université ou se rendre à leur travail. Les Irakiennes vivent alors dans un monde à mille lieues de leurs voisines saoudiennes qui, encore aujourd'hui, n'ont pas le droit de conduire, ou koweïtiennes qui ne peuvent toujours pas voter.

Les Irakiens vivent nettement mieux que leurs voisins arabes. Ils sont bien nourris, bien éduqués et bien soignés. Mais, revers de la médaille : le régime impose une répression interne implacable qui broie la moindre tentative d'opposition. « L'oncle Saddam » *(A'mo Saddam)*, comme l'ont déjà surnommé les Irakiens, est certes généreux, mais impitoyable contre tous ceux qui osent se dresser sur son chemin.

Saddam Hussein prend le pouvoir

Le 16 juillet 1979, le président Ahmed Hassan al-Bakr apparaît sur les écrans de télévision : la mine grave, il annonce aux Irakiens son retrait de la vie politique et le passage du témoin au *rafiq* (« le camarade ») Saddam Hussein. Pour expliquer sa soudaine décision, le vieux président évoque des raisons personnelles. Nul n'est dupe. Depuis des années, Ahmed Hassan al-Bakr est devenu l'homme lige de Saddam qui détient déjà la réalité du pouvoir, fort de sa mainmise totale sur le parti Baas et l'appareil sécuritaire. L'élève a dépassé le maître.

Avant de pousser à la retraite son mentor en politique, Saddam Hussein s'est rendu en Jordanie pour y rencontrer le roi Hussein et s'assurer de son soutien. Inquiets devant la victoire de la révolution islamique à Téhéran, les États-Unis l'ont aussi approché et l'ont assuré de leur soutien s'il prenait le pouvoir. Le message est reçu cinq sur cinq. Après avoir porté ce coup de grâce au président Ahmed Hassan al-Bakr, Saddam Hussein annonce la découverte d'un prétendu complot syrien visant à le renverser. « À l'époque, raconte un ancien dirigeant du commandement national du Baas, deux lignes internes au parti s'affrontaient. Un courant unitaire, auquel appartenait le président al-Bakr, souhaitait la réalisation d'une unité politique avec la Syrie et refusait la guerre contre l'Iran. L'autre ligne, conduite par Saddam, s'opposait, elle, à tout projet d'union avec la Syrie et affichait sa volonté d'en découdre avec l'Iran de Khomeyni. »

Le projet d'union syro-irakienne prévoyait la mise en place d'un tandem Hafez al-Assad-Ahmed Hassan al-Bakr à sa tête. Dans ce dispositif, aucune place n'était prévue pour Saddam Hussein. Ce dernier a préféré prendre les devants et éliminer ses adversaires politiques.

Saddam Hussein, appuyé par son demi-frère Barzan, lance alors des purges radicales dans la plus pure tradition stalinienne afin de liquider les « prosyriens ». Au terme d'autoconfessions télévisées, un quart des membres du Conseil de commandement de la révolution (CCR) est liquidé physiquement. « C'est une catastrophe pour le Baas. Un régime de peur s'instaure dans les rangs du mouvement. Désormais, il ne reste plus qu'une seule voix dans le parti, celle de Saddam », analyse rétrospectivement un ancien cadre du parti. L'année 1979 et l'accession à la tête de l'État de Saddam Hussein constituent un tournant décisif pour le régime irakien. Il se réduit désormais à une dictature personnelle.

Pour en arriver là, Saddam Hussein a éliminé un à un tous ses adversaires, ou considérés comme tels. Ceux qui auraient pu le freiner dans son ascension sont impitoyablement traqués. Le président irakien a bien retenu le précepte cher à Staline : « Lorsqu'il y a quelqu'un, il y a un problème, quand il n'y a plus personne, il n'y a plus de problème. »

L'institution militaire représente pour Saddam la plus grande menace potentielle. Le chef du pays sait parfaitement que tous les coups d'État en Irak sont nés au sein de l'armée. Quand le Baas a pris le pouvoir, en 1968, l'armée était commandée par deux personnalités historiques du parti, les généraux Hardan al-Tikriti et Saleh Mahdi Ammash, tous deux directement en contact avec le président Ahmed Hassan al-Bakr, qui sont donc deux concurrents de poids.

Pour les marginaliser, Saddam crée l'Armée populaire, une organisation paramilitaire de masse destinée à protéger le régime. Il impose, à la manière de Trotski pour l'Armée rouge dans les années 20, un système de commissaires politiques à tous les niveaux de la hiérarchie militaire, responsables devant le commandement civil du parti. La « baassisation » de l'armée irakienne est bientôt totale : plusieurs milliers de commissaires politiques encadrent les officiers. Saddam impose en outre que les militaires ne puissent adhérer qu'au parti Baas, toute autre affiliation politique est non seulement interdite mais passible d'une condamnation à mort.

En 1970, 15 000 soldats irakiens stationnent encore en Jordanie depuis la guerre de 1967. Ils resteront l'arme au pied pendant « Septembre noir », lorsque les colonnes bédouines du roi Hussein écrasent dans le sang les *feddayin* de Yasser Arafat. L'ordre de ne pas bouger a été donné par le président irakien Ahmed Hassan al-Bakr.

Finalement, Saddam parvient à se débarrasser des généraux Hardan al-Tikriti et Saleh Mahdi Ammash. Il profite du conflit palestino-jordanien pour purger l'armée. Il nomme le général Hardan al-Tikriti ambassadeur en Algérie. Mais les Algériens refusent de l'accueillir. Le général déchu part alors pour le Koweït, où il complote contre Saddam. Il est assassiné par des agents du régime irakien en mai 1971. Dès cette époque, Saddam commence à montrer son vrai visage, celui d'un homme qui ne recule devant aucun moyen pour parvenir à ses fins. Dans un deuxième temps, il élimine le général Saleh Mahdi Ammash, la dernière grande figure de l'armée irakienne. Après l'éviction du général Hardan al-Tikriti, Ammash avait été promu vice-président et ministre de l'Intérieur. Mais le 28 septembre 1970, alors qu'il participe à une réunion de la Ligue arabe au Maroc, il est démis de toutes ses fonctions. Le président al-Bakr obtient cependant la « grâce » d'Ammash, qui est nommé ambassadeur à Stockholm, puis à Moscou et enfin à Helsinki, où il mourra dans des circonstances mystérieuses en 1975.

Parallèlement, dans toutes les couches de la société, la terreur s'amplifie. De 1968 à 1979, les rafles se multiplient contre les opposants, mais aussi contre tout Irakien soupçonné d'être contre le régime baassiste. Exécutions, tortures, disparitions deviennent monnaie courante. Un consultant travaillant aujourd'hui en Arabie saoudite se souvient de cette période de répression : « J'ai été arrêté au début des années 70 avec mon père et mon frère. Nous ne savions pas pourquoi. Dans la prison, il y avait des représentants de toutes les couches sociales de la société irakienne et de toutes les confessions. J'y suis resté un an et demi. L'État m'a confisqué mon passeport, que j'ai pu récupérer des années plus tard. Les autorités ont aussi saisi mon compte bancaire, qui était crédité de 600 000 dinars irakiens, et nommé un mandataire. Quand je suis sorti de prison, j'étais à découvert ! Le choix pour moi était simple : me taire ou partir à l'étranger. J'ai choisi la seconde option. »

Dans l'ombre du président Ahmed Hassan al-Bakr, Saddam Hussein consacre toute son énergie à neutraliser les autres menaces internes : les Kurdes, les communistes et les chiites. En tacticien rusé, il pratique la séduction, offrant une autonomie aux gouvernorats kurdes du Nord. Le 11 mars 1970, Saddam signe avec les Kurdes un accord de référence : le principe de l'autonomie est reconnu, ainsi que le partage des richesses, l'enseignement du kurde comme seconde langue et la création de forces de sécurité kurdes. Le texte contient aussi des clauses relatives à la démocratie et à la tenue d'élections. Jamais les Kurdes n'ont obtenu autant du pouvoir central de Bagdad. Dans la foulée, la nouvelle constitution stipule que « la nation irakienne est formée par deux communautés principales : l'arabe et la kurde ».

Mais l'encre de ces promesses à peine sèche, Saddam Hussein a déjà entrepris de les saboter en favorisant l'arabisation du Kurdistan. Fin 1970, les Kurdes, soutenus par l'Iran, Israël et les États-Unis, entrent une nouvelle fois en rébellion ouverte contre Bagdad. Le 29 septembre 1971, le régime irakien tente d'assassiner Mulla Moustapha Barzani, le père de l'actuel leader kurde Massoud Barzani, alors que ce dernier recevait à Soulaimaniyeh une délégation de Bagdad venue pour discuter des relations irako-kurdes. L'un des membres de la délégation portait un manteau chargé d'explosifs. Le chef kurde est blessé légèrement. La hache de guerre est déterrée, et les affrontements s'intensifient dans les montagnes du Kurdistan, où les *peshmergas* mènent la vie dure aux troupes du gouvernement central.

Pour leur malheur, les Kurdes sont trahis par leurs alliés iraniens et américains. Ce ne sera pas la dernière fois. En 1975, en marge du sommet de l'OPEP à Alger, Saddam Hussein conclut un accord avec le shah d'Iran sur deux dossiers : la délimitation de la frontière au niveau du Shatt al-Arab[10] et la question kurde. L'accord sur le Shatt al-Arab stipule que le bornage entre les deux États passe à hauteur du Thalweg (le point le plus profond des eaux). En échange, l'Iran cesse de soutenir les Kurdes. Téhéran interrompt son approvisionnement militaire à partir de son territoire. En quelques semaines, la rébellion kurde est brisée.

Saddam Hussein peut désormais se retourner contre ses vieux ennemis communistes. Depuis le coup d'État d'Abdel Karim Qassem de 1958, les communistes constituent les principaux rivaux des baassistes. Souvent, leurs luttes politiques se sont transformées en affrontements sanglants. Pourtant, au début des années 70, Baas et Parti communiste se rapprochent sous l'influence du traité d'amitié irako-soviétique. Le Parti communiste intègre même un Front national, qui regroupe le parti Baas, des partis kurdes et des partis nationalistes. Mais pour le régime baassiste, ce Front ne vise qu'un seul objectif : s'allier avec les communistes pour mieux les affaiblir et, *in fine*, les rayer de la scène politique irakienne.

Dans la pratique, le Parti communiste est en liberté très surveillée par les services de sécurité de Saddam. Ironie tragique de l'Histoire, ces derniers reçoivent leur formation en Union soviétique et dans les pays de l'Est. De fait, la lune de miel entre baassistes et communistes tourne court. Entre 1978 et 1979, le PCI est purement et simplement liquidé : ses cadres sont pourchassés, arrêtés et torturés, tandis que ses principaux dirigeants sont contraints à l'exil. Il faut attendre

---

10. Le Tigre et l'Euphrate se rejoignent au niveau de la ville de Qourna et forment ensuite un seul fleuve, le Shatt al-Arab, qui constitue la frontière irako-iranienne et se jette dans le golfe Arabo-Persique.

les années 90 pour que le régime irakien tende la main aux communistes [11].

Les chiites, dont beaucoup forment l'ossature militante du Parti communiste irakien, sont aussi une source de préoccupation pour Saddam, qui est sunnite et voit en eux une « cinquième colonne » travaillant dans l'ombre pour Téhéran. En 1977, le raïs n'hésite pas à expulser 200 000 chiites vers l'Iran au prétexte que leurs origines (Tabi'a) ne sont pas authentiquement irakiennes. À cette époque, le gouvernement offre même une prime de 2 500 dollars à tout Irakien divorçant d'un conjoint ayant du sang iranien.

Le poids des oulémas chiites, notamment de l'ayatollah Mohammed Bakr al-Sadr [12], irrite le pouvoir baassiste. Depuis toujours, ces dignitaires religieux ont une tradition de rébellion et d'insoumission au gouvernement central. La présence de l'ayatollah Khomeyni, principal opposant au shah d'Iran réfugié en Irak, indispose elle aussi Bagdad, qui supporte de moins en moins sa rhétorique religieuse enflammée. Il est finalement expulsé vers le Koweït, avant de s'installer en France, à Neauphle-le-Château.

En 1979, au moment où il devient le maître suprême de l'Irak, Saddam Hussein a éliminé tous ses opposants les uns après les autres. Les rouages de la dictature sont désormais bien rodés. L'heure du pouvoir absolu a sonné. Celle de l'aventure guerrière aussi : l'arrivée aux commandes à Téhéran de l'ayatollah Khomeyni qui promet d'exporter la révolution islamique hors des frontières iraniennes provoque un électro-

---

11. Voir chapitre II.
12. Il est exécuté par le régime le 9 avril 1980, ce qui déclenche une rébellion dans le sud du pays et à la frontière avec l'Iran.

choc à Bagdad. Le régime laïc baassiste prend peur. Saddam lance alors son pays dans une guerre destructrice contre l'Iran. Après huit ans de combats effroyables et des centaines de milliers de morts et de blessés dans les deux camps, l'Irak sort du conflit exsangue et ruiné. Mais le pouvoir du raïs de Bagdad reste, lui, inébranlable.

II

Saddam hors du temps

Le Bédouin de Tikrit

En cette soirée du nouvel an 2000, un vent glacial balaie Bagdad. Cape sur les épaules, cigare à la bouche et carabine au poing, Saddam jubile comme un enfant émerveillé devant de nouveaux jouets. Sûr de son pouvoir, le maître de l'Irak savoure la parade des soldats d'al-Jeish al-Qods (l'Armée de Jérusalem), mise en scène par son fils cadet, Qoussaï. Le raïs célèbre l'enrôlement de plusieurs centaines de milliers de volontaires pour libérer la ville sainte.

À deux reprises, Saddam interrompt le défilé et quitte sa place. Officiellement pour aller prier, « plus vraisemblablement pour se rendre aux toilettes », affirme un invité présent dans la tribune des VIP. L'opposition en exil, elle, fera circuler une tout autre version de ces absences inopinées : le président irakien aurait été victime d'un malaise ! C'est la dernière apparition de Saddam Hussein dans une manifestation publique. Depuis, il n'a plus quitté ses palais présidentiels et ses repaires secrets.

L'homme est insaisissable. Jusqu'à ce jour, sa date de naissance demeure mystérieuse. Saddam a toujours prétendu qu'il était né le 28 avril 1937. Chaque année, le bon peuple a droit à un jour férié pour l'occasion, et le régime fête en grande pompe l'événement. Or, Saddam est né plus tard. Une preuve réside au musée du parti Baas, situé dans une rue peu fréquentée de Bagdad.

Aux côtés du revolver et du kalachnikov de Saddam, un laissez-passer de la Sûreté générale syrienne, daté du 18 février 1960, est exposé dans une vitrine. Ce document lui a été délivré lors de sa fuite à Damas, après l'attentat contre le président Qassem. Dans la case « date de naissance », l'année 1939 est mentionnée, et non 1937. À vingt ans, Saddam n'avait aucune raison de mentir aux autorités syriennes qui l'interrogeaient.

Pourquoi cette différence ? Les registres de l'état civil, parfois tenus de manière approximative à cette époque, auraient-ils pu contenir une erreur ? Plus vraisemblablement, Saddam a cherché plus tard à se vieillir pour être du même âge que son épouse Sajida. Dans la société orientale des années 50, il était mal vu que le mari soit plus jeune que sa femme.

Saddam Hussein vient d'un milieu de paysans bédouins désargentés. Il n'a pas vu le jour exactement à Tikrit, la ville de Saladin[1], mais dans le village d'al-Aujeh, à une dizaine de kilomètres de là. Il n'a pas connu son père, Hussein al-Majid, mort peu après sa naissance, et a d'abord été élevé par sa mère, Soubha al-Toulfah, puis par son oncle, Khairallah, un ancien officier reconverti en instituteur. Ce dernier deviendra plus tard son beau-père lorsque Saddam Hussein épousera sa fille, Sajida.

Saddam a manqué d'amour parental. Il a été éduqué

---

1. Chef de guerre d'origine kurde, Saladin – *Salah al-Din* en arabe – bouta les croisés hors de Jérusalem en 1187.

sévèrement par cet oncle rigoureux. Khairallah al-Toulfah lui a inculqué les valeurs d'honneur de son clan, les al-Bejjat. Dans cette société traditionnelle où l'oncle joue souvent le rôle du père fouettard, un jeune garçon ne devait ni pleurer ni montrer ses émotions. « Saddam est resté fidèle à bon nombre de caractéristiques de la société tribale qui l'a vu naître. Un monde où chacun est lié par une indéfectible loyauté au clan, conjuguée à une farouche hostilité vis-à-vis de l'extérieur[2]. »

La région de Tikrit, berceau de l'enfance de Saddam, est connue pour la rudesse et l'âme rebelle de ses habitants. Les Tikritis sont aussi d'excellents juges de la personnalité de leurs interlocuteurs. Avant d'être musulmane, la cité fut un important centre chrétien du Moyen-Orient. Pendant longtemps, sa population refusa la conversion à l'islam. Il fallut de féroces assauts pour que les guerriers musulmans finissent par remporter la victoire vers l'an 800[3]. Lors de la prise de Tikrit, le prélat chrétien de la ville, Satiih, préféra mourir plutôt que de se rendre : il se jeta dans le Tigre avec son cheval.

Infestée de moustiques, au XIXe siècle, Tikrit était réputée pour la fabrication des *kalaks*, ces radeaux en bambou transportant des fruits et des légumes jusqu'à la capitale. Les routes terrestres à l'époque n'étaient pas sûres entre Mossoul et Bagdad. Le rail a progressivement supplanté le transport fluvial, et Tikrit s'est assoupie. La pauvreté de l'agriculture locale a poussé les jeunes à s'engager en masse dans l'armée. Au

---

2. *Saddam Hussein. The Politics of Revenge*, op. cit.
3. Une quarantaine de ces cavaliers sont enterrés au cimetière de Tikrit.

moins, ils y trouvaient le gîte et le couvert, avec des cours d'alphabétisation en prime.

De cette enfance de crève-la-faim, Saddam Hussein comprend que la vie est un combat et que pour survivre, il faut lutter. Il se rend à l'école à pied, chaussé de simples sandales. En chemin, il entend parfois le hurlement des loups. Il apprend très vite à dominer sa peur, et s'endurcit. Son oncle Khairallah l'initie au maniement des armes, signes de virilité et de puissance en milieu tribal.

D'al-Aujeh, il ne reste plus aujourd'hui que l'école et la maison où est né Saddam. Les habitants ont été relogés dans un hameau voisin. Tikrit a, elle, été rénovée grâce aux largesses du président. De larges avenues bordées de palmiers quadrillent des quartiers de maisons basses en brique, conçues pour garder la fraîcheur. Dans le centre-ville, Saddam a fait construire une petite mosquée en pierre ocre aux dômes crénelés, dont il a dessiné les plans lui-même.

Lors d'une visite en octobre 2002, la ville offrait le visage d'une cité rurale paisible. « Si les Américains pensent qu'ils vont y débusquer la clique de Saddam, ils se trompent lourdement, cela prouve qu'ils sont mal renseignés sur l'Irak », affirme un familier du *diwan*, le cabinet présidentiel, originaire de Tikrit. Pas de présence militaire visible ni de check-points, mais des policiers en civil surveillant les allées et venues. Les villas des dignitaires du régime ont été désertées, comme celle du beau-père de Qoussaï, le fils cadet du président.

Les palais présidentiels de Saddam semblent fantomatiques vus de l'extérieur, sans vie. La vieille ville de Tikrit a été rasée pour permettre leur construction. Le principal a été édifié sur l'emplacement des ruines d'une forteresse chrétienne au-dessus du Tigre, là où naquit Saladin. Un porche monumental surmonté de cavaliers brandissant une épée et un étendard flanqué de missiles marque l'entrée de l'un d'entre eux. « Ce sont les symboles du pouvoir de Saddam, rien de plus », commente un proche du clan présidentiel.

Son enfance et son adolescence de misère nourrissent pendant longtemps chez Saddam Hussein un désir de revanche sociale. Une fois au pouvoir, il s'exprime par un goût immodéré des chaussures et des costumes de luxe ainsi que des cigares cubains, symboles de réussite matérielle. Sur les bancs du lycée, le jeune Saddam n'a guère brillé. Il est de la race des autodidactes. À vingt ans, il s'enrôle dans les rangs du parti Baas, qui affronte son rival communiste dans les rues. Toujours un pistolet en poche, Saddam ne rechigne pas à faire le coup de poing. Du haut de son mètre soixante-dix-neuf, il a la réputation d'être un agent provocateur dans les manifestations des partis politiques. L'attentat contre le président Qassem en octobre 1959 est son baptême du feu.

L'embuscade a lieu rue Rachid, l'une des principales artères de Bagdad[4]. Saddam a pour mission de couvrir la fuite des assaillants. Mais pendant l'assaut, il est blessé. Une balle l'atteint à la jambe. Le récit, popularisé à outrance par la propagande, raconte que Saddam s'est retiré lui-même les fragments de l'impact avec son couteau, refusant l'intervention d'un médecin. Dès lors, sa réputation dans le Baas ne cesse de grandir.

Traqué par la police de Qassem, Saddam parvient à rejoindre Damas sur sa moto, une Norton, puis

---

4. Sur les lieux de l'attentat, une statue dédiée à Qassem Abdel Ghariri, l'un des assaillants tués, commémore l'événement.

Le Caire, où il étudie quelques années. Il fait la connaissance de Michel Aflak, fondateur et idéologue du Baas, avec lequel il se lie d'amitié. Dans le musée du parti, à Bagdad, des photographies en noir et blanc montrent un jeune homme élégant et cravaté, riant aux éclats avec ses condisciples. Le nassérisme est au zénith, le jeune Saddam s'initie aux joutes politiques, et s'il n'est pas un intellectuel, il se révèle être déjà un organisateur hors pair.

Au VIe Congrès du Baas, à Damas, en octobre 1963, Saddam, alors âgé seulement de vingt-quatre ans, prononce un discours enflammé sur l'Irak. Sa première prestation politique est remarquée. « Il y critiquait durement et ouvertement les dirigeants historiques du parti, se souvient Abdel Majid al-Rifaï, membre actuel du Commandement national panarabe du mouvement à Bagdad. C'est la première fois que je le voyais en public, et j'ai été alors impressionné par son audace et son culot. »

Toujours prêt à en découdre, Saddam Hussein a constitué à l'intérieur du Baas un groupe de choc, baptisé al-Houneim. Sa mission est de faire la chasse aux communistes et aux opposants de tout poil. Il excelle dans cette tâche et comprend alors tout l'intérêt d'être au cœur de l'appareil sécuritaire, c'est-à-dire proche du pouvoir. Il devient le garde du corps personnel d'Ahmed Hassan al-Bakr, qui accède à la présidence de la République en 1968.

À cette époque, Saddam mène encore une vie simple et familiale. Sa première femme, Sajida, lui donne cinq enfants, deux fils – Oudaï et Qoussaï – et trois filles – Rana, Raghad et Hala. Après Sajida, Saddam épouse en 1986 Samira Shabandar, la femme du PDG d'Iraqi Airways Nour Eddine al-Safi, dont il a un fils, prénommé Ali. Il convole ensuite avec Nidal Hamdani, directrice du département de l'énergie solaire au ministère de l'Industrie et de l'Industrialisation militaire. Il se serait marié secrètement une quatrième fois.

En bon père de famille, Saddam conduit sa cadette Hala à l'école des Sœurs de la Présentation de Bab Charqi à bord d'une Coccinelle Volkswagen bleu foncé. Au début de son ascension vers le sommet de l'État, il a encore le temps de s'occuper de ses enfants. Progressivement, sa vie personnelle est absorbée par les affaires publiques. Ses deux fils, Oudaï et Qoussaï, en pâtissent et reçoivent une éducation décousue.

De ses origines paysannes, Saddam a gardé le goût des parties de chasse et de pêche. Il aime les plaisirs de la table. Dans la tradition irakienne, il est un gros consommateur de whisky, et apprécie le vin blanc portugais. Quand il reçoit des invités, il n'hésite pas à mettre son tablier de cuisinier. Sa convivialité n'a pas encore fini d'étonner Azzam al-Ahmed, ambassadeur de Palestine à Bagdad de 1977 à 1994, qui se souvient d'une anecdote haute en couleur.

Pendant un week-end de 1988 au cours duquel il recevait Yasser Arafat, le chef de l'OLP, dans l'une de ses fermes près de Bagdad, Saddam Hussein a lui-même préparé un *tachrib*, un poulet de ferme aux oignons et aux citrons, recouvert de *chrak*, le pain local. Le leader palestinien a voulu l'aider, mais Saddam a refusé catégoriquement, lui claquant la porte au nez. Jusque dans les cuisines, il doit rester le chef !

Intéressé, Saddam fait preuve d'une générosité débordante à l'égard de ses invités, qu'il couvre de cadeaux. Convié au palais en compagnie de plusieurs artistes, un peintre s'avoue encore surpris de l'accueil de Saddam. « Nous étions morts de peur, raconte-t-il, mais le président a détendu l'atmosphère en plaisantant. Il nous a donné à chacun une montre en or et 500 000 dinars (environ 200 dollars). Il nous a demandé ce dont nous avions besoin. L'un d'entre nous a dit : "Je voudrais étudier en Grande-Bretagne." Saddam l'a pris au mot, lui a immédiatement donné son accord, et a financé ses études. »

Nassif Awad, un Palestinien proche conseiller du président, n'a pas non plus oublié le geste de gratitude du raïs à son égard : « À une époque, j'avais des problèmes de vue, mais le meilleur spécialiste se trouvait à Amman. Sans rien me dire, Saddam ordonna à son secrétaire de le faire venir spécialement à Bagdad pour qu'il me soigne. »

Si Saddam est généreux, il est en revanche impitoyable avec ses adversaires ou ennemis présumés. Rien ne peut l'arrêter, surtout pas les bons sentiments. « Il peut prononcer les mots les plus doux et n'élève jamais la voix, mais au fond de lui, il n'a aucune pitié, assure Salah Omar al-Ali, ancien ambassadeur d'Irak aux Nations unies, qui a fait défection en 1982. S'il avait le moindre doute sur la loyauté de l'un de ses fils, il n'hésiterait pas une seconde à le liquider. »

Saddam, c'est l'Irak, et l'Irak, c'est Saddam : à cheval, en costume ou en habit traditionnel bédouin, l'imagerie officielle en a fait le père de la nation. Depuis les menaces d'intervention militaire américaine, le portrait qui le représente vêtu d'un manteau sombre et coiffé d'un chapeau, tenant un fusil de chasse en main, a détrôné tous les autres. « L'Irak est sur le pied de guerre et je suis son premier défenseur », semble-t-il vouloir dire à son peuple.

Le raïs est obnubilé par son image dans les mises en scène. Dans les années 70, alors qu'il n'est que le numéro deux du régime, il comprend toute la puissance de la télévision alors que les foyers s'équipent massivement. Les téléspectateurs doivent s'habituer peu à peu à le voir entrer dans l'intimité de leur vie quotidienne. Saddam n'hésite pas alors à visiter les familles chiites pour s'attirer les sympathies de leur communauté. Au marché, discutant avec des ménagères, dans une ferme avec des paysans ou dans un amphithéâtre d'étudiants, Saddam sait s'adapter à tous ses auditoires, toujours sous l'œil bienveillant des caméras.

Le maître de Bagdad aime personnaliser ses relations et discuter d'homme à homme. « Quand Saddam Hussein me recevait, il donnait l'impression de s'entretenir avec l'émissaire spécial du président de la République, alors que je n'étais qu'ambassadeur », raconte Jacques Morizet[5].

À soixante-trois ans, le président irakien porte beau malgré une hernie discale ancienne, qui le fait encore souffrir du dos. Il soigne sa ligne. Pendant l'été 2002, il a suivi un régime pour éliminer quelques signes d'embonpoint. « Chaque jour, il s'impose des séances d'exercice physique pour se maintenir en forme[6] », assure un de ses conseillers. Pourtant, Saddam n'est qu'en rémission.

En 1998, il a souffert d'un début de cancer de la lymphe avec naissance de ganglions et de métastases[7]. Son visage bouffi trahissait un traitement à la cortisone. Des médecins français se sont rendus à Bag-

---

5. Jacques Morizet, ambassadeur de France en Irak de 1975 à 1980, a rencontré une cinquantaine de fois Saddam Hussein à l'époque de l'âge d'or des relations franco-irakiennes.

6. L'ancien président algérien, Ahmed Ben Bella, qui a été reçu au palais présidentiel à l'occasion du référendum du 15 octobre 2002, raconte qu'il a trouvé un Saddam Hussein « en pleine forme, n'hésitant pas à glisser une histoire drôle dans la conversation ».

7. Entretiens avec un médecin français qui ausculte Saddam, Paris, 15 novembre et 10 décembre 2002.

dad pour le soigner. Ils ont installé un appareil de radiothérapie dans un de ses palais mais il avait du mal à fonctionner en raison des difficultés à se procurer du cobalt, résultat de l'embargo imposé à l'Irak. À l'époque, la CIA ne lui prédit pas plus de six mois à vivre [8].
« Il ne donne pas l'impression de quelqu'un qui va mal, maintenant », observe un médecin français qui l'a soigné au pied en juillet 2002, une séquelle de l'attentat contre Qassem. Son médecin cubain, qui est resté des années à ses côtés, est reparti en 2001.

Peut-on conjecturer au sujet de la santé mentale du président irakien ? Est-il psychopathe ? Sans doute. Mégalomane et comédien ? À l'évidence. Saddam aurait versé une larme en regardant à la télévision une femme palestinienne de Rafah retirant une robe de sa maison détruite par l'armée israélienne. En prêtant serment sur le Coran à l'occasion de sa réélection à la tête de l'État en octobre 2002, il a eu des sanglots dans la voix.

Dans ses rapports bouleversés à la réalité, Saddam Hussein évolue entre mythes et légendes. Héritier d'une civilisation millénaire, il se veut un bâtisseur, à l'image de ses glorieux « ancêtres ». Sur le site de l'antique Babylone, une plaque commémorative indique qu'au « temps du président Saddam Hussein, grand protecteur de l'Irak qui a renouvelé sa renaissance et sa culture, la cité a été reconstruite pour la troisième fois en 1989 après Jésus-Christ ». Dans les rocs qui ont servi à la restauration, Saddam a fait graver son nom.

Achevés pour la plupart après 1991, ses palais trahissent son péché mégalomaniaque. Sur les bords du lac de Habaniyeh, au centre du pays, l'un d'eux a la

---

8. Entretien avec un ancien ministre jordanien, Amman, 30 novembre 2002.

forme d'un énorme yacht amarré sur la rive. Certains s'inspirent des fameux jardins suspendus de Babylone, l'une des sept merveilles du monde.

« Ces édifices sont d'énormes bâtisses aux quantités de marbre impressionnantes, avec des petits salons florentins raffinés, décorés par les meilleurs artisans irakiens mais aussi marocains. Dans les jardins, que Saddam a agrémentés de jets d'eau, de bassins et de cascades artificielles pour assouvir sa passion de l'eau, des résidences pour hôtes célèbres ont été construites ; celle du roi Hussein, par exemple, du monarque saoudien. Il peut y avoir aussi un pavillon chinois. Disproportionné, l'ensemble est en général d'assez mauvais goût, avec des hauteurs sous plafond dépassant quinze mètres [9] ! »

Sur la rive orientale du Tigre, le long de la Corniche, lieu de promenade favori des Bagdadis, Saddam a fait construire deux complexes présidentiels. Les propriétaires du voisinage ont été expropriés avec des indemnisations rondelettes. Pour des raisons de sécurité, la circulation sur le pont du 14-Juillet qui longe l'un des palais est interdite aux piétons, et les automobilistes ont l'obligation de ne jamais s'y arrêter.

Sa quête d'identification au passé mythique de l'Irak a conduit Saddam à ordonner la reconstruction de la mosquée de Samarra, célèbre pour son minaret en colimaçon (al-Moulaouiya). Dans la cour, des caissons de béton prêts à accueillir les piliers défigurent déjà ce joyau de l'art islamique. Comme sous le règne du calife al-Mouatassem [10] qui bâtit l'édifice, les fidè-

---

9. Entretien avec un diplomate qui a visité plusieurs palais de Saddam, 25 novembre 2002.
10. Calife abbasside qui régna de 833 à 842. Délaissant Bagdad, al-Mouatassem a fondé sa capitale à Samarra, sur la rive gauche du Tigre. Son règne fut marqué par des expéditions victorieuses contre les Byzantins.

les pourront un jour de nouveau y prier grâce à la volonté de Saddam. « Une aberration qui porte atteinte à l'intégrité du site », lâche, écœuré, un responsable de l'Unesco.

La foi religieuse n'a jamais constitué le centre de son existence, mais il sait la manipuler pour la mettre au service de ses ambitions personnelles. « Saddam rêve même de Dieu », comme il l'a confié un jour à l'un de ses cousins. Au milieu des années 90, il a lancé une « campagne de retour à la foi ». Interdiction de consommer de l'alcool dans les lieux publics, multiplication d'émissions religieuses dans les médias, programme de construction de nouvelles mosquées ont ranimé la religiosité du peuple irakien.

Saddam, « le laïc », se présente comme le guide de l'Oumma, la communauté des croyants. Oublié le registre nationaliste : les discours du maître de Bagdad ont évolué vers le mystico-religieux. Un glissement sémantique amorcé pendant la guerre Iran-Irak. Pour remonter le moral de ses troupes, le raïs évoquait « les anges » et le « paradis ». Saddam répondait ainsi aux Iraniens qui lançaient à l'assaut des positions irakiennes des vagues de soldats fanatisés portant au cou la clé du paradis et des bandeaux religieux.

Chaque soir, à l'heure de la prière, la télévision montre un Saddam recueilli, implorant le Très Haut. Symbole de son nouvel engagement religieux, il a donné l'ordre d'édifier à Bagdad la plus grande mosquée après celle de La Mecque, qui portera son nom. Sur l'ancien aéroport de la capitale, des gigantesques grues se dressent au milieu du chantier. Déjà des moignons de minarets pointent vers le ciel et les coupoles en béton sont formées. Une fois achevée, la mosquée Saddam pourra accueillir plus de 100 000 fidèles.

« Ni stupide ni fou, le président irakien s'est enfermé dans sa tour d'ivoire [11]. » Il est peu sorti hors de son pays [12] et ne parle aucune langue étrangère. « Saddam Hussein m'apparaissait comme une personne très fruste, coupée du monde extérieur, se souvient Jacques Morizet. C'est un homme très intelligent et ouvert, mais, marqué par son passé d'autodidacte, il s'est construit par l'action violente et la répression. »

Ses conseillers assurent qu'il se tient informé par la presse arabe et regarde les chaînes satellitaires comme al-Jazira. « Le président irakien perçoit le monde extérieur au travers d'un prisme réducteur. Sa grille d'analyse s'inspire encore des rapports de forces intertribaux », commente un diplomate. Son fonctionnement psychologique étriqué l'enferme dans des raisonnements dichotomiques : « Vous êtes avec ou contre moi. » « Quand Saddam estime qu'il a raison, il va jusqu'au bout de sa logique », assure Mohammed Farès al-Taraouneh, un ancien membre de la direction du Baas.

Sa rigidité et son obstination lui ont fait commettre plusieurs erreurs d'appréciation lourdes de conséquences. Lors de l'invasion du Koweït, en août 1990, il a raisonné avec sa mentalité bédouine, aiguisée par les perspectives d'une razzia alléchante : comment ces « parvenus de Koweïtiens » pouvaient-ils narguer l'Irak millénaire en pompant les nappes de pétrole frontalières et organiser la chute des cours du brut ? Ruiné par sa guerre contre l'Iran, dont il avait supporté l'essentiel du fardeau financier, Saddam, le Bédouin de Tikrit, ne pouvait le tolérer.

11. Entretien avec un diplomate, Bagdad, 17 octobre 2002.
12. Ses rares voyages en Occident remontent au début des années 70. Il s'était rendu en visite officielle en ex-URSS, en France et en Roumanie.

Pendant la crise du Golfe, le leader irakien est resté persuadé jusqu'à la dernière minute que la coalition menée par les États-Unis n'attaquerait jamais l'Irak. Il n'a pas compris que depuis la chute du mur de Berlin, le monde avait changé. Il pensait envers et contre tout que l'Union soviétique volerait à son secours. Plus rusé, son ennemi baassiste de toujours, le Syrien Hafez al-Assad, a, lui, senti le vent tourner. Les Syriens ont participé militairement à l'opération Tempête du Désert, abandonnant le raïs irakien à son triste sort.

L'obsession de la survie

Dans le salon d'honneur de l'aéroport d'Amman, le roi Hussein s'impatiente. En ce jour de février 1989, le souverain jordanien attend ses hôtes du Conseil de coopération arabe [13] pour une réunion au sommet. Aux sons de la fanfare bédouine, un premier avion d'Iraqi Airways atterrit, mais, surprise, l'appareil est vide. Quelques minutes après, un second Boeing se pose sur le tarmac, mais là encore, personne ne foule le tapis rouge. Le petit roi, qui connaît Saddam depuis des décennies, bouillonne. Son voisin imprévisible arrive finalement à bord d'un troisième avion ; mais Hussein n'en a pas fini pour autant avec les précautions sécuritaires du raïs irakien.

Le protocole a prévu de loger les chefs d'État dans un grand hôtel de la capitale jordanienne. Saddam refuse. Peu après son atterrissage, il se tourne soudainement vers Ahmed Louzi, président du Sénat et ancien Premier ministre, et lui dit : « Pourriez-vous m'héberger chez vous pour la nuit ? » Surpris, ce der-

---

13. Le CCA regroupait l'Égypte, la Jordanie, l'Irak et le Yémen.

nier répond : « Bien sûr, monsieur le Président, mais permettez-moi simplement de prévenir ma famille. »

Pour son dernier séjour connu hors des frontières d'Irak, Saddam a passé la nuit loin de ses pairs arabes, dans une villa cossue du quartier de Jabal Amman, une des sept collines de la capitale. De Bagdad, il a fait venir sa nourriture, son cuisinier et ses goûteurs, qui sont en général son secrétaire particulier ou le fils d'un de ses gardes du corps. Pendant la réunion, il a refusé de s'asseoir sur les sièges prévus par le protocole : un fauteuil spécial avait été acheminé dans son avion, et ses anges gardiens ne l'ont pas lâché d'une semelle.

Au terme des débats, quelques heures avant le retour prévu en Irak, Taha Yassine Ramadan, un proche du raïs, demanda au chef de la sécurité jordanienne la suite du programme organisé pour Saddam. Interloqué, il lui a répondu : « Mais vous n'êtes pas au courant, Saddam Hussein est déjà reparti à Bagdad[14] ! » Le fidèle compagnon ignorait tout de l'agenda de son président.

Bien avant d'être dans le collimateur des États-Unis, Saddam Hussein est déjà obsédé par sa sécurité. Depuis la seconde guerre du Golfe en 1991, il est réputé ne plus dormir deux nuits au même endroit, réduisant sa vie de famille au strict minimum.

Pendant les nombreuses crises qui ont éclaté avec la communauté internationale, il a recouru à un stratagème éprouvé. Déguisé en Bédouin, il débarque à l'improviste chez l'habitant, souvent des Irakiens des quartiers modestes. Quelques minutes auparavant, une poignée de gardes du corps vient frapper à la porte et

---

14. Entretien avec un membre du palais royal à l'époque, Amman, 8 septembre 2002.

annonce aux hôtes la nouvelle : « Tenez-vous prêts, vous allez recevoir un invité de marque, cette nuit. » Le lendemain matin, Saddam le Bédouin repart aussi vite qu'il est arrivé... Au milieu de la population, comment le repérer ?

Saddam réside peu dans ses palais où il reçoit simplement ses invités étrangers. La plupart de ses bunkers souterrains, qui ont été construits par des sociétés étrangères pendant la guerre Iran-Irak, sont aisément détectables par les satellites américains qui surveillent le pays. Il vit dans des villas privées et change fréquemment de lieu. « Il est entouré de postes de télévision et d'écrans de surveillance. Il a l'impression de maîtriser la situation », explique un visiteur. « Pendant les bombardements, en 1991, Saddam était introuvable, se souvient un ancien officiel. Personne ne savait où il était, ni les membres du Conseil de commandement de la révolution, la principale instance dirigeante du pays, ni ses ministres. Une poignée seulement de collaborateurs savaient où se cachait Saddam, et ils n'étaient pas joignables [15]. »

Durant le conflit, Saddam passa des nuits sous une tente dans le désert, dans des fermes près de Bassorah, et dans de modestes habitations du quartier de Jounera-Ghazalié, dans une banlieue de Bagdad. Pour remercier Dieu de l'avoir protégé, il y fera construire une mosquée '*oum el-Maarek*, la mosquée de « la mère des batailles », du nom donné par le pouvoir à la guerre du Golfe.

Les Irakiens ont fini par entretenir une relation paradoxale avec leur chef. Saddam est omniprésent dans leur vie, son culte de la personnalité est démesuré, mais il reste mystérieusement invisible. Dans Bagdad,

---

15. Extrait du *New York Times*, 3 décembre 1998.

personne n'a jamais aperçu son convoi officiel, et pourtant, le président se déplace. Il peut entrer à Nadjaf, la ville chiite, en pleine guerre avec l'Iran, caché dans un camion de légumes. Saddam aurait des sosies, mais le sujet est controversé.

Pour éviter les fuites sur sa localisation, il ne reçoit jamais les ambassadeurs en poste à Bagdad, fussent-ils les représentants de pays supposés amis, comme la Russie. Leurs lettres de créances sont présentées au numéro deux du régime, Izzat Ibrahim al-Douri. Même le bouillant colonel Kadhafi n'était pas aussi prudent, du temps où il était lui aussi une cible américaine. Depuis 1990, les réunions du Conseil des ministres se tiennent chaque semaine en un lieu différent. Celles du Commandement national du Baas se déroulent toujours régulièrement, mais là aussi dans le plus grand secret. Cette gymnastique oblige les hiérarques du régime à avoir un plan d'évacuation, prêt en cas de crise. Les « inspecteurs espions » en désarmement de l'ONU s'en souviendront en 1998[16]...

La méthode de travail de Saddam, elle, est restée immuable. Les audiences qu'il continue d'accorder à toute heure du jour et de la nuit accréditent son incessante veille sur les affaires de l'Irak. Le stakhanovisme officiel détaille le nombre des rapports qu'il a lus, des décisions qu'il a prises, des réunions qu'il a présidées.

Le raïs se prête à un marathon dûment télévisé avec tout ce que l'Irak compte de corps sociaux et professionnels. Chaque jour, le monarque absolu écoute la louange et reçoit le placet de nouveaux représentants des forces vives du pays, puis il leur dispense son enseignement. Saddam, enfin, rétribue leur loyauté.

Le clientélisme constitue l'un des piliers de son pou-

---

16. Voir chapitre IV.

voir. Pour enrayer la fuite des cerveaux, tous les docteurs d'université se sont vu offrir en 2002 un ordinateur portable Pentium 4. Il distribue des villas à certains retraités de l'armée, ou une voiture à un ambassadeur en retraite venu se plaindre de ses maigres revenus. Chaque jour, dans ses palais, une cohorte de cuisiniers empressés prépare des mets pour des dizaines de convives, au cas où Saddam surgirait à l'improviste. En général, il ne vient pas, alors la nourriture est distribuée aux habitants du voisinage. Le raïs régale ses sujets.

Le personnel domestique au *diwan*, le cabinet présidentiel, compte une majorité de chrétiens. Ils sont logés dans des appartements d'État, comme ces immeubles sans panache, en brique marron, étirés le long du Tigre sur l'avenue Abou Nawas de Bagdad.
Avantage précieux en période d'embargo, ils sont nourris au palais et disposent de médicaments gratuits. Les serviteurs de Saddam sont en fait ses otages : ils travaillent la peur au ventre, quasi sans mot dire. « Le matin, quand je pars, je ne sais pas si je rentrerai le soir », confie l'un d'eux. Sous étroite surveillance, ils ne peuvent démissionner, sous peine de mettre leur famille en péril.
Au cours de l'été 2002, l'un d'eux a été transféré du palais présidentiel à Bagdad dans une résidence du fils aîné de Saddam, Oudaï. Peu après, tombé malade, il est allé consulter un médecin, qui lui a prescrit une semaine de repos. Lorsque le malheureux a annoncé son absence à ses maîtres, il a été jeté en prison. « Tu en sortiras quand tu seras guéri », lui ont dit les gardiens d'Oudaï.

Le pouvoir de Saddam est fondé sur la peur. En mars 1982, trois ans après son accession à la présidence de la République, il a tué de sang-froid son ministre de la Santé, Riyad Ibrahim, lors d'une réunion du gouvernement. Saddam l'a convoqué en aparté dans une salle voisine avant de l'exécuter avec son revolver [17]. Le malheureux avait osé suggérer que Saddam soit remplacé temporairement par l'ancien président Ahmed Hassan al-Bakr, afin que ce dernier engage des négociations de paix avec l'Iran. En fait, Saddam aurait découvert que son ministre s'enrichissait en important des médicaments périmés, dont de la pénicilline, causant ainsi la mort de plusieurs soldats, blessés au front pendant le conflit avec le voisin persan.

Le régime a intériorisé la terreur à un point tel qu'il n'a plus besoin d'agiter le bâton pour se faire respecter. Durant l'hiver 1999-2000, en prévision de l'anniversaire de Saddam, un grand projet d'empierrement des berges du Tigre a été lancé. Il a été discrètement surnommé « le chantier de la peur », vu les pénalités de retard qui y étaient assorties. Les travaux ont été confiés à deux sociétés de BTP. Pour qu'elles respectent le calendrier, un fils de chacun des entrepreneurs a été enlevé et détenu comme otage. Bien que le projet ait été achevé à temps, les deux jeunes n'ont jamais été libérés...

Critiquer équivaut à mourir. Toute opposition intérieure est ainsi tuée dans l'œuf. Même entre mari et femme, la loi du silence prévaut. Ni l'un ni l'autre ne dira le fond de sa pensée, de peur qu'en cas de divorce, l'un d'eux ressorte de vieilles critiques contre le régime... Partout règne la psychose de la délation.

À l'école, les instituteurs peuvent interroger innocemment les élèves sur le comportement de leurs

---

17. *Saddam Hussein. The Politics of Revenge, op. cit.*

parents. Gare au père qui a jeté une chaussure contre le téléviseur pendant la diffusion des programmes de la propagande : il pourrait être mis en prison, voire exécuté.

La punition doit avoir valeur d'exemple. Pendant l'été 2002, un officier irakien proche de Saddam, de passage à Amman, est invité à dîner chez un Jordanien. Autour de la table figure un membre du GID (le service de renseignement du Royaume), dont l'Irakien ignore la fonction et avec lequel il n'échange que des propos badins. De retour à Bagdad, l'officier est enfermé dans une pièce et livré à des dobermans. La scène a été filmée. Saddam l'aurait diffusée en Conseil des ministres, pour dissuader d'éventuels candidats à la trahison [18].

Pour faire tourner la machine administrative, Saddam s'entoure de ministres, des experts souvent compétents et travailleurs, une vertu assez rare dans la fonction publique orientale [19]. Mais ces serviteurs de l'État font figure de parents pauvres dans la hiérarchie du pouvoir. Ils ne peuvent trancher une question qu'après avoir obtenu le feu vert de la présidence. Exposés aux critiques de la presse, ce sont d'opportuns fusibles...

Aux postes stratégiques ou vitaux pour sa survie, Saddam choisit de loyaux fidèles, même s'ils sont incompétents. Un des vice-ministres du pétrole, Taha

---

18. Anecdote rapportée par un expert militaire occidental au Proche-Orient, 21 août 2002.

19. Pendant les dix années de fermeture entre 1990 et 2000, les employés de l'aéroport Saddam à Bagdad se sont rendus chaque jour à leur travail. Lorsqu'un diplomate français de haut rang convoque au Quai d'Orsay le chargé d'affaires irakien à Paris, il est surpris de voir son interlocuteur prendre des notes, et relever l'intégralité de ses propos.

Hamoud, décédé récemment d'une crise cardiaque, était son cousin germain. Il ne connaissait rien aux questions énergétiques. Il était coureur de jupons, mais présentait l'avantage d'être l'œil de Saddam dans ce ministère, parmi les plus importants du pays. La maison dans laquelle il a grandi était mitoyenne de celle de Saddam...

Personnel et dictatorial, le pouvoir irakien n'offre aucune véritable projection vers l'avenir, au-delà des efforts qu'il mène efficacement pour en assurer la survie. La célébration le 28 avril de l'anniversaire du chef ne revêt plus depuis des années un relief exceptionnel. Sans le moindre visiteur prestigieux, le défilé des masses populaires à Tikrit et la fête écolière à laquelle le raïs assisterait « quelque part » dans le pays ne font que remplir une fonction légitimante qui ne trompe plus personne.

Sa soif aussi amorale qu'inextinguible de pouvoir continue d'alimenter une forme de délire identitaire. L'usurpation historique, qui avait fait de Nabuchodonosor, du calife Haroun al-Rachid ou de Saladin « les aïeux du chef », est désormais éclipsée par des références islamiques. Dans les discours officiels, Saddam Hussein égale les prophètes.

La presse évoque « la foi, l'audace, la bravoure, la justice et l'humanité du prophète réunies dans son bon descendant, le cheikh Saddam Hussein », surnommé « al-Qaed al-Mansour Billah », « le chef victorieux en Dieu ».

Le régime, pour survivre, sait ne pas être complètement figé. Depuis 1997, Saddam a inauguré un type de dictature conciliaire. Les crises répétées avec la communauté internationale ont été l'objet de longs débats dans les principales instances du régime. La collégialité a repris ses droits au sein du Conseil de commandement de la révolution (CCR) et du parti Baas, même si l'exercice est resté largement consultatif. « Contrairement à l'ère Assad en Syrie, un débat précède la prise de décision en Irak », souligne un connaisseur des rouages de l'État. Saddam tranche, mais il n'est jamais seul.

Il en fut ainsi lorsqu'au terme de plus de vingt-quatre heures de discussions, le CCR a fait volte-face, en septembre 2002, et a accepté, sous la pression américaine, le retour des inspecteurs en désarmement de l'ONU. « Saddam ouvre le débat, explique un conseiller du président. Il demande aux membres du CCR de donner leur avis. Il les écoute. Il donne le sien. Parfois, il ajourne les discussions pour les poursuivre le lendemain. Il peut aussi les interrompre et trancher. » Une fois le couperet tombé, Saddam n'autorise aucune fuite, ni aucun prolongement des discussions hors du CCR ou du Baas. Quand aucun communiqué officiel ne vient conclure les réunions, les spécialistes en déduisent que les débats sont âpres.

Cette pratique de la dictature conciliaire s'est accompagnée de certains signes d'ouverture donnés à l'opposition, l'opposition jugée raisonnable, celle des « patriotes », comme on dit à Bagdad, et non celle financée par les États-Unis. Ces contacts ont visé en particulier des communistes. Tarek Aziz, vice-Premier ministre, fut chargé de lancer les perches. « Vous ne craignez rien, leur assura-t-il, vous pouvez rentrer à Bagdad, et déposer cent cinquante signatures pour créer un parti politique », assure ce conseiller de Saddam.

Certains opposants sont venus sonder le terrain, mais le dialogue a tourné court. De part et d'autre, le fossé de méfiance est trop profond. Hans Von Sponek, ancien coordinateur humanitaire des Nations unies en Irak, se souvient de sa participation en septembre 2002 à une réunion en Suède qui s'est terminée par une bagarre à coups de fourchette entre les deux camps.

Affranchi de corset idéologique, Saddam peut être pragmatique si la nécessité l'impose. Au début des années 90, un homme d'affaires jordanien, bien en cour à Bagdad, a été chargé par Hussein Kamel, gendre de Saddam et à l'époque numéro deux du régime, d'approcher des compagnies pétrolières américaines désireuses de commercer avec l'Irak. Plus récemment, Qoussaï a pris le relais[20]. Dans la foulée de sa réélection à 100 % à la présidence de la République le 15 octobre 2002 et pour relâcher la pression autour de lui, Saddam a accordé une amnistie à tous les prisonniers. Enfin presque ! Cent mille environ ont été libérés, dont de nombreux malfrats qui pourraient créer des troubles face à un nouveau régime soutenu par Washington. Deux mille cinq cents autres, selon certaines sources proches de l'opposition à Londres, sont restés dans des prisons, parfois enterrées sous les bâtiments de certains services de sécurité ou de renseignement. Ce sont les gros poissons, ceux qui pourraient représenter un danger pour Saddam. Le leader irakien a été jadis proche des gens, il est maintenant isolé. Il sait que les Irakiens le haïssent, seule sa sécurité lui importe.

France – Irak : l'autisme de Saddam

En pleine nuit, ce 1er novembre 1998, la sonnerie du téléphone réveille Yves Aubin de la Messuzière dans sa résidence du quartier de Misbah. À l'autre bout du

---

20. Voir chapitre III.

fil, Tarek Aziz paraît mal à l'aise. Entre l'émissaire de Saddam et le représentant de la France à Bagdad, la démarche est insolite. Les deux hommes se connaissent bien ; lorsque l'un doit transmettre un message à l'autre, ils se rencontrent le plus souvent au ministère des Affaires étrangères.

Quelques jours auparavant, en passant par Paris à son retour de discussions importantes aux Nations unies à New York, Tarek Aziz a pourtant donné l'impression que l'Irak se montrerait flexible sur le dossier des sanctions.

Depuis des mois, la diplomatie française, appuyée par Kofi Annan, le secrétaire général de l'ONU, travaille sur une question clé pour sortir la crise irakienne de l'impasse : l'examen global du désarmement. Après des années d'inspections et d'innombrables crises, Paris veut convaincre Saddam d'accepter une revue de détail des restes de son arsenal prohibé que l'Irak doit détruire.

En contrepartie, la France se charge d'arracher un accord américain pour que la concession irakienne soit suivie à court terme d'une levée des sanctions qui frappent l'Irak depuis huit ans, qu'une lueur apparaisse au bout du tunnel et que les discussions sur la fin du calvaire ne s'éternisent pas. Cet engagement se traduit le 30 octobre 1998 par une lettre de l'ambassadeur britannique aux Nations unies, adressée au Conseil de sécurité, lettre ambiguë certes mais porteuse d'espoir pour l'Irak[21]. Les Français pensent que leurs efforts diplomatiques seront récompensés.

Jacques Chirac en personne a mouillé sa chemise. Il s'est engagé auprès de Bill Clinton en lui promettant un soutien de Saddam à la proposition d'examen global. En février, lorsque éclate la crise des sites prési-

---

21. Voir chapitre IV.

dentiels[22], Paris pousse Kofi Annan à s'impliquer. Le président de la République ira jusqu'à offrir un avion au secrétaire général de l'ONU pour qu'il aille sur place négocier un compromis avec Saddam Hussein. Quelques mois plus tard, la France reçoit en grande pompe Tarek Aziz. Paris est en pointe sur le dossier irakien, le seul au Proche-Orient où son influence pèse. À ses interlocuteurs du Quai d'Orsay, comme à ses amis du lobby pro-irakien, Tarek Aziz tient alors le même discours : « L'examen global est la solution pour sortir de la crise, cette fois, j'ai bon espoir que l'embargo sera levé dans quelques mois[23]. » Embarrassé, lors de cet appel téléphonique nocturne, six mois plus tard, l'émissaire de Saddam informe M. Aubin de la Messuzière que l'Irak refuse finalement l'offre d'examen global de son désarmement. C'est la cassure entre Paris et Bagdad. « L'Irak m'a manqué », laisse alors tomber Jacques Chirac à ses conseillers qui n'auront de cesse ensuite de répéter cette formule lapidaire. L'espoir déçu imprègne depuis les rapports entre les deux pays.

Le soir même du refus irakien, Hubert Védrine, ministre des Affaires étrangères, adresse une lettre à Tarek Aziz. « Une missive d'une rare violence, souligne un diplomate qui en eut connaissance. Védrine disait en substance aux Irakiens : vous avez trahi notre confiance. Il commit sans doute l'erreur de s'adresser à eux sur le ton du maître à l'élève. Cette lettre a laissé des traces dans les rapports entre Paris et Bagdad. »

22. Les inspecteurs en désarmement de l'ONU tenaient à fouiller les sites présidentiels de Saddam afin d'y vérifier qu'il n'y dissimulait pas d'armes interdites. Le président irakien refusa. La médiation de Kofi Annan aboutit à la conclusion d'un accord sur un nouveau régime d'inspection de ces sites.
23. Entretien avec Serge Boisdevaix, ancien secrétaire général du Quai d'Orsay, Paris, 15 novembre 2002.

Fiers de leur histoire millénaire, les Irakiens ne détestent rien tant que d'être traités comme « le Burundi », comme sait le répéter M. Aziz lui-même [24]. Ils réagiront très violemment au courrier français, amorçant une nette dégradation des relations franco-irakiennes. Plus grave, le refus de Bagdad fournira le prétexte aux Américains pour mettre l'Irak dans la seringue et enclencher le compte à rebours de l'opération militaire Renard du Désert, un mois et demi après [25].

Que s'est-il réellement passé pendant ces heures décisives ? Adressée au Conseil de sécurité de l'ONU le dernier jour du mandat de la présidence britannique, l'autre pays avec les États-Unis le plus anti-irakien, la lettre était « perfide [26] ». Elle faisait état de ce fameux examen global, mais ne mentionnait pas explicitement l'article 22 de la résolution 687 des Nations unies relatif aux conditions d'une levée des sanctions contre l'Irak.

À Bagdad, cette lettre avalisée par les cinq pays membres du Conseil de sécurité fut au centre d'un long débat au sein de la direction irakienne. Sitôt Tarek Aziz rentré au pays, la principale instance du régime, le Conseil de commandement de la révolution, se réunit. Trois séances seront nécessaires avant que ne tombe le communiqué officialisant le refus irakien. « Les durs autour de Saddam l'ont emporté, observe M. Aubin de la Messuzière. Quand j'ai rencontré

---

24. Exemple d'une susceptibilité à fleur de peau : Tarek Aziz confie qu'il appréciait tout particulièrement lorsque Hubert Védrine le raccompagnait jusqu'à l'ascenseur au ministère des Affaires étrangères.
25. Voir chapitre IV.
26. Entretiens avec des diplomates en charge alors du dossier.

ensuite Tarek Aziz, j'ai eu l'impression qu'il avait été désavoué[27]. »

Les caciques du régime ont fait une lecture littérale de la missive, se focalisant sur ses lacunes sans voir les assurances qu'elle contenait. Devenue sourde, après les nombreuses promesses non tenues d'une levée des sanctions, la direction irakienne s'est tiré une balle dans le pied. À la « perfidie » britannique a répondu en écho le jusqu'au-boutisme de Bagdad.

Si elle prouve qu'aux moments cruciaux Saddam ne décide pas seul de l'avenir du pays, cette passe d'armes franco-irakienne traduit d'abord l'imperméabilité du régime. À force de finasser, le raïs s'est retrouvé rejeté par le monde extérieur[28]. « Cet autisme obère le développement des relations entre l'Irak et la communauté internationale. Il donne des arguments à tous ceux – aux États-Unis, mais aussi dans les capitales moins défavorables à Bagdad – prétendant qu'avec ce régime, quels que soient les efforts consentis, on n'arrivera à rien », commente un bon connaisseur du dossier.

Depuis cet épisode, la France s'est désengagée du dossier irakien, du moins jusqu'à la crise de l'été 2002. Paris considère qu'il se gère d'abord aux Nations unies et restreint ses contacts politiques avec Bagdad. « Nous n'avons plus rien à leur dire », confiait un diplomate au printemps 2002. Malgré les appels du

---

27. Entretien avec l'un des auteurs, Tunis, 29 novembre 2002.
28. Le refus de Saddam de recevoir le pape en Irak, fin 1999, en est une autre illustration. Le Vatican était pourtant prêt à aller très loin dans les gestes en faveur de Bagdad. Jean-Paul II aurait serré la main de Saddam et appelé à la levée de l'embargo, mais les Irakiens ont exigé de connaître au préalable la teneur de son discours, ce que le Vatican ne pouvait accepter.

pied irakiens[29], la dernière rencontre d'un officiel français avec Saddam remonte à mars 1998[30]. À Paris, « on a toujours l'impression que l'Irak nous a manqué ».

« Les responsables irakiens, Saddam en tête, ont une conception autocentrée de leurs rapports avec le reste du monde, y compris avec leurs amis. Ils ont tendance à se focaliser sur leurs intérêts. Ils s'imaginent que la politique arabe de la France ne tourne qu'autour de l'Irak. Ils pensent que Paris finira par prendre ses distances avec les États-Unis. Ils se trompent[31]. »

Ce tropisme est aggravé par une forme d'incapacité à tenir compte de l'évolution du monde. Outre l'erreur koweïtienne, une autre illustration en est fournie par la permanence des sentiments de Saddam Hussein à l'égard de Jacques Chirac. « Pour Saddam, même si vingt ans ont passé, Chirac est resté son ami, remarque un familier du dossier. Il n'en a jamais dit de mal en public. » En septembre 1996, le raïs a même envoyé une immense gerbe de fleurs à l'ambassade de France à Amman, pendant l'étape jordanienne de la tournée au Proche-Orient du président de la République.

Saddam campe sur l'époque dorée des relations franco-irakiennes, celle, justement, où « son ami Jacques » ne lui avait pas manqué.

Les différents interlocuteurs interrogés sont unani-

---

29. En octobre 2002, Tarek Aziz a téléphoné au président algérien Abdelaziz Bouteflika lui demandant d'appeler Jacques Chirac pour lui dire que l'émissaire de Saddam était prêt à se rendre à Paris. Le président de la République ne s'est pas montré hostile au principe d'une visite, mais a estimé que le moment n'était pas opportun. Le débat au Conseil de sécurité sur la crise irakienne battait son plein.
30. Voir chapitre IV.
31. Entretien avec un diplomate français de haut rang, octobre 2002.

mes : « Il y a eu un tilt entre les deux hommes lorsqu'ils se sont rencontrés [32]. » « Chirac voyait en Saddam le laïc, le modernisateur que la France aiderait dans ses projets de développement. Les deux hommes se sont plu, déclare Jacques Morizet, ambassadeur à Bagdad à l'époque de la lune de miel. Grands, élancés, ils étaient tous les deux au décollage de leur carrière. Ils sont tombés dans les bras l'un de l'autre. Chirac cherchait à se constituer un domaine de politique étrangère que Giscard ne voulait pas lui céder. Saddam, lui, voulait se désengager de la tutelle soviétique, au profit d'un pays européen à la technologie avancée. Chirac savait que l'Irak était un pays important. Il a saisi l'occasion. »

Historiquement, ce sont les Russes qui, dès 1958, ont commencé à équiper l'armée irakienne. Ils finiront par récolter plus de la moitié des marchés d'armement conclus par Bagdad, signant notamment le premier accord de coopération nucléaire, avec la construction d'un réacteur à Tuwaitha, près de la capitale. Inquiets des ambitions de Saddam, les Soviétiques prendront d'eux-mêmes l'initiative d'un désengagement progressif d'avec l'Irak.

Soucieuse de s'assurer un approvisionnement régulier en pétrole, la France, confrontée à la crise de 1973, prend le relais de Moscou, en échange d'une coopération technique et militaire. Saddam mise alors sur Paris, y compris dans les domaines les plus sensibles.

Ministre de l'Industrie, Michel d'Ornano propose à l'Irak de lui livrer la réplique d'une centrale nucléaire de recherche, Osiris, construite à Saclay en région

---

32. Saddam Hussein est venu à Paris en 1972 et en 1975, en tant que vice-président de la République irakienne. Jacques Chirac Premier ministre est allé à Bagdad en février 1976.

parisienne. La version irakienne sera baptisée Osirak. Paris fournit l'uranium enrichi à 93 % nécessaire à la mise en œuvre du réacteur, et forme les ingénieurs irakiens au fonctionnement de la centrale.

Entre les principaux pôles du pouvoir, les avis cependant divergent sur le bien-fondé d'une telle coopération. Flairant le traquenard, le président de la République, Valéry Giscard d'Estaing, freine des quatre fers. « Giscard a tout fait pour que Saddam ne vienne pas en visite en France en 1975, se souvient Jacques Morizet. Il ne voulait pas se charger du dossier irakien. Pendant les cinq ans de mon séjour en Irak, le président me recevra deux fois seulement à l'Élysée. »

Son ami d'Ornano, et surtout André Giraud, alors directeur du Commissariat à l'énergie atomique (CEA), chaud partisan d'un remplacement du pétrole par le nucléaire, convaincront le chef de l'État de vendre aux Irakiens le réacteur de recherche d'Osirak, mais ce ne sera pas le dossier de VGE.

À sa sortie de l'Élysée, en septembre 1975, le vice-président Saddam Hussein déclare que « l'accord qui vient d'être conclu avec la France est le premier pas vers la fabrication de l'arme atomique arabe ». Peut-on être plus clair ?

Dans l'après-midi, Jacques Chirac emmène son hôte visiter l'usine de Cadarache, avant un dîner aux Baux-de-Provence autour d'un couscous aux herbes provençales.

L'ambiance est chaleureuse, se souvient Nassif Awad, l'un des convives, conseiller de Saddam. « Chirac proposa un bon vin à Saddam, qui répondit : non merci, je ne bois pas, mais mon ami Awad, qui est chrétien, lui, boira à ma santé. Et Chirac de conclure par une boutade : il boira pour nous deux ! » Saddam

Hussein eut l'honneur d'être logé au château de Bitty, la propriété personnelle de Jacques Chirac en Corrèze.

L'accord de coopération atomique franco-irakien est signé le 18 novembre 1975, mais il ne sera publié au *Journal officiel* que sept mois plus tard... Au ministère des Affaires étrangères, qui avait été écarté des négociations conduites par Jacques Chirac et Saddam Hussein, des réticences apparaîtront.

« À chacun de mes passages à Paris, Jean Sauvagnargues, le ministre des Affaires étrangères, m'interrogeait sur la nature du projet cédé à l'Irak, poursuit M. Morizet. Lors de la visite de Chirac à Bagdad au début de 1976, on a commencé à faire machine arrière. Après la démission de Chirac comme Premier ministre, ce sera à Raymond Barre [33] de s'assurer que le réacteur fourni serait bien utilisé à des fins civiles. Les Irakiens, voyant qu'ils n'obtiendraient pas une bombe nucléaire de Paris, ont alors négocié avec les Italiens qui leur ont fourni une cellule chaude, une usine au rabais [34]. »

L'accord franco-irakien rapportera 1,5 milliard de francs à Paris, qui pouvait théoriquement contrôler la

---

33. Raymond Barre s'est rendu à trois reprises à Bagdad, une fois en tant que ministre du Commerce extérieur et deux fois en tant que Premier ministre. « Il avait lui aussi bien accroché avec Saddam », se souvient Jacques Morizet, qui conte cette anecdote : « À son arrivée à Bagdad lors d'une de ses visites, il monte dans la voiture de Saddam et soudain ressent un froid sous ses fesses. Saddam sourit et reprend son revolver ! »

34. En 1982, l'Irak a importé d'Italie 1767 kilos d'uranium 235, pauvrement enrichi à 2,6 %. De France et de Russie, Bagdad a obtenu au total presque 50 kilos d'uranium hautement enrichi. Entre 1979 et 1982, pour son programme nucléaire, l'Irak s'est également procuré du « yellow cake » du Portugal et du Niger, et du dioxine d'uranium du Brésil. Source : Agence internationale à l'énergie atomique. Rapport de son directeur général, Hans Blix, au Conseil de sécurité de l'ONU, 8 octobre 1997.

production de plutonium militairement utilisable. « Pouvait-on ignorer qu'avec ses énormes réserves pétrolières, l'Irak avait réellement besoin – à court terme en tout cas – d'énergie électrique d'origine nucléaire [35] ? » Les risques d'une application militaire de la désintégration de la matière étaient connus des spécialistes et des services de renseignements occidentaux, qui coopéraient avec Bagdad.

Grâce à ses très nombreux contacts à l'époque avec Saddam, Jacques Morizet nourrissait peu de doutes sur la fonction des armes que lui vendaient la France et beaucoup d'autres pays occidentaux [36]. « Saddam utilisait la manne du pétrole de trois manières. Un tiers était investi dans le développement de l'Irak. Un tiers lui servait à se constituer une clientèle dans le monde arabo-musulman, y compris en Afrique, où il avait de bonnes relations avec le roi Hassan II du Maroc. Enfin, le dernier tiers était placé dans des banques françaises et suisses. »

Quant à la brutalité du régime, elle ne pouvait tromper que les aveugles. « Je me souviens avoir vu Adnane Hussein, un membre du Conseil du commandement de la révolution, à la réception des ambassadeurs le jour de la fête nationale irakienne en juillet 1979. Je l'ai trouvé blême, décomposé. Le lendemain, je suis parti en vacances en France, et quelques jours après, un ami m'appelle et me dit : "Votre Saddam en fait de belles." Il venait de liquider Adnane Hussein. On a fermé les yeux sur ses exactions. On ne voyait en lui que le modernisateur de l'Irak. »

Comme vingt ans auparavant avec Israël, la France

---

35. Citation du général Pierre-Marie Gallois, ancien chef d'état-major de l'armée française (*Faits et Projets*, juillet 2001).
36. Vingt-neuf pays ont livré des armes à l'Irak pendant son conflit avec l'Iran.

avait décidé de faire de l'Irak une puissance nucléaire. Mais la parité stratégique établie ainsi par Saddam était inacceptable pour l'État hébreu, qui voulait rester, à des fins de dissuasion, le seul pays du Moyen-Orient détenteur de l'arme atomique. En 1981, l'aviation israélienne ira détruire la centrale d'Osirak.

L'élection à la présidence de la République de François Mitterrand en 1981 suscite de sérieuses interrogations à Bagdad. « Les Irakiens étaient affolés », se souvient un diplomate alors en poste en Irak. La nomination de Claude Cheysson au Quai d'Orsay et ses assurances sur la poursuite des livraisons d'armes ont dissipé les craintes irakiennes.

En janvier 1983, alors que l'Irak exsangue financièrement est à la peine dans sa guerre face à l'Iran, Paris accède à la demande de Saddam de céder une demi-douzaine d'avions Super-Étendard équipés pour lancer des missiles air-mer Exocet qui permettront à l'aviation irakienne d'attaquer les pétroliers iraniens dans le Golfe.

Pour endiguer la menace de la révolution islamique et préserver l'équilibre du monde arabo-persan, Paris, moins discrètement que les autres capitales occidentales, est prêt à tout. Les chaînes de fabrication des Super-Étendard sont arrêtées depuis de nombreuses années ; le Premier ministre Pierre Mauroy décide alors de puiser sur l'escadrille de l'Aéronavale française et de « prêter » les appareils demandés à l'Irak. Les juristes du Quai d'Orsay devront se creuser la cervelle pour échafauder un montage de la livraison, au terme de laquelle la France aurait pu être accusée de cobelligérance, selon les règles du droit international. Cet appui massif à Saddam sera un des éléments justifiant aux yeux du Hezbollah libanais et de son mentor iranien la prise d'otages français à Beyrouth pendant la guerre civile.

Au terme de la visite de Jacques Chirac à Bagdad en 1976, la France s'était également engagée à vendre cinquante Mirage F1 et promis la fourniture de cinquante autres au début de la décennie 80. Ces Mirage disposaient d'une technologie supérieure à celle dont était dotée l'armée française à l'époque[37]. Certains sont encore stationnés en Iran, depuis leur capture pendant les hostilités. D'autres pourraient toujours être en état de fonctionner en Irak.

Outre les Mirage F1, en matière d'armements classiques, la France a livré à l'Irak des canons de 155 mm GCT, des chars d'assaut AMX et AMX 30, des véhicules blindés de l'avant AML 60, 90, des engins antichars SS 11, SS 12, Hot, des engins air-sol AS 30 guidés par laser, des engins air-air Matra, des hélicoptères Gazelle, Alouette, Super-Frelon, Puma, et des dizaines de milliers de mortiers, de roquettes et des munitions d'artillerie.

La générosité française étonne encore un des négociateurs irakiens du contrat sur les Mirage. « Pendant les discussions au ministère de la Défense à Paris, la délégation irakienne a demandé un changement dans la rédaction du contrat. On exigeait qu'il soit stipulé qu'en cas de panne sur une pièce vitale, le Mirage soit carrément changé. Les Français ont accepté. Nous n'en sommes pas revenus ! » Chirac étant devenu l'ami de Saddam, et l'Irak ayant combattu l'Iran chiite au nom de l'Occident, la France, dans l'esprit irakien, ne pouvait rien leur refuser. Le Bédouin de Tikrit se croit tout permis face au maquignon de Sarlat.

---

37. Entretien avec un expert militaire français au Proche-Orient, 19 septembre 2002.

Au cours de la décennie 75-85, la coopération économique connaît alors un essor fulgurant. Le nombre des expatriés français passe de 2 000 à 8 000. Paris envisage d'ouvrir un consulat à Bassorah, au sud. C'est l'époque des très gros contrats : l'aéroport Saddam de Bagdad, les logements de la garde présidentielle (équipés d'abris antiatomiques), l'autoroute du sud, l'adduction d'eau de la capitale. Bouygues, Spie Batignolles, Fougerolles, Degrémont trustent les marchés, et quels marchés ! Sogea Vinci réalise le plus important contrat d'hydraulique urbaine jamais conclu dans le monde par une entreprise du secteur : 1 milliard de dollars encaissés pour huit cents kilomètres de tuyaux posés.

À la fin des années 80, le couple franco-irakien a commencé à parler gros sous et à se chamailler. Le ministère des Finances a rappelé les Irakiens à l'ordre à propos de leurs dettes non payées. La participation de la France à la coalition militaire conduite par les États-Unis en 1991 a entraîné une rupture des relations diplomatiques entre Paris et Bagdad. Mais comme l'a reconnu ensuite Tarek Aziz, « la France était en désaccord avec nous au sujet du Koweït. Bon ! Tout cela est maintenant derrière nous [38] ! ». Peu après le conflit, les contacts pétroliers ont repris, et une ribambelle d'hommes d'affaires et parfois de margoulins se sont rués à Bagdad, attirés par les potentialités du pays. Même sulfureuse, la mariée était attirante...

Jusqu'en 1995, la France afficha un profil bas sur

---

38. Interview accordée par Tarek Aziz à la chaîne de télévision libanaise LBC, janvier 2000. À la question de savoir où il souhaiterait terminer sa vie, Tarek Aziz a répondu : « Dans la ville de la lumière, Paris. » La France serait-elle prête à l'accueillir en cas de conflit en Irak ?

le dossier du désarmement irakien. Avec l'élection de Jacques Chirac à la présidence de la République, une impulsion a été donnée. Paris a augmenté sa participation aux équipes d'inspecteurs de l'ONU. En 1998, la France envisageait de renouer ses relations diplomatiques avec Bagdad, à condition qu'un dossier de ce désarmement soit déclaré fermé par le Conseil de sécurité de l'ONU.

L'entêtement de Bagdad a coupé l'herbe sous le pied de ses soutiens français. Saddam a raté le coche, dilapidant le capital d'affinités entre l'état RPR postgaulliste et l'état baassiste.

Depuis, Jacques Chirac n'est pas tendre en privé à l'égard du président irakien. Toutefois, il se garde de le critiquer trop ouvertement. Il a longtemps pensé que la meilleure façon de faire évoluer le régime était de ne pas le braquer. Saddam, enfermé dans ses chimères, ne lui a pas renvoyé l'ascenseur. Sur l'histoire des relations franco-irakiennes plane l'ombre d'un amour déçu. Saddam n'est plus l'ami de Chirac, et leur huis clos hante encore certainement le président de la République.

LE SYSTÈME SADDAM

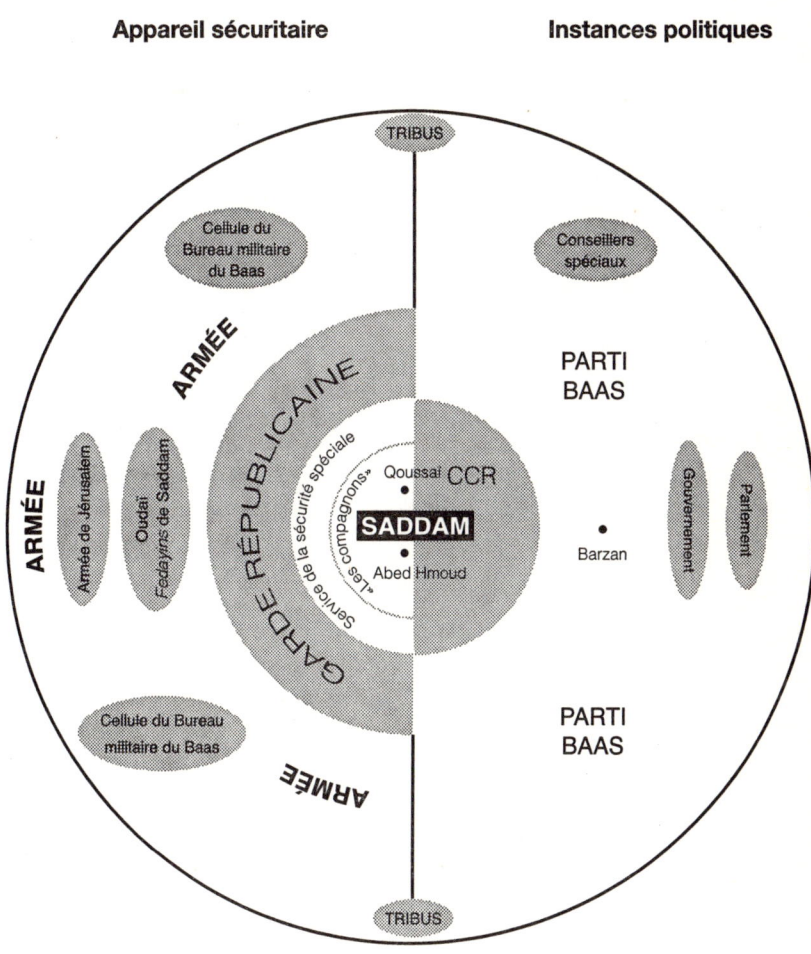

III

Le système Saddam

Le 19 février 1999, Ali Jbouri[1] est à son poste dans la salle des écoutes radio au quartier général de la *moukhabarat*. Il reconnaît une conversation entre Qoussaï, le fils cadet de Saddam, et Mohammed Hamza al-Zubaydi, un des exécutants des basses besognes du régime.

Accompagné de ses deux fils, Mohammed Sadeq al-Sadr rentre de la prière à Nadjaf. Au square de la Révolution de 1920, la circulation est détournée.

Haut dignitaire chiite, al-Sadr tente alors de rapprocher les fidèles sunnites et chiites de l'islam. À quatre-vingt-cinq ans, il est hautement respecté par la population de Nadjaf, la ville sainte chiite d'Irak, qui est devenue l'un des principaux foyers de la contestation à Saddam.

Alors que la voiture du vieil homme s'écarte du centre-ville, des assaillants, en embuscade dans un autre véhicule, ouvrent le feu sur la famille al-Sadr. Les deux fils meurent sur le coup. Blessé, le père est con-

---

1. Le brigadier-général Ali Jbouri, un des demi-frères de Saddam, a commencé sa carrière comme garde du corps de Barzan, avant de rejoindre le ministère de l'Intérieur et de réintégrer la police secrète au milieu des années 90. Il a fui l'Irak en 1999, et vit depuis dans un pays du Proche-Orient.

duit à l'hôpital, et peu après, Mohammed al-Zubaydi se rend à son chevet.

Depuis le local de la police secrète, par radio, Qoussaï supervise l'opération. Le fils cadet de Saddam demande à al-Zubaydi si « le dossier est toujours ouvert ». Ce dernier répond que « deux dossiers ont été refermés, mais pas le plus important ». Qoussaï ordonne alors à al-Zubaydi de « le refermer ». Le dignitaire chiite est abattu d'une balle de revolver dans la tête.

Pour un pouvoir habitué à jouer des divisions ethniques et confessionnelles, toute velléité d'alliance entre chiites et sunnites, ou ne serait-ce que de simples contacts spirituels, est une source d'inquiétude, d'autant qu'au printemps 1999, dans la foulée des bombardements américains de décembre, le régime est sur ses gardes : des troubles éclatent régulièrement dans le sud du pays.

L'implication des proches de Saddam dans la répression est une constante de l'histoire irakienne contemporaine. Bien avant Qoussaï, Barzan, un des demi-frères du raïs, a joué un rôle de premier plan dans la chasse aux opposants, qu'ils soient à l'intérieur ou hors des frontières. À l'accession de Saddam au pouvoir en 1979, Barzan est propulsé à la tête de la *moukhabarat*.

En fin d'année, une réunion se tient au siège, dans le quartier chic d'al-Mansour. L'objectif est le recrutement d'agents doubles à l'intérieur des mouvements d'opposition à l'étranger, et celui de mouchards arabes pour surveiller les agitateurs.

Barzan est celui qui débloque d'importantes sommes d'argent pour acheter les collaborateurs, quitte à user de pressions sur les membres de leurs familles restés en Irak. Plusieurs groupes sont ainsi établis en vue d'entraver et parfois de liquider certains opposants.

L'un d'eux doit agir contre l'opposition irakienne en Allemagne. Il est composé de quatre haut gradés de la police secrète. Deux sont issus du clan de Saddam, les al-Tikriti, le colonel Nafi'e Fad'am al-Tikriti, directeur des opérations spéciales, et le major Hussein Haza Fayçal al-Tikriti. Le troisième vient de la tribu al-Douri, et le dernier de celle des al-Azzawi, deux clans fidèles au régime.

En 1980, les quatre hommes sont envoyés en Allemagne, où doit se tenir une conférence des étudiants kurdes. Ils sont parvenus à retourner l'un d'eux, qui s'est engagé à poser une bombe pendant les débats. Deux mois auparavant, Barzan s'est rendu sur place en mission secrète. Les autorités allemandes ayant eu vent du projet, l'attaque échoue finalement. À leur retour en Irak, Barzan reçoit les quatre hommes et les blâme sévèrement ; ils perdent leurs privilèges avant d'être rétrogradés.

La clé de la longévité de Saddam au pouvoir tient à l'établissement d'une relation sans précédent au Moyen-Orient entre un système ancien et traditionnel de loyautés tribales et un mécanisme militaro-sécuritaire d'un État moderne. L'originalité a été de plaquer cette réalité ancestrale sur un pays à l'ambition militaire sans égale dans le monde arabe. Le résultat est un système hybride : ni dictature militaire ni république laïque, encore moins une théocratie.

Saddam a orientalisé le stalinisme. Il a tenu compte des spécificités religieuses et communautaires irakiennes. Il a conservé l'armature du système mis en place par « le petit père des peuples » : un parti unique source du pouvoir, y compris dans l'armée, un contrôle social redoutablement efficace, assorti d'un appareil sécuritaire ultrarépressif.

Sa créativité machiavélique et démoniaque lui a permis de se forger des instruments de contrôle du pouvoir sur mesure de façon à résister aux guerres, aux révoltes intérieures, et à échapper aux nombreux complots dont il a été la cible[2].

Son mode de fonctionnement, au grand dam des services de renseignements occidentaux, est quasi impénétrable. Il repose sur différents cercles concentriques. Le plus intime est la famille, au sens large, puis la tribu, et enfin le cercle des alliances intercommunautaires. Les principales instances dirigeantes du pays, le Conseil de commandement de la révolution et la direction du parti Baas ne sont que des instruments de la volonté du raïs.

Une famille turbulente, mais aux ordres

Dans la famille, le fils peut tirer sur son oncle, le père commanditer l'assassinat de ses gendres, et les filles n'être rien d'autre que des prête-noms que l'on donne à marier aux centurions du régime. L'empire de Saddam sur l'Irak s'apparente à celui du parrain Don Corleone sur la mafia sicilienne. Son clan contrôle le pays en toute impunité. L'argent sert à acheter les récalcitrants, et les règlements de comptes virent aisément à la boucherie.

À l'ombre de son sceptre de fer, Saddam a maintenu un semblant d'unité entre les siens. Minés par l'appétit du pouvoir et la cruauté excessive, la plupart des mem-

---

2. Depuis 1979, Saddam a réussi à déjouer au moins une quinzaine de complots et tentatives de renversement. « Si vous voulez ma peau, prenez la file d'attente », a-t-il lancé un jour.

bres de la famille ont fini par se haïr. La confiance, même entre frères, n'existe pas. Et si Saddam a réussi à déjouer les complots ourdis de l'intérieur, la décennie 90 a montré les limites d'un pouvoir digne de celui de Néron.

Au milieu des années 60, Saddam a obstinément refusé d'être nommé ministre. En Irak, le vrai pouvoir est entre les mains de ceux qui dirigent l'appareil sécuritaire. L'aspirant dictateur préfère devenir garde du corps du président de l'époque, Ahmed Hassan al-Bakr. Il retiendra la leçon, une fois devenu président de la République en 1979. Il nomme alors Barzan à la tête de la toute-puissante police secrète, et quelques années après, son autre demi-frère Watban au ministère de l'Intérieur, alors qu'un cousin, Ali Hassan al-Majid, obtient le portefeuille de la Défense. À l'aube de la décennie 90, ses deux fils, Oudaï, l'aîné, et son frère Qoussaï, prennent le relais. Saddam manipule ses enfants comme des soldats de plomb. Ils vivent dans l'enceinte d'un palais présidentiel, sorte de cité interdite dans Bagdad.

Né en 1966, Qoussaï coordonne l'ensemble de l'appareil sécuritaire autour de son père, et à ce titre apparaît comme son dauphin. Souvent assis à la droite de Saddam au cours de réunions importantes, il a été nommé en mai 2001 vice-directeur du bureau militaire du parti Baas, et élu au commandement régional du parti, son premier poste officiel. Dans un pays peu rompu à la tradition dynastique, son ascension en douceur a surpris. La prochaine étape pourrait être son entrée au Conseil de commandement de la révolution, la principale instance dirigeante du pays, où un siège est vacant.

Qoussaï entretient des contacts avec les jeunes leaders jordaniens et syriens. En septembre 1996, quelques jours après la reconquête d'une partie du Kurdistan par l'armée irakienne, c'est lui que Saddam a envoyé rencontrer en mission secrète Massoud Barzani, le chef du Parti démocratique du Kurdistan. Au début de l'année 1998, le raïs l'a discrètement dépêché auprès des Iraniens pour s'assurer de leur neutralité, alors que la crise avec l'ONU couvait[3].

Signe de son influence grandissante, il est à l'origine des campagnes anticorruption lancées en 2000 dans de nombreux ministères[4]. La nomination en 2001 de son protégé Naji Sabri comme ministre des Affaires étrangères[5] lui permet de contrôler la diplomatie. On lui prête l'intention de prendre en main le dossier du pétrole, ressource principale du pays.

Qoussaï a un fils et deux filles. Il a épousé Sahar, la fille du général Maher al-Rasheed, un des héros de la guerre face à l'Iran, membre du clan de Saddam. Il a hérité de son père la puissance de travail, le sens de l'organisation et un esprit calculateur. Le jeune homme au visage rond barré de l'indispensable moustache reste discret, froid et renfermé, même selon un médecin de la famille. Dans l'univers impitoyable du *diwan*, il a compris qu'il pourrait se brûler les ailes à grandir trop vite. Il se souvient sans doute de la mésaventure de son oncle Adnane al-Kharaillah, l'étoile montante de l'armée, tué vraisemblablement sur ordre de Saddam dans un mystérieux accident d'avion en 1989.

Ses amis le disent acquis aux thèses économiques libérales, et proche des aspirations de la jeunesse, mais ses appels à démocratiser le régime sont restés lettre

---

3. Entretien avec un ancien diplomate qui fut longtemps en poste à Bagdad, Paris, 3 septembre 2002.
4. Voir chapitre IV.
5. L'un de ses frères, Mohammed, a été exécuté sur ordre de Saddam lors d'un complot prosyrien en 1979.

morte[6]. Durant l'été 2000, Qoussaï a entretenu des contacts avec des membres de l'opposition à Londres ainsi qu'avec des milieux pétroliers américains. Pour Washington, qui a envisagé un moment d'en faire le successeur de Saddam, Qoussaï a pu apparaître comme un moindre mal, afin de préserver l'unité de l'Irak[7]. Le 11 septembre a changé la donne : les États-Unis ne paraissent plus disposés à remplacer un dictateur par un autre, issu du même clan de la ville de Tikrit.

Oudaï n'a guère apprécié l'ascension de son frère cadet. C'est lui que Saddam avait choisi de chaperonner au début des années 90. Fidèle au slogan baassiste qui lui avait réussi (« Si tu remportes la jeunesse, tu gagnes l'avenir »), Saddam l'a propulsé président du Comité olympique, de la Fédération nationale de football, et à la tête de Télé Chébab (« la jeunesse ») et du journal *Babel*. Mais son comportement a fini par le disqualifier.

Oudaï a les traits de Caligula. Psychopathe sanguin et vulgaire, il peut tuer le mari d'une femme qu'il désire. Il a longtemps évolué comme un électron libre, au-dessus de l'appareil de sécurité, aux mains de son frère. Marié à la fille de son oncle Barzan, il en a divorcé peu après. Une de ses frasques les plus sanglantes s'est déroulée en octobre 1988. Furieux de ne pas avoir été convié à une soirée à laquelle participait Suzanne Moubarak, l'épouse du président égyptien, Oudaï a débarqué et a interpellé Kamel Hanna Jajo, l'homme à tout faire de Saddam, lui signifiant qu'il était trop bruyant... Passablement éméché, Oudaï l'a abattu de deux balles en pleine tête. Lorsqu'il s'est

---

6. Entretien avec un membre du clan al-Tikriti Tikrit, 22 octobre 2002.
7. Entretien avec un diplomate à Bagdad, 17 octobre 2002.

rendu compte qu'il avait liquidé le fidèle serviteur de son père, Oudaï a tenté de se suicider en avalant des barbituriques. Saddam, hors de lui, a alors rendu visite à son fils à l'hôpital, et a lancé aux médecins : « Ne soignez pas ce chien. »

Quelques instants après, son oncle, Adnane al-Kharaillah, a appelé les docteurs en se faisant passer pour Saddam et a demandé comment se portait le « chien ». Ils ont répondu qu'il allait mourir si on ne lui administrait pas un traitement. Kharaillah a alors ordonné de soigner Oudaï[8].

L'enfant terrible est ensuite exilé à Genève, où son oncle Barzan représente l'Irak auprès des Nations unies. Chassez le naturel, il revient au galop : Oudaï, qui s'ennuie, fait les 400 coups. Le week-end, il fait venir de Paris un de ses médecins, qui le suit depuis de nombreuses années. Il aurait même assassiné un Irakien dont le corps aurait été rapatrié en morceaux par la valise diplomatique. Peu habituée à ce genre d'extravagances, la police helvétique a discrètement demandé le renvoi d'Oudaï à Bagdad.

Le play-boy à la barbe volontairement négligée a continué de semer la terreur parmi la gent féminine, mais, le 12 décembre 1996, son passé a fini par le rattraper. Au volant de sa Porsche, il est attaqué par des hommes en armes dans le quartier d'al-Mansour. Acte de vengeance de la part des proches des victimes de la folie d'Oudaï ? Action d'un groupe d'opposants à l'intérieur, ou signal adressé par son père pour l'écarter du pouvoir ? L'incertitude plane toujours sur les commanditaires, même si la première hypothèse paraît la plus réaliste.

Il faut attendre quatre jours pour que la télé offi-

---

8. Anecdote rapportée par un proche du clan, Amman, 18 août 2002.

cielle montre Oudaï allongé sur son lit à l'hôpital Ibn Sina, la tête indemne mais le corps dissimulé sous une couverture. « L'attention portée par Saddam à son fils est la même que celle envers les autres blessés de l'attaque vicieuse », écrit alors le journal *al-Joumhouria*.

Les affidés abattent des moutons pour fêter la survie d'Oudaï, mais la population, elle, n'est pas dupe : il est le seul qu'elle ose critiquer à mots couverts. Dans une société pourtant habituée à la violence, ses éclats ont fini par choquer.

Le 2 janvier 1997, Oudaï déclare qu'il lui reste quatre balles dans le corps, « une marque d'honneur » dont il est fier. Il sera sauvé in extremis grâce aux soins d'une équipe de chirurgiens français. L'un d'eux témoigne pour la première fois depuis sa clinique parisienne : « Oudaï avait reçu trente balles dans le corps, certaines au poumon. Il aurait dû mourir. Il a été bien soigné par les Irakiens, avant notre arrivée. Nous l'avons opéré. Nous étions quatre chirurgiens, dont un pneumologue et un orthopédiste. Saddam est venu nous remercier après l'opération. Il nous a offert une montre à son effigie. Je suis retourné huit mois après en Irak, poser à Oudaï une prothèse à la jambe. Ensuite, des collègues m'ont proposé d'y revenir, mais j'ai refusé. Je sentais que nous avions une obligation de résultats. Je n'aimais pas tellement être emmené par des hommes en armes, le kalachnikov sur la banquette de la voiture. Compte tenu du CV d'Oudaï, je n'étais pas rassuré. »

L'équipe médicale n'est arrivée à Bagdad que quatre jours après l'attentat. L'Irak avait entre-temps demandé l'autorisation de transférer Oudaï à Paris, mais s'était heurté au refus de la France. Manque de chance pour Oudaï, trois semaines auparavant, le 1er décembre, un des hommes clés du dispositif sécuritaire de Saddam, Roukkan al-Razzouki, était venu se faire hospitaliser à la Pitié-Salpêtrière, et son comportement avait irrité les autorités françaises [9]. Victime d'un accident vasculaire à Bagdad, il avait été transféré d'urgence à la cité médicale al-Hussein à Amman, où son état de santé avait été jugé suffisamment grave pour nécessiter des soins en France. Un avion-ambulance suisse l'avait transporté à Paris, accompagné de plusieurs membres de sa famille et de chirurgiens irakiens. Une fois rétabli, il en avait profité pour visiter bruyamment Pigalle.

Ce n'était pas le premier membre du clan au pouvoir à venir se faire soigner à Paris, avec l'aval des autorités. Oudaï lui-même avait été admis en 1986 à l'hôpital militaire Béjin pour une luxation à la rotule gauche contractée au cours d'un match de football.

En 1989, ce sera au tour de Watban, un demi-frère de Saddam, d'être suivi au Val-de-Grâce après s'être fait une entorse au genou en montant à cheval [10].

Les contacts entre la médecine française et l'Irak remontent à la guerre Iran-Irak. De nombreux officiers blessés au combat vinrent alors dans l'Hexagone, qui envoyait de son côté des professeurs de médecine former les étudiants irakiens.

Après l'épisode de son attentat manqué, les liens entre Oudaï et les médecins français se sont intensifiés. Contrairement à la rumeur, l'aîné de Saddam n'est pas impuissant, mais il souffre de problèmes musculaires et d'une paralysie du membre inférieur gauche. Il marche difficilement. Paranoïaque, il est obsédé par son état de santé. « Chez lui, raconte un proche, une pièce

---

9. Information rapportée aux auteurs par un expert des questions de sécurité au Proche-Orient, Amman, 28 septembre 2002.

10. Entretien avec un médecin que consulte la famille Hussein, Paris, 10 décembre 2002.

a longtemps été meublée de nombreux ordinateurs. Maintenant, une douzaine de vélos y sont installés pour sa rééducation. » Heureusement pour Oudaï, les bonnes fées de la médecine occidentale veillent sur lui ! Des Français, dont une sexologue, et deux kinésithérapeutes allemandes se rendent très régulièrement à son chevet. Logés à l'hôtel Rasheed, ils attendent autour de la piscine l'appel téléphonique qui nuitamment les conduira auprès de leur patient. « Oudaï vit la nuit, ajoute ce proche. Le jour, il ne sort pas de sa maison, par mesure de sécurité. »

Ses accointances avec la médecine occidentale lui ont permis de faire des affaires : en décembre 1999, il a ouvert l'hôpital Olympique, dans le centre de Bagdad. Des médecins français, allemands et australiens y prodiguent régulièrement des soins dans la plupart des spécialités (chirurgie esthétique, orthopédie, etc.). Chebab, la télé d'Oudaï, annonce les horaires des consultations. L'établissement est en extension. Les soins sont beaucoup moins chers qu'à l'étranger. Oudaï tente ainsi de redorer son blason auprès de la population, tandis que les médecins occidentaux arrondissent leurs fins de mois.

L'OPA de la famille sur l'Irak est telle qu'elle traduit la mainmise de Saddam et de ses proches sur l'ensemble de la chose publique. Mais elle nourrit dans le même temps l'opposition contre laquelle elle est censée se protéger et alimente les querelles intestines. Stabiliser la brigue familiale a toujours été l'une des priorités de Saddam.

Oudaï lui a donné beaucoup de fil à retordre. Dans les années 80, le fils aîné a cherché à réduire l'influence des demi-frères de Saddam (Barzan et Watban), les seuls à l'époque à pouvoir dénoncer les agissements du trublion[11]. Il a tenté de s'opposer au

---

11. Pour calmer les luttes de pouvoir, Saddam nommera Barzan à Genève en 1990.

mariage d'une de ses sœurs avec Hussein Kamel, l'homme qui montait autour de Saddam. Responsable des programmes d'industrialisation militaire, ce dernier percevait d'importantes commissions sur les contrats d'armement et lui faisait de l'ombre. Enfin, en 1994, Oudaï a tiré deux balles dans la cuisse de son oncle Watban, qui a dû se faire amputer d'une jambe. Malgré tous ces débordements, le jeune homme a réussi à rester le chouchou de sa mère, Sajida, la première épouse de Saddam [12].

Paradoxalement, le crépuscule d'Oudaï a sonné lors de son élection en mars 2000 au parlement. *Babel,* son journal, a écrit qu'il n'avait pas l'intention d'utiliser son siège de député comme tremplin. La précision, venue d'en haut, mettait fin aux spéculations sur sa candidature à la succession du père.

Pour apaiser Oudaï, Saddam lui a confié l'usufruit d'une grande partie de la contrebande de pétrole et d'autres petits trafics. « Rien ne se fait dans le business, en dehors des résolutions de l'ONU, sans passer par Oudaï, qui se comporte comme un adolescent devant ses jouets », avoue un homme d'affaires jordanien, familier du *diwan*. Un autre, soucieux de nouer des relations commerciales avec l'Irak, lui a offert une Bentley rouge à 300 000 dollars, qu'Oudaï a bien sûr acceptée, sans pour autant traiter avec le généreux prétendant.

Oudaï est responsable du trafic des cigarettes qui entrent en Irak, via la société américaine Reynolds, en partenariat avec des responsables au Kurdistan. Il contrôle également les compagnies de transport pri-

---

12. Oudaï a tenté de s'opposer dans les années 80 à Kamel Hanna Jajo, le serviteur de Saddam, qui faisait venir des jeunes filles au palais. Une initiative qui mécontentait Sajida, l'épouse du président.

vées qui acheminent chaque mois les rations alimentaires aux 22 millions d'Irakiens dans le cadre du programme « Pétrole contre nourriture ». Malheur à celui qui ose pénétrer dans son pré carré, Oudaï veille férocement à ce que personne ne vienne le concurrencer et n'hésite pas à faire trancher la gorge des imprudents.

Son empire comprend des banques, des sociétés de transport, des projets dans le domaine agricole et industriel, ainsi que des maisons d'édition. Il a amassé une fortune qui a fini par inquiéter Qoussaï[13]. Entre les deux frères, seules la préservation du système et la conscience d'un minimum d'intérêts communs contribuent à atténuer les tensions.

Plus petit, moins sûr de lui, même s'il est tout aussi violent, Qoussaï a longtemps paru intimidé par son aîné. Un témoin se souvient avoir vu Oudaï l'insulter lors d'une soirée, Qoussaï restant sans réaction. Oudaï continue de signer des éditoriaux sous le pseudonyme d'Omar el-Qathoumi. Sa milice, les Fedayins de Saddam, est une force d'appoint dans la protection du raïs. Malgré sa richesse et cet outil répressif, il paraît aujourd'hui neutralisé. « Oudaï sait qu'il n'a plus d'avenir politique, ajoute un "ami" de vingt ans. C'est un gosse. Il est fier de montrer sa nouvelle Porshe couleur moutarde. Il possède un garage avec de superbes voitures. Cependant, il n'a pas un mode de vie trop ostentatoire. Il a gardé la même maison. Comme son père, il vit coupé du monde. Ils sont prisonniers du système dans lequel ils se sont enfermés. »

---

13. Entretien avec un homme d'affaires bien en cour à Bagdad, Nice, 5 septembre 2002.

Après la sécurité à Qoussaï et la contrebande à Oudaï, Saddam avait confié à Barzan, le demi-frère, la gestion de la fortune du clan, depuis Genève, évaluée par le magazine américain *Forbes* à au moins 6 milliards de dollars.

Barzan est issu d'une autre branche que celle de Saddam, les Ibrahim. Il est né en effet du remariage de la mère de Saddam après la disparition de son père [14].

Ce n'est pas pour mauvaise gestion que Saddam a rappelé son banquier à l'automne 1998, après huit années passées comme ambassadeur auprès des Nations unies. Peu après la guerre du Golfe, Barzan a noué des contacts avec les Américains. À Londres, il rencontrait des exilés irakiens, comme Ghassan Attiyeh, un opposant modéré. Saddam, souffrant à l'époque d'un cancer, a fini par craindre que Barzan représente une alternative à son pouvoir. Il l'a rappelé à Bagdad en novembre 1998 et l'a mis sous surveillance à Tikrit, la ville natale du clan.

Aujourd'hui, Barzan n'a plus de fonction officielle, mais il continuerait de gérer les milliards de Saddam. Ce dernier ne le tient plus rênes courtes : Barzan voyage assez fréquemment en Suisse, où ses enfants restent scolarisés, ainsi que dans les pays de l'Union européenne (il dispose d'un visa Schengen, renouvelé). Le demi-frère de Saddam possède en outre une propriété dans le sud de la France.

L'hypothèse Barzan comme candidat des Américains pour l'après-Saddam ne semble plus d'actualité : il figure aux côtés de ses neveux (Qoussaï et Oudaï) et de son frère (Watban) sur la liste de la douzaine de dirigeants irakiens que les États-Unis veulent faire

---

14. Barzan a épousé Alham, la sœur de Sajida, première femme de Saddam. Il est veuf depuis 1998.

comparaître devant un tribunal pénal international aux côtés du dictateur.

Pour Saddam, les compétences offertes par ses autres demi-frères présentent moins d'intérêt. La gestion laxiste du ministère de l'Intérieur par Watban a mécontenté le président. On lui doit pourtant l'ouverture à Bagdad du camp de redressement de Mu'askar al-Thabt pour les petits délinquants. Ceux-ci dépendaient auparavant de la police. En raison des risques d'attentats, Saddam l'a dépouillé de cette prérogative pour confier la responsabilité du camp à son demi-frère. L'agression dont Watban a été victime en 1994 de la part d'Oudaï l'a écarté du pouvoir, et depuis, le demi-frère de Saddam est chargé de la gestion du patrimoine local et de ses intérêts dans les compagnies de taxis qui font la navette entre Bagdad et Amman.

Quant à Saba'oui, le dernier de ses demi-frères, Saddam l'a nommé directeur de la Sûreté générale, mais il lui a reproché de ne pas avoir su détecter des espions koweïtiens alors qu'il dirigeait la police secrète dans la région de Bassorah. Pour regagner les faveurs du prince, Saba'oui s'est rendu coupable d'exactions dans la « pièce rouge », un compartiment des prisons où les détenus sont éblouis par une lumière de haute intensité afin d'être forcés à parler.

Watban et Saba'oui appartiennent eux aussi à la branche Ibrahim, rivale des al-Majid, celle sur laquelle Saddam s'est appuyé dans les années 80. C'est à deux jeunes al-Majid que le raïs a alors choisi de marier ses filles aînées, Raghad et Rana. Mais pas n'importe lesquels ! Saddam les a confiées à des personnes très haut placées dans son système de protection. Les mariages stratégiques constituent une autre caractéristique du système Saddam.

Raghad et Rana ont épousé les frères Hussein et Saddam Kamel, leurs cousins lointains du côté du père de Saddam. À la tête de l'Amn el Khass, la garde privée que Saddam lui avait demandé de créer en 1982, puis responsable des programmes d'armes de destruction massive, Hussein Kamel était un des personnages les plus importants du régime à la fin des années 80.

Sa fuite d'Irak le 8 août 1995 vers la Jordanie alors qu'il était accompagné de son frère et de leurs épouses a constitué l'une des plus spectaculaires opérations menées par la CIA au Proche-Orient ces dernières années. Elle illustre le double jeu américain, à un moment où Washington appuyait les débats au Nations unies sur une possible levée de l'embargo frappant l'Irak[15]. La défection du gendre de Saddam avait été préparée un an auparavant, lors de plusieurs séjours que Hussein Kamel avait effectués dans un hôpital d'Amman. Au cours de l'un d'eux, il s'était plaint auprès du roi Hussein de l'influence grandissante d'Oudaï, qui venait alors de créer sa milice. Hussein Kamel craignait d'être marginalisé. Le souverain jordanien en a informé l'antenne de la CIA à Amman, et les détails du départ d'Hussein Kamel d'Irak ont été mis au point quatre mois avant lors d'une réunion tripartite[16].

---

15. Cf. chapitre IV.
16. L'information nous a été révélée par un ancien conseiller du roi Hussein. Après avoir livré les secrets d'un programme clandestin d'armes biologiques aux services de renseignements qui l'ont interrogé, ainsi qu'à Rolf Ekeus, le chef des inspecteurs en désarmement de l'ONU, Hussein Kamel, personnage très limité intellectuellement, est devenu « comme une rose que l'on a coupée ». Il a perdu de sa valeur et a commis l'erreur de croire en les assurances de Saddam s'il rentrait au pays.

En resserrant les liens du sang entre membres de son clan, Saddam renforce l'allégeance de ses gendres à son égard. « Le but du système est clair, souligne l'historien israélien Amitza Baram[17], qui étudie le comportement du raïs depuis vingt ans. Saddam marie ses filles avec les plus hauts gradés de l'appareil sécuritaire de manière à renforcer leur loyauté et leur dévotion à son égard. Ces époux sont pour la plupart également de lointains cousins du côté de son père, dans une relation couvrant cinq générations. Dans ce réseau de connexions familiales, s'exerce une responsabilité mutuelle pour venger le sang qui coulerait[18]. »

Au retour en Irak des frères Hussein et Saddam Kamel et des filles de Saddam en février 1996, la tradition tribale est respectée : des armes leur sont livrées pour qu'ils se défendent. L'assaut, quasi chevaleresque, dure douze heures. Le sang du clan Saddam est lavé, et « la branche traîtresse » issue des al-Majid coupée. Les deux veuves, Raghad et Rana, ne pardonneront jamais à Saddam. Depuis, elles vivent éloignées du palais présidentiel. Difficile d'expliquer à leurs enfants, longtemps perturbés par ces règlements de comptes, que leur grand-père est aussi celui qui a autorisé l'assassinat de leur père.

La fuite de Hussein Kamel, à l'époque le seul à pouvoir pénétrer dans le bureau de Saddam en gardant son revolver, marque l'apogée des turbulences au palais. Saddam doit alors réorganiser ses services de sécurité et modifier les procédures de contrôle et de surveillance de ses proches, qui avaient été mises en place par les fuyards ; et il procède à un rééquilibrage du pouvoir entre branches rivales du clan issu de Tikrit.

---

17. Entretien avec l'un des auteurs, Haïfa, 30 octobre 2002.
18. *Idem.*

Saddam est originaire de la tribu des Albou Nasser, l'une des principales de Tikrit[19]. En 1979, lorsqu'il accède au pouvoir, il privilégie son clan au sein de cette tribu, les al-Ghafour. Ses différentes branches s'entendent alors pour marginaliser les clans rivaux, notamment celui de son beau-frère (Adnane al-Kharaillah) et de ses demi-frères (Barzan et Watban). Minées par les luttes de pouvoir, les branches finissent elles-mêmes par se quereller et le pouvoir du clan al-Ghafour en pâtit, au profit des al-Majid, qui trustent dans les années 80 les principaux postes dans l'armée et l'appareil sécuritaire.

Après la trahison des frères Hussein et Saddam Kamel, Saddam rogne les ailes de leur maison, au profit des Soultan. Le raïs redistribue ainsi le pouvoir à l'intérieur du clan al-Ghafour. Et en récompense, il offre sa fille cadette Hala à Jamal Moustapha, un membre de cette maison Soultan[20]. Les filles de Saddam sont un instrument qui lui permet d'affaiblir une branche au profit d'une autre au sein de la famille élargie.

Après les outrances d'Oudaï, la défection des gendres de Saddam a durement secoué le *diwan*. Depuis, les principaux dirigeants irakiens ne peuvent plus quitter le pays accompagnés de leurs épouses. Le système a montré ses failles.

---

19. Une tribu est composée de clans, qui sont divisés en branches, elles-mêmes réparties en maisons.
20. Jamal Moustapha est le frère du chef de la garde républicaine, Kamal Moustapha, un proche de Qoussaï.

Un appareil sécuritaire impénétrable

Seules trois ou quatre personnes en Irak peuvent comploter avec une réelle chance de succès contre Saddam. Qoussaï, son fils cadet, Abed Hmoud, son fidèle et énigmatique secrétaire particulier, et vraisemblablement Kamal Moustapha, le chef de la garde républicaine, la force prétorienne du régime.

Eux seuls – les deux premiers surtout – savent en permanence comment joindre Saddam. Leur autorité dépend de cet accès direct au raïs. Ils constituent le premier cercle, le seul à avoir une certaine intimité avec lui, les pièces maîtresses du jeu de Saddam. Leur influence sur les décisions nationales pèse aussi lourd, voire davantage, que celle des membres du Conseil de commandement de la révolution (CCR), pourtant la principale instance dirigeante du pays.

En ce sens, Saddam n'a pas de numéro deux, même si officiellement Izzat Ibrahim al-Douri en fait figure, en tant que vice-président du CCR. Il a toujours tenu à distance ses fidèles compagnons de route, les dignitaires du parti et a fortiori ses ministres.

Son système de sécurité est l'un des plus sophistiqués au monde. Saddam a dépensé des sommes considérables dans l'acquisition d'informations sur les dispositifs mis au point par la plupart des services de renseignements de la planète (Stasi dans l'ex-Allemagne de l'Est, KGB en ex-URSS, auprès de la CIA...).

Les inspecteurs en désarmement de l'ONU ont déjà réussi à écouter les communications radio de ses gardes du corps, mais ils ne sont jamais parvenus à localiser leur cible, malgré les équipements fournis par la CIA [21].

21. Entretien avec Scott Ritter, ancien chef de la cellule dissimulation au sein de l'Unscom, la mission de l'ONU chargée du désarmement en Irak, Bagdad, 8 août 2000.

L'échec des nombreuses tentatives – au moins huit – pour renverser Saddam depuis 1990 témoigne de son efficacité. Établi dans les années 70-80 avec l'aide d'agents soviétiques et de l'ex-Allemagne de l'Est qui ont continué de conseiller Saddam ensuite, il s'est étoffé au fur et à mesure que Saddam s'est rendu compte que le peuple le haïssait et que des menaces sur sa personne se matérialisaient. Ainsi sont apparues des milices destinées à marginaliser l'armée, régulièrement purgée à la suite de putschs manqués. La direction de ces milices a été confiée le plus souvent à des proches, fils ou gendres du leader, tous membres du clan, originaires comme lui de Tikrit.

La plus intime est l'unité al-Mourafikin, « l'unité des compagnons », quelques dizaines de gardes du corps mobilisables ou présents autour de Saddam jour et nuit, hermétiquement cloisonnés en formation réduite. L'unité est commandée par Roukkan Razzouki, celui qui fut soigné à Paris. Pour chaque mission, il choisit plusieurs éléments dans différents groupes. Ainsi personne ne sait où le chef se rend, et pour quelle mission ses gardes sont requis.

Pour eux, Saddam est comme Dieu le père : bien entraînés, très bien payés, ils sont prêts à mourir pour le président. La plupart sont des Tikritis, ou de jeunes orphelins qui mendiaient dans les rues de Bagdad, adolescents. Saddam les a élevés, nourris, éduqués à sa défense. Ils lui doivent tout.

Ces gardes du corps dépendent du Bureau particulier pour les affaires présidentielles qui fait partie du Service de la sécurité spéciale (l'*amn el-Khass*, littéralement « sécurité privée »), 8 000 à 10 000 hommes ultradisciplinés environ chargés de la protection personnelle du leader irakien. C'est le maillon clé du dispositif. Saddam a aussi confié à la Sécurité spéciale la responsabilité de la dissimulation des armes non conventionnelles (transport des armes chimiques et biologiques, supervision de leur éventuelle utilisation), ce qui en fait l'organisation la plus redoutée, tant à l'intérieur qu'en dehors du pays, et également celle qui intéresse le plus les agences occidentales de renseignements. Saddam l'a créée en 1982, en pleine guerre face à l'Iran. Sa direction et son organisation furent confiées à l'époque à son gendre Hussein Kamel. Elle siège au palais présidentiel et dépend aujourd'hui de Qoussaï, qui coopère avec Abed Hmoud et Jamal Moustapha, le mari de Hala, fille cadette de Saddam.

La Sécurité spéciale bénéficie des meilleures armes : missiles Strella, canons antiaériens, chars et avions. Elle jouit des largesses financières de Saddam : une voiture chaque année, une parcelle de terrain et une assistance pécuniaire pour se faire construire une maison. Une jeune recrue du service de la Sécurité spéciale gagne plus qu'un général de corps d'armée. Saddam veille scrupuleusement sur leur entraînement. Il y a quelques années, il en a mis certains au régime après avoir remarqué leur embonpoint naissant.

La loyauté de ces hommes est quasi sans faille : ils exécutent les basses besognes du régime et ont donc tellement de sang sur les mains qu'un ralliement à l'opposition ne leur épargnerait sans doute pas la vindicte de leurs victimes. Lorsque Rolf Ekeus, l'ancien chef de l'Unscom, a débriefé Hussein Kamel à son arrivée à Amman en août 1995, il a été surpris par l'étendue et la variété des tâches qui étaient confiées aux membres de l'*amn el-Khass* : établir la liste des personnes à arrêter ou les carnets de route des chauffeurs qui ont transporté des détenus dans la prison d'Abou Graibh, mettre à jour le tableau de service des gardes postés à l'entrée du palais présidentiel, surveiller les écoutes téléphoniques [22].

22. Andrew et Patrick Cockburn, *L'Énigme Saddam*, First Éditions, 1999.

Les cercles suivants sont constitués de la garde républicaine spéciale, forte d'environ 20 000 hommes, chargés de la protection terrestre de Saddam dans les lieux où il se rend (palais, résidences), et enfin de la garde républicaine au sens large. En cas de crise, comme en décembre 1998 pendant les bombardements américains, elles sont dispersées dans Bagdad avec leur matériel léger. La garde républicaine est reliée directement au raïs, et non pas au ministère de la Défense. Depuis l'automne 2002, ses 60 000 hommes environ sont partagés en deux régiments, l'un au nord, l'autre au sud du pays.

La dernière milice, très proche du pouvoir, est communément appelée les « Fedayins de Saddam ». Elle a été créée en 1994 et organisée par Oudaï, qui en a confié le commandement au général Mazahem Sa'ab Hassan al-Tikriti. Ses 30 000 à 40 000 membres sont spécialisés dans la répression au quotidien : couper l'oreille des déserteurs – c'est la punition officielle –, égorger les prostituées ou bien encercler le bastion chiite rebelle de Saddam City à Bagdad, le jour du référendum qui a réélu Saddam à la présidence de la République le 15 octobre 2002.

Au volant de pick-up, cagoulés en blanc l'été et en noir l'hiver, les yeux recouverts de larges lunettes de soleil, ces Rambo sont souvent de très jeunes volontaires endoctrinés et entraînés à la survie dans le désert. Au-delà d'un certain folklore, leurs agissements sont redoutés par la population. Ils bénéficient de la manne financière d'Oudaï, qui grossit les rangs de sa milice en recrutant des généraux en retraite, payés grassement. Cette force d'appoint à Saddam constitue l'un des derniers instruments de pouvoir d'Oudaï face à son frère Qoussaï [23].

23. Déployés depuis l'automne 2002 au sud du pays et au nord, le long de la ligne de démarcation avec les régions autono-

Aux côtés de Qoussaï, Abed Hmoud est l'autre pièce essentielle du dispositif de sécurité entourant Saddam. Le statut de cet homme lige, d'apparence calme, sur lequel très peu d'informations filtrent, correspond au commandant de la garde prétorienne dans l'ancienne Rome. Il est surnommé Abou Qualam (« celui qui tient le stylo »), l'organisateur de l'agenda de Saddam, celui auquel les ministres ou les membres du Conseil de commandement de la révolution s'adressent pour obtenir un rendez-vous avec le leader.

Cousin de Saddam, il occupe ce poste depuis les années 70, une longévité exceptionnelle qui s'explique par son absence d'ambition politique et une fidélité éprouvée. « Il est du clan, donc il peut parler à Saddam, sa loyauté a été testée. Il n'est pas sot, et Saddam apprécie sa discrétion et son sens de l'organisation », raconte un familier du *diwan*. Abed Hmoud aurait réussi à déjouer plusieurs complots ourdis par des membres du clan contre Saddam. Il est le premier que le chef appelle en cas d'urgence. Lorsque les inspecteurs en désarmement de l'ONU ont fouillé les palais de Saddam, ce dernier y a envoyé Abed Hmoud. En remerciement de ses bons et loyaux services, Saddam l'a nommé à titre honorifique vice-Premier ministre en août 2001.

En collaboration avec Qoussaï, il dirige le Conseil panarabe de la sécurité, une organisation qui regroupe une pléiade de services (police secrète, renseignement militaire...). La multiplication de ces officines permet à chacune d'elles de surveiller les autres. Le cloisonnement est la règle.

Saddam puise dans cette nébuleuse pour garantir sa protection lors de ses déplacements, une organisation

---

mes kurdes, les Fedayins de Saddam seront sans doute parmi les premiers frappés en cas d'attaque américaine sur l'Irak.

extrêmement pointilleuse. « La veille d'une visite en province, Saddam ordonne au service de sécurité du parti Baas de se rendre sur les lieux pour y effectuer une première fouille, explique Ghanim Jawad, proche de l'opposition à Londres. L'endroit est encerclé et les personnes qui entrent sont fouillées. Quelques heures avant son arrivée, Saddam fait envoyer une unité des forces spéciales pour inspecter de nouveau l'endroit. Elle reste sur place. Troisième étape : le service de renseignement du bureau des palais présidentiels, présent avant l'arrivée du raïs, signale que le lieu est sécurisé. Au départ de Saddam, plusieurs véhicules identiques partent. Des convois sont utilisés comme leurres. Saddam peut être dans l'un d'eux ou bien avoir emprunté un autre véhicule banalisé [24]. »

Toutes les communications entre les échelons politique et militaire sont écoutées par la *moukhabarat*, la police secrète, dirigée elle aussi par un cousin de Saddam, Abdel Tawab Moulaweish. Lui-même renonce parfois aux ordres téléphoniques pour recourir à la bonne vieille méthode des messagers.

Le maillage est très serré. Seuls quelques noms de responsables du dispositif sont connus, et bien peu d'Irakiens se hasardent à être curieux. Les diplomates sont suivis également pendant leurs premiers mois d'affectation à Bagdad.

Saddam recourt aux réseaux d'agents provocateurs pour sonder ses protecteurs. « Nous sommes tous les deux gardes du corps de Saddam, explique Amitza Baram. Je vous suggère sa liquidation. Vous n'avez pas la moindre idée de ma sincérité. Saddam m'a peut-être envoyé pour tester votre réaction. Ajoutez la peur intériorisée en chaque officier, conscient de ce qui arri-

---

[24]. Entretien avec l'un des auteurs, Londres, 11 novembre 2002.

vera à sa famille s'il est découvert en train de comploter contre Saddam, et vous comprendrez pourquoi infiltrer le système est impossible [25]. »

« Le seul moyen pour mettre fin au régime serait que le peuple s'en charge lui-même », souligne Pierre-Jean Luizard, chercheur spécialiste de l'Irak au CNRS. Il pourrait certainement compter sur l'appui de l'armée, mais un appui stérile, dans la mesure où là aussi, les oreilles de Saddam savent à peu près tout ce qui se passe.

Dans les années 70, Saddam a promu une classe intermédiaire d'officiers de son clan. Entre les généraux de toute confession et la piétaille chiite, ces officiers étaient reconnaissables à leur insigne sur l'épaule *(al-Mouss)*. Tout ordre des généraux devait transiter par eux, avant d'être exécuté par la troupe [26]. Ce verrou s'est révélé extrêmement efficace.

Pendant la révolte de 1991 qui a ébranlé le pouvoir, l'armée, divisée, a hésité à soutenir les rebelles chiites du Sud. Elle attendait un appui des États-Unis, qui n'est jamais venu. Elle avait en fait davantage peur des chiites que de Saddam, auquel elle a apporté finalement son soutien.

Cette ambivalence caractérise la position d'une armée au cœur de l'histoire irakienne. Depuis des décennies, elle appuie le pouvoir et fomente les coups d'État. Créée bien avant l'État, elle a fourni des contingents d'officiers à l'empire ottoman [27]. La défaite de la

---

25. Entretien avec l'un des auteurs, Haïfa, 30 octobre 2002.
26. Entretien avec Zoher al-Jezairi, historien du régime irakien, Londres, 12 novembre 2002.
27. L'armée a exercé longtemps une véritable fascination sur la gent féminine au travers du dicton, célèbre en Irak, *Ya Moulazim, Ya Mou lazem* : « un officier sinon rien ».

seconde guerre du Golfe, et les purges qui ont suivi, ont considérablement réduit sa capacité d'action.

Aujourd'hui, Saddam n'a aucune confiance en son armée. La caserne la plus proche de Bagdad est à cent cinquante kilomètres de la capitale, protégée d'abord par ses milices. Les soldats, mal payés et peu motivés, ne disposent que de très peu de munitions, de peur qu'ils ne se rebellent. Tout mouvement de chars ou de troupes doit recevoir au préalable quatre feux verts : du ministère de la Défense, du chef d'état-major, du bureau militaire du Baas et enfin du *diwan* présidentiel.

Saddam le civil a réussi à mettre au pas l'armée. Dans un monde arabe dirigé par la caste des officiers, de Nasser à Hafez al-Assad en passant par Kadhafi, c'est une autre originalité du régime irakien.

Les apparatchiks toujours aux commandes

Engoncés dans leur tenue baassiste, ils ressemblent aux dinosaures de la défunte époque soviétique. Le visage fermé, le béret sur la tête, ils entourent Saddam dans les réunions des instances dirigeantes du régime. Leur position autour de la table est un indice de leur cote du moment auprès du raïs.

La soixantaine grisonnante, Izzat Ibrahim al-Douri, Taha Yassine Ramadan, Tarek Aziz et Ali Hassan al-Majid accompagnent Saddam depuis sa conquête du pouvoir en 1979. Leur légitimité est révolutionnaire et leur fidélité a été scellée dans le sang. Plus de vingt ans après, ils contrôlent toujours le Conseil de commandement de la révolution (CCR) et le parti Baas, les organes politiques sur lesquels Saddam s'est appuyé pour gouverner.

Ces apparatchiks illustrent la pétrification du pouvoir irakien, une copie quasi conforme du régime communiste de l'ex-URSS.

À l'instar de leurs mentors communistes, les hiérarques de la nomenklatura vivent isolés du peuple, dans des villas sécurisées construites dans les années 70.

Ici, le parti unique est le Baas. Les membres du CCR sont aussi membres du Commandement régional du Baas, comme les membres du Soviet suprême siégeaient au Politburo. Et le secrétaire général du Commandement régional du Baas est aussi le président du CCR, comme, à Moscou, le secrétaire général du comité central du PC occupait aussi la fonction de président du soviet suprême.

Le CCR est l'organe suprême de décision en Irak : en vertu de la Constitution, son autorité est supérieure à celle du gouvernement, et il dispose même des pouvoirs de modifier la Loi fondamentale. Il prend les décisions les plus importantes, comme l'acceptation de la résolution 660 du Conseil de sécurité de l'ONU en 1991 exigeant un retrait immédiat du Koweït. La collégialité joue, en particulier en période de crise avec la communauté internationale. Une majorité de membres du CCR était ainsi opposée à l'invasion du Koweït en 1990. Mais Saddam a toujours le dernier mot.

Le Conseil est l'outil institutionnel qui lui a permis de renforcer sa poigne de fer sur l'Irak. Ses huit membres sont nommés et révocables par le raïs. En 1986, un de ses amendements a rendu passible de la peine de mort toute personne qui insulterait publiquement Saddam. Le CCR a fait modifier la Constitution en 1993 afin de donner au leader l'autorité d'émettre des décrets ayant force de loi.

La loi, le camarade Saddam en a donné une définition, il y a quelques années, lors d'une visite en province au cours de laquelle un chauffeur borgne l'a interpellé. « Cela fait vingt ans que je livre des marchandises dans mon camion. On vient de me retirer mon permis de conduire, parce que je suis borgne et que la loi interdit à un borgne de conduire. Je ne peux plus nourrir ma famille », s'est plaint le paysan. « La loi, en Irak, lui répondit Saddam, c'est une phrase avec ma signature »...

Chaque année, le raïs promulgue à tour de bras des centaines de décrets. Ceux-ci régulent les pouvoirs exécutif, législatif et judiciaire, mais peuvent également effacer la dette d'une banque, favoriser certaines tribus, ou démettre un professeur qui a « trahi » la science sous prétexte qu'il a mis un zéro à un étudiant lié au pouvoir.

Le Parlement n'a été établi en 1980 que pour accréditer l'idée d'une ouverture. Le centre du pouvoir législatif est le CCR, véritable chambre d'enregistrement des désirs du leader. Jusqu'aux plus saugrenus. Ainsi, en 1980, le Conseil a-t-il décidé qu'un futur gendre de Saddam avait passé avec succès ses examens. À charge bien sûr au ministre de l'Éducation de faire appliquer le décret sans ciller.

Saddam est le Louis XIV irakien : l'État, c'est lui. Et comme, au dire de la propagande, il est un descendant du prophète Mahomet, ses conseillers sont invités à l'appeler Sayyid Saddam... Le comble pour un prétendu laïc, qui plus est gros consommateur de whisky.

Saddam tient les membres de la vieille garde par les prébendes qu'il leur accorde, mais aussi par la caution qu'ils ont apportée aux sales besognes du régime. Il a eu l'intelligence de choisir un chrétien, un ou deux chiites et un Kurde, donnant ainsi l'impression de respecter la mosaïque confessionnelle irakienne. Chacun est utilisé en fonction de ses compétences. Peu éduqués pour la plupart, d'une fidélité à toute épreuve, ces apparatchiks ne constituent pas une menace pour le pouvoir de Saddam, qui les a bardés de titres plus ou moins ronflants.

Vice-président du CCR, Izzat Ibrahim al-Douri est officiellement le numéro deux du régime. Né en 1942 à al-Dour, non loin de Tikrit, ce fils de vendeur de pains de glace a fait partie des milices baassistes qui ont assiégé le bâtiment présidentiel en 1968. L'une des filles de ce fidèle a fréquenté un temps Oudaï. Grand, la silhouette squelettique, on le dit malade depuis longtemps. Lorsqu'il a voulu se faire soigner en Autriche, il y a quelques années, un tollé des organisations de défense des Droits de l'homme a fait capoter le projet. Izzat Ibrahim al-Douri a échappé à une tentative d'assassinat en novembre 1998. Outre ses contacts avec les tribus, Saddam a utilisé ses services en 1991 pour mater la révolte chiite dans le Sud. Son observance religieuse en fait le missi dominici du régime dans les pays du Golfe. C'est lui qui a officialisé par une embrassade avec le prince saoudien Abdallah la réconciliation entre Bagdad et Riyad au sommet arabe de Beyrouth en mars 2002.

Longtemps à la tête de la diplomatie irakienne, Tarek Aziz a été la vitrine du régime à l'extérieur. Il est l'exception à la règle : né en 1936, ce fils de petit propriétaire terrien, professeur d'anglais de formation, puis journaliste avant de devenir ministre de l'Information, fait figure d'intellectuel au milieu de brutes épaisses. Saddam l'apprécie pour son sens politique et sa connaissance du monde. Tarek Aziz n'est pas francophone, mais francophile. Il connaît sur le bout des doigts le personnel politique français, et s'intéresse de très près à la vie hexagonale [28]. Amateur de cigares

---

28. Le lendemain de l'offensive militaire irakienne dans les provinces kurdes du Nord en septembre 1996, Tarek Aziz a débarqué dans les locaux de la Section des intérêts français à

et de bons vins, s'habillant chez Cardin dans les années 70, Tarek Aziz aime les bonnes manières. Il joue volontiers au papa poule, ses petits-enfants sur ses genoux, un verre de whisky à la main, devant la télévision, le soir, dans sa villa de Jadriyeh, un quartier chic de Bagdad.

S'il comprend mieux le monde que les autres compagnons de route de Saddam, Tarek Aziz n'est pas pour autant un modéré. Il n'a jamais esquissé la moindre critique du régime devant ses interlocuteurs étrangers. Il ne s'engage jamais au nom du président. « Je le vois plutôt comme un prisonnier de lui-même, remarque l'un d'eux, prisonnier du régime. Il vit en reclus. Les vitres de sa voiture sont relevées. Il travaille dans un bureau sécurisé. Il se plaignait parfois pendant les crises que personne ne l'appelait. »

Comme les autres, il garde son revolver sur lui et, pendant ses voyages à l'étranger, sa femme Violette brûle un cierge en priant qu'il ne soit pas la cible d'un attentat. En ce qui concerne son rôle au sein de sa communauté religieuse, les chrétiens ne se reconnaissent pas en lui.

L'ascension de Qoussaï, qui a nommé Naji Sabri à la tête de la diplomatie, a sonné le chant du cygne pour Tarek Aziz. Les déboires de son fils Ziyad ont en outre éclaboussé la famille. Agent de sociétés françaises auxquelles il promettait des contrats en contrepartie de gracieuses commissions, Ziyad a été arrêté en 2001 – sur ordre de Qoussaï – et condamné à vingt ans de prison. Un coup dur pour le père, qui a remis sa démission à Saddam : en fait, un chantage à la démission. Saddam a compris le jeu de son vieil acolyte, et lui a dit : « Ton fils va être libéré, mais je ne veux plus

Bagdad avec la cassette du journal de France 2, démesurément critique à son goût sur les événements au Kurdistan.

qu'il touche à ces histoires de contrats avec les Français. » Tarek Aziz s'est engagé et son fils a été libéré peu après [29]. Saddam a ensuite publié un décret interdisant aux fils de hiérarques de faire du business... sauf les siens, évidemment.

Depuis, l'homme semble avoir vieilli, et, pour continuer d'exister, il durcit ses positions, le meilleur moyen de rester en cour à Bagdad. Tarek Aziz est aujourd'hui marginalisé, mais il demeure vice-Premier ministre et l'homme de certaines missions spéciales à l'étranger.

Taha Yassine Ramadan, lui, n'a rien d'un intellectuel. Fondateur de l'armée du peuple, une des premières milices de Saddam, il est vice-président de la République et vice-Premier ministre. Ce fils de jardinier né en 1939 à Mossoul, la grande ville du Nord, est un dur, un cacique du parti Baas, au visage torve. Il dirige le comité national, allouant à chaque ministère son attribution de crédits dans les plans semestriels de distribution élaborés au titre de la résolution « Pétrole contre nourriture ». Il aurait échappé lui aussi à une tentative d'assassinat en septembre 1999, selon un groupe d'opposants irakiens basés en Iran.

« Quand il me reçoit pour livrer un message du président Saddam, raconte un diplomate, il se contente de lire son papier, il n'engage pas la conversation. » Il est pourtant le seul compagnon de Saddam non membre de la famille à pouvoir exprimer une opinion quelque peu dissonante. C'est lui que les ambassadeurs en poste à Bagdad sollicitent pour faire remonter un message au chef. Mais quelle est la marge de manœuvre

---

29. Entretien avec un homme d'affaires français, Paris, 14 septembre 2002.

d'un personnage comme Ramadan auprès de Saddam ? Quasi nulle.

« Quand des officiels irakiens viennent me rencontrer et que j'essaie de faire passer un mot à Bagdad, ils me disent qu'ils ne peuvent pas s'adresser directement à Saddam Hussein », raconte le roi Abdallah de Jordanie.

La presse irakienne le surnomme *Rafic el-Moukatel*, le camarade combattant. Pour les médias internationaux, il est « Ali le chimique ». Ali Hassan al-Majid, soixante et un ans, est le dernier personnage clé du Conseil de commandement de la révolution. C'est l'homme des sales, très sales besognes du régime, cousin paternel de Saddam avec lequel il a créé le service de renseignement interne au parti. Quasi inculte, il est le responsable du gazage des Kurdes en 1988. Ministre de la Défense en 1991, il assura la responsabilité du Sud, la région la plus instable en raison des nombreuses incursions de groupes chiites venus d'Iran. Sa cruauté lui attire alors les critiques de Saddam, qui le limoge en 1995, officiellement pour trafic de blé avec l'Iran. Il aurait tiré les dernières balles dans la tête de ses deux cousins al-Majid qui avaient fait défection en Jordanie. Sa maisonnée en pâtit, mais Ali Hassan al-Majid a des « compétences » qui peuvent être utiles à Saddam en temps de crise. Il reste conseiller du président et, pour le soixante-troisième anniversaire du raïs, c'est lui qui a découpé le gâteau géant à Tikrit, leur fief.

Sous le CCR, le parti Baas, l'autre instance dirigeante, n'est plus que l'ombre de lui-même. Le nombre de ses adhérents serait passé de 1 800 000 en 1990 à moins de 400 000 en 1992. Un renouvellement des cadres intermédiaires a eu lieu en 2001, dans le Sud, en particulier, où les défections ont été nombreuses après la révolte chiite de 1991. L'entrée de Qoussaï au commandement régional a coïncidé avec celle de 6 autres nouveaux élus sur 18, mais la nouvelle génération est restée depuis très discrète.

Si le Baas a perdu son idéologie révolutionnaire et son pouvoir d'attraction, la machine du parti, elle, fonctionne encore assez bien. Sa capacité de contrôle social paraît maintenue. Les élèves, dans ce domaine, ont bien retenu les leçons du maître soviétique.

La population est étroitement surveillée selon une organisation pyramidale. À la base, le premier échelon est la cellule (la *khaliyé*), qui fonctionne au niveau de la rue. Elle est forte de 3 à 5 membres, dont un qui espionne les autres. Le deuxième (la *farika*) réunit les chefs de différentes cellules d'un quartier.

L'information remonte très rapidement au sommet. Dès qu'un membre repère un comploteur ou un signe suspect, il rédige un rapport. Tout habitant doit ainsi signaler à la police s'il abrite un visiteur. L'Irakien en quête d'un document administratif demande une autorisation à la cellule locale du Baas, laquelle transmet la demande à l'échelon supérieur, selon un mécanisme bien huilé d'autorégulation sociale. L'ensemble des membres du Baas sont armés et, pour devenir membre actif *('oudou amil)*, l'impétrant doit franchir quatre étapes (supporter, partisan, candidat et membre formé).

Dans la structure du pouvoir irakien, le bureau militaire du parti joue un rôle central. Dirigé par Qoussaï, sous les ordres de Saddam, il contrôle les officiers de l'armée ainsi que leur recrutement. Ses membres sont des civils qui remplissent un rôle de commissaire politique. Les officiers ne peuvent donner des ordres importants sans obtenir l'aval de ces commissaires[30].

---

30. De la même manière, chaque ambassadeur en poste à l'étranger est marqué par un « diplomate » issu le plus souvent du Baas.

Dans les quatorze provinces sous l'autorité de Bagdad, ses responsables régionaux sont une courroie de transmission du pouvoir central, des quasi-gouverneurs. Dans le parti, le pouvoir civil est supérieur au pouvoir militaire : ainsi, un militaire doit se mettre au garde-à-vous devant un haut responsable du Baas.

La bouée de sauvetage des tribus

À la fin du XIXe siècle, les consuls de France à Bagdad étaient souvent intrigués par les dépenses de fonctionnement engagées par leurs homologues britanniques. Les représentants de la couronne d'Angleterre ne devaient pas uniquement organiser de somptueuses réceptions, mais aussi rétribuer les chefs de tribus, en échange de leurs services pour maintenir le calme. Des décennies plus tard, sous la monarchie, les Anglais continuèrent de les solliciter pour surveiller le courrier des Indes, en provenance de Constantinople. Ils firent des principaux cheikhs tribaux de grands propriétaires terriens qui avaient le droit de vie ou de mort sur les paysans [31]. Après la nationalisation du pétrole irakien, en 1972, les leaders des principaux clans reçurent encore des chèques, libellés curieusement au nom de l'Iraqi Petroleum Company, la nouvelle société nationale, en fait un prête-nom, pour récompenser leurs bons et loyaux services.

Saddam n'a pas innové : il recourt aux mêmes procédés que l'ancienne puissance coloniale. Il achète la loyauté des tribus en les couvrant de cadeaux et en

---

31. En 1933, un an après l'indépendance, 15 000 fusils étaient entre les mains du gouvernement alors que les tribus en avaient 100 000. *Cf.* Phebe Marr, *The Modern History of Iraq*, Langman, Londres, 1985.

concédant à leurs dirigeants un pouvoir social, le plus important à leurs yeux.

Mais la pérennité de ces alliances est loin d'être garantie. Dans ce domaine aussi, le maniement du bâton, davantage que celui de la carotte, a travesti une relation devenue souvent purement mercantile. Les anciens bailleurs de fonds britanniques, qui veulent la peau du leader irakien, s'en souviennent depuis quelques mois.

Avec plus de sept cents branches, remontant pour certaines jusqu'à l'époque des Omeyyades au VIIe siècle, l'Irak est fondamentalement un pays de tribus. Certaines d'entre elles comptent plusieurs dizaines de milliers, voire centaines de milliers de membres. Leur pouvoir est important : elles rendent la justice pour des litiges mineurs. Leurs chefs versent une aide aux plus nécessiteux ou aux jeunes mariés. Reconnus par l'État, ils disposent d'un bureau, au *diwan*, qui leur verse de l'argent à l'occasion des fêtes religieuses. Ils sont les garants d'un certain ordre social. Ils participent à la distribution des rations alimentaires aux côtés de l'État.

À l'accession du Baas au pouvoir, en 1968, le rôle des tribus a été réduit. Les fondations d'une société laïque et d'un état centralisateur moderne s'accommodaient mal des traditions ancestrales. L'inscription du nom de la tribu sur la carte d'identité a été interdite, et sur le terrain, de nombreux responsables locaux du parti ont remplacé des chefs de clans dans l'exercice du pouvoir.

À l'époque, le tribalisme se limite à l'appareil de l'État : des membres de certaines grandes tribus sont recrutés, parfois de force, dans les services de renseignements et l'armée. Le nouveau pouvoir pour élargir sa base se rallie ainsi plusieurs clans sunnites, les

Jbour, les Chamar, les Abou Neemer et les Obeid, dans le Nord notamment, où leur contrôle de la route vers Damas est précieux.

Pendant la guerre face à l'Iran dans les années 80, Saddam est surpris de constater que certaines tribus chiites du Sud lui restent fidèles. Il redécouvre l'importance de ces chevaliers moustachus aux semelles de sable dont il vante l'âpreté au combat. La radio d'État commence alors à diffuser des chansons et des poèmes chiites, une concession au confessionnalisme maintenue aujourd'hui encore.

La véritable retribalisation démarre en fait après l'intifada chiite du printemps 1991, dans le sillage de la débâcle de l'armée irakienne au Koweït. La chute de quatorze des dix-huit provinces du pays entre les mains des rebelles donne le signal d'un tribalisme urbain, là où le pouvoir a basculé. L'iconographie se modifie alors. Sur les innombrables portraits de Saddam, les Bagdadis découvrent leur maître en Bédouin portant un chèche. Dans un autre clin d'œil à la tradition, le nom de famille peut être de nouveau imprimé sur les passeports.

Créé à cette époque, le bureau des tribus au *diwan* gère les aspects politiques des relations tribales. Un second département au ministère de l'Intérieur est chargé du règlement des litiges avec ces centres réhabilités du pouvoir. En 1992, Saddam reçoit dans son palais les chefs de tribus et demande pardon pour les méfaits des réformes agraires, qui avaient vu de nombreux paysans dépossédés de leur terre. Les clans jurent fidélité, et en retour, Saddam, le rassembleur, proclame que le « Baas est la tribu de toutes les tribus ».

Souverain d'un pays en ruines, Saddam parvient

malgré tout à s'attacher les nouveaux convertis en leur fournissant voitures, terrains, et d'innombrables autres cadeaux. En promettant de fermer l'œil sur leurs petits trafics, il gagne l'allégeance des clans Harb, Aqaydat, Kazraji, Azza, Shaman, Tuma et Saadoun[32]. Un homme lui sera utile pour nouer ces alliances : Izzat Ibrahimal al-Douri, le fidèle qui s'était appuyé sur certaines tribus pour reconquérir le Sud en mars 1991. Il est l'un des rares dirigeants demeurés relativement proches de la population. Musulman pieux, membre lui-même des al-Douri, une tribu voisine de Tikrit, liée par le mariage aux Jbour et aux Jenabi, d'autres clans importants, il est l'homme de la situation.

Tournant le dos au socialisme du Baas, Saddam s'est finalement réorienté vers la nature profonde de la société pour gouverner l'Irak. Dans l'impossibilité de jouer l'ethnie ou la religion majoritaire comme levier de pouvoir, il a tenté de façonner une paix tribale, transcendant les clivages confessionnels ou communautaires. « On vous arme. Surveillez d'éventuels rebelles. N'hésitez pas à leur tirer dessus. En contrepartie, vous aurez la paix dans votre fief, mais rendez-nous compte de la situation[33]. » En vertu de ce contrat passé, les plus grandes tribus se voient attribuer la cogestion de la sécurité sur leur territoire, et les petites, celle de la police.

Les tribus coordonnent leurs activités avec le Baas, qui reste l'œil du pouvoir et les autorise à prélever une dîme sur la contrebande. En contrepartie, leurs chefs incitent ses membres à aller voter, et bien, si possible... Les tribus sont si grandes qu'il n'est pas rare qu'un des leurs travaille dans l'armée, le deuxième dans les

---

32. *Saddam Hussein. The Politics of Revenge*, op. cit.
33. Entretien avec un diplomate familier du terrain, Bagdad, 20 octobre 2002.

services de renseignements et un troisième, cousin éloigné, à Londres pour l'opposition. L'étanchéité étant ce qu'elle est au sein des tribus, les grandes oreilles de Saddam en profitent pour savoir ce qui se passe dans les officines londoniennes, et y répandre parfois la mort.

Que vaut leur serment de loyauté ? Sous la monarchie, un ostracisme social frappait les collaborateurs pro-anglais. Les filles ne pouvaient épouser un mouchard, et pour désigner la famille à l'opprobre général, les voisins boycottaient les funérailles d'un indic. Que reste-t-il aujourd'hui du code d'honneur tribal, de cette indéfectible loyauté au clan et de sa farouche hostilité à l'environnement extérieur ?

« Saddam a introduit un processus artificiel de glorification des valeurs tribales, ou plus exactement celles qui servent son pouvoir, loin des véritables valeurs qu'elles défendaient : l'héroïsme, le goût du combat jusqu'à la dernière goutte de sang, et la loyauté au chef, explique Faleh A. Jabar, spécialiste des tribus dans l'histoire irakienne [34]. Les vraies tribus sont celles de la campagne, elles ne représentent qu'un quart de la population, les autres ont été fabriquées par Saddam. Après lui, elles survivront, mais leur influence diminuera. »

Les pactes de confiance renouvelée ont subi, il est vrai, de sérieux coups de canif au cours de la dernière décennie. Des membres des tribus parmi les plus loyales se sont soulevés à plusieurs reprises. L'exemple le plus saisissant s'est produit en 1994, lorsque le clan al-Dulaymi s'est révolté en attaquant des postes de police. Soupçonné d'être l'instigateur d'un complot pour renverser Saddam, le général Mohammed Maz-

---

34. Entretien avec l'un des auteurs, Londres, 11 novembre 2002.

loum al-Dulaymi avait été exécuté. Lorsque son corps mutilé a été remis à la tribu, le soulèvement a été si violent que Saddam dut envoyer des troupes d'élite pour l'écraser dans le sang. La répression fit des dizaines de morts. Un autre clan important, les Jbour, ont, eux aussi, de nombreuses raisons d'en vouloir à la clique au pouvoir, après la liquidation par le régime d'un des leurs à Londres en 1992.

Entre la frontière jordanienne et le nord de Bagdad, les tribus ont la réputation d'être facilement corruptibles. Depuis l'été 2002, les Anglais chercheraient à rentrer de nouveau en contact avec leurs anciens amis. Une nouvelle fois, Saddam déploie de nombreux efforts pour s'assurer la loyauté de ces tribus. À deux reprises à l'automne 2002, il a réuni les chefs des clans du Nord, puis ceux du Sud, distribuant argent, armes et voitures et les avertissant : « On va essayer de vous infiltrer. Faites attention. On le saura si vous cédez. » Même les leaders spirituels ont été priés d'émettre une *fatwa* (un décret religieux) interdisant tout appui non irakien. Mais à Bagdad, les blagues sur le caractère têtu des tribus font toujours florès : elles sont un exutoire à l'impossibilité de critiquer le régime. La parole de leurs leaders, devenus pour certains de véritables chefs de gangs, « n'engage sans doute plus guère que celui qui la reçoit ». Là encore, la magie du pouvoir de Saddam pourrait avoir vécu.

La calcification du pouvoir

Saddam est resté le chef incontesté, mais il a fini par régner sur un royaume des ombres. Il est moins riche, et plus faible qu'il y a dix ans. Il a été incapable d'élargir sa base. Pour survivre, le régime a bougé tactiquement, mais n'a pas pu évoluer.

En 1995, après la défection de ses gendres et les retombées négatives sur la stabilité du clan au pouvoir, le pari visait pourtant à redonner vie aux institutions que sont le Parti et le Conseil de commandement de la révolution. Un référendum est organisé fin octobre 1995, le premier scrutin de ce type depuis 1921. En vain, le pouvoir poursuit sa calcification. Les élections législatives de 2000 et la tentative de rénovation de la Constitution sont un nouveau trompe-l'œil. Les signes d'ouverture partisane en vue d'adapter les institutions restent lettre morte.

Saddam a certes beaucoup mieux résisté que son peuple aux sanctions. En 2001, des signes d'insurrection s'étaient multipliés : tirs de mortier, explosion d'une voiture piégée à la gare routière de Bagdad, troubles dans la turbulente Saddam City, bastion chiite de la capitale, et fréquentes rafales de coups de feu contre les locaux du parti dans le Sud. Ces alertes, dues aux opposants basés en Iran, ont depuis cessé.

La cagnotte de la contrebande de pétrole [35] a permis à Saddam d'acheter une certaine paix sociale. Les tribus ont succombé aux sirènes de l'argent, tandis que les combattants chiites, de l'autre côté de la frontière iranienne, se sont vu rappeler à l'ordre par leurs hôtes perses, en contrepartie vraisemblablement de la mise au pas des opposants iraniens abrités par Bagdad.

Malgré tous les efforts déployés pour enrayer la déperdition de son pouvoir, Saddam s'est montré incapable de renouveler les appareils et les méthodes de gouvernement. L'État et le Parti ont continué d'être phagocytés par le *diwan* présidentiel. En 2001, Saddam s'est ainsi approprié le poste de secrétaire général du Baas, laissé vacant depuis la mort de son fondateur Michel Aflak en 1989. Il a resserré l'étau en nommant

---

35. Voir chapitre IV.

un fidèle de son clan, le colonel Nawfal Mahjnoum al-Tikriti, longtemps responsable des sites d'armement sensibles, pour superviser le Service de la sécurité spéciale, ainsi qu'un cousin au poste de chef des douanes à la frontière irako-jordanienne.

Au fil des ans, la substance de la puissance saddamienne s'est confondue avec l'appareil sécuritaire entre les mains de la famille, une famille impliquée dans toutes les affaires du pays : de l'exécution des « traîtres » à la fixation des commissions sur les contrats d'armement en passant par le partage de la contrebande.

De l'ordre a été remis au *diwan*, et tant que Saddam survit, les rivalités devraient céder le pas à la conscience des intérêts supérieurs du clan. Le système ayant été bâti sur mesure pour Saddam, il ne lui survivra pas en tant que tel, et des règlements de comptes sont à redouter.

L'idéologie du Baas est en lambeaux. Le panarabisme n'est plus qu'un mythe. L'Irak n'a jamais été aussi isolé sur la scène régionale, et la laïcité a été battue en brèche par des concessions marquées à une certaine islamisation. Surréaliste régime, sur le point d'acquérir l'arme nucléaire, dirigé par un clan aux mœurs moyenâgeuses qui ambitionnait pourtant de faire de l'Irak l'État arabe moderne du XXIe siècle.

IV

L'Irak paiera : Saddam le paria

1998, l'année charnière

Dans l'avion qui le ramène de Bagdad au siège des Nations unies à New York, en juin 1998, Richard Butler, le chef des inspecteurs en désarmement, avoue ses états d'âme : « C'est vrai, j'en ai un peu assez de ces problèmes créés par trois kilos de levure de bière introuvables ! Mais je ne veux pas être celui à qui on reprochera de s'être trompé, si un jour Saddam frappait de nouveau ses voisins[1]. »

1998 a été l'année charnière dans les relations entre les Nations unies et l'Irak. Elle marque la rupture entre Bagdad et le régime des inspections en désarmement, conséquence des frappes américano-anglaises de décembre, mais signale aussi l'affirmation désormais explicite de la volonté américaine de renverser le régime de Saddam Hussein. Et pourtant, jamais une solution au problème du désarmement irakien n'a été aussi proche : elle aurait permis la levée de l'embargo, imposé depuis 1990 à la population, et le retour de l'Irak sur la scène internationale.

L'année 1998 illustre avec éclat la politique de l'au-

---

1. Entretien avec Eric Fournier, conseiller politique de Richard Butler en 1998 et 1999, Moscou, 2 novembre 2002.

truche pratiquée depuis une décennie par les Nations unies en Irak, et souligne l'hypocrisie d'une grande partie de la communauté internationale. Des diplomates familiers du dossier et d'anciens inspecteurs en désarmement, comme celui qui analyse plus loin les raisons profondes de ce gâchis, le reconnaissent aujourd'hui.

Les Américains ont réalisé que l'embargo était un échec, et, après moult tergiversations, ont résolu de passer à l'action. Hubert Védrine, alors ministre des Affaires étrangères, a reconnu sans ambages ce que beaucoup pensaient tout bas : « L'arme de l'embargo était inutile, car humainement cruelle et stratégiquement inefficace. »

L'établissement de cet embargo reposait sur une erreur d'analyse. En août 1990, un consensus existait au sein de la communauté internationale sur l'idée que les sanctions obligeraient Bagdad à évacuer rapidement le Koweït, et qu'après la guerre, il suffirait d'inciter l'Irak à satisfaire aux obligations de la Commission spéciale sur son désarmement.

Bien avant l'adoption en 1996 de la résolution dite « Pétrole contre nourriture », les autorités irakiennes ont mis en place un plan de distribution alimentaire qui fonctionnait très bien. Les conséquences de cet embargo étant perçues comme une attaque directe contre la population, qui se trouvait menacée dans sa survie, la tendance naturelle était de faire corps autour de ses dirigeants. Plutôt qu'un soulèvement populaire, les États-Unis ont eu à gérer un regain de nationalisme de ressentiment [2].

À la contradiction majeure du régime des sanctions – peut-on continuer à sacrifier un peuple aux seules

---

2. Alain Michel et Fabien Voyer, *Irak, la faute,* entretien avec Bernard Garancher, Éditions du Cerf, 1999.

fins de punir ou d'endiguer la menace que représente son chef ? –, Madeleine Albright, représentante des États-Unis aux Nations unies, a répondu en 1996 que « si 500 000 morts est le prix à payer pour faire tomber Saddam, ce prix est acceptable ». En mars 1997, dans un discours à l'université de Georgetown, Mme Albright, devenue secrétaire d'État, annonce alors la prolongation illimitée de l'embargo. « Nous désapprouvons l'idée défendue par certaines nations que les sanctions doivent être levées si l'Irak remplit ses obligations relatives aux armes de destruction massive. Notre position inébranlable est que l'Irak doit prouver ses intentions pacifiques. Il ne fait aucun doute que les intentions de Saddam Hussein ne seront jamais pacifiques. »

Le changement d'attitude à Washington date des années 95-96. Jusque-là, le régime des sanctions vise à « contenir Saddam dans sa boîte », selon la formule consacrée. Il est la prolongation d'une guerre que George Bush père n'a pas voulu achever, en envoyant son armada déloger Saddam à Bagdad. La mise en quarantaine est imparfaite, mais c'est le plus petit dénominateur commun entre les membres du Conseil de sécurité de l'ONU, habilités en dernier ressort à décider d'une éventuelle levée des sanctions.

Même si la CIA et ses amis kurdes échouent dans leurs complots contre Saddam, tout comme le gendre de ce dernier, Hussein Kamel, les fiascos des années 95-96 attestent du sérieux des intentions américaines. Parallèlement, la découverte d'un programme clandestin d'armement biologique, après les spectaculaires révélations de Hussein Kamel, prouve la volonté dissimulatrice de l'Irak.

Désormais, la présomption de culpabilité plane sur les déclarations de Bagdad. Ces révélations sont tombées d'autant plus mal qu'à cette époque, la France, apparemment soutenue par les États-Unis et la Grande-Bretagne, s'apprêtait à présenter un projet de résolution au Conseil de sécurité de l'ONU soulignant que l'Irak avait satisfait aux exigences de désarmement. En fait, les États-Unis avaient d'autres projets que la levée de l'embargo. Le déballage de Hussein Kamel est tombé à point.

Dans le même temps, l'Unscom affiche une courbe des rendements décroissants : les inspecteurs ne trouvent quasi plus rien. En quittant la tête de l'Unscom en 1997, le Suédois Rolf Ekeus déclare que 95 % de la tâche a été accomplie.

Lors d'un long discours au Conseil de commandement de la révolution en novembre 1997, Saddam Hussein annonce les crises qui vont se multiplier entre l'Irak et la communauté internationale. « Ces sept dernières années, notre pays a consenti d'immenses sacrifices, déclare Saddam. Nous pensons avoir atteint nos limites et ne plus pouvoir endurer tant de souffrances. Nous exigeons la levée totale des sanctions contre nous. Le processus peut tout à fait se dérouler, selon un calendrier précis, mais, en dernière instance, il faut en finir avec l'embargo, sans aucune restriction. Nous avons proposé qu'une commission de représentants des cinq membres du Conseil de sécurité vienne à Bagdad clarifier une fois pour toutes les questions litigieuses. Le gouvernement américain s'y oppose. Washington poursuit par tous les moyens son objectif : intervenir militairement contre nous. Si l'enjeu concerne vraiment les missiles restants, les armes chimiques et biologiques et surtout des documents disparus, à quoi bon les vols de reconnaissance de l'avion U2 ? Ils ne permettront certainement pas de retrouver les prétendus documents disparus. [...]. Et même si nous avions fait disparaître des documents relatifs à la production d'armes, nous ne pourrions rien en faire. L'ONU surveille nos pas 24 heures sur 24. Il y a longtemps que nous ne sommes plus en mesure de fabriquer des armes. Nous ne sommes ni une colonie des États-Unis, ni occupés par eux. Nous sommes un pays libre et souverain. La communauté internationale doit finir par en prendre conscience. » Saddam avertit en conclusion : « Nous avons décidé que les sanctions doivent être levées – quel qu'en soit le prix. Que cela plaise aux Américains ou non. »

Ce même mois de novembre 1997, les Irakiens cherchent la crise et exigent le départ des inspecteurs de nationalité américaine, accusés d'espionner au profit de la CIA. Entre 1996 et 1998, celle-ci a effectivement utilisé, à l'insu de la direction de l'Unscom, une partie de son matériel pour intercepter un volume important de communications militaires irakiennes et de dirigeants du pays – y compris sur leurs téléphones portables.

« C'était ce qui intéressait les États-Unis, davantage que le désarmement de l'Irak, à propos duquel on ne trouvait plus grand-chose », selon Scott Ritter, membre de l'Unscom[3]. Ses patrons, Rolf Ekeus d'abord, et Richard Butler ensuite, ne sont pas tenus informés, mais le numéro deux de l'Unscom, Charles Duelfer, si. C'est un ancien de la maison (CIA).

Pendant près d'un an, le quartier général de la National Security Agency (NSA), à Fort Meade, dans le Maryland, reçoit les émissions secrètes de systèmes d'écoute installés en catimini par des agents infiltrés de la Defence Intelligence Agency (DIA), l'organe du renseignement propre au Pentagone. Ces systèmes d'écoute miniaturisés dotés de microbatteries avaient

---

3. Entretien avec l'un des auteurs, Bagdad, 8 août 2000.

été cachés à Bagdad et ailleurs, retransmettant via satellites les conversations qu'ils captent. La cible est le Service de sécurité spéciale, chargé de la dissimulation des armes de destruction massive [4].

À cette époque, Scott Ritter, patron de la cellule dissimulation, s'est rendu à vingt-trois reprises en Israël [5]. L'État hébreu est réputé pour l'analyse des images satellitaires, indispensables à une bonne surveillance aérienne de l'Irak. À cette époque également, la France, à la demande des Nations unies, fournissait aux mêmes fins un Mirage 4.

Un militaire français, détaché auprès de l'Unscom, s'est retrouvé pris au piège de l'espionnage au profit d'autres puissances que son commanditaire. Les photos du Mirage 4 étaient transmises à la sous-direction du renseignement, une branche de la Direction du renseignement militaire au ministère français de la Défense, et bien sûr aux Nations unies. Le sous-officier s'est rendu à plusieurs reprises à Tel-Aviv remettre les résultats des photos du Mirage 4 aux Israéliens. Lorsque Paris s'en est aperçu, le ministère de la Défense l'a rappelé immédiatement [6]. Que l'Unscom renseigne les Nations unies faisait partie de son mandat, mais pas au profit d'un pays tiers.

En février 1998 éclate la crise des sites présidentiels, provoquée par la volonté de certains inspecteurs de fouiller les palais de Saddam, transformés selon la propagande américaine en ateliers de fabrication d'anthrax. Une crise destinée avant tout à détourner l'attention du public américain des démêlés du prési-

---

4. Pour repérer les inspecteurs-espions, les Irakiens surfaient sur Internet pour vérifier si, en tant qu'experts, ils avaient publié dans des revues scientifiques.
5. Entretien avec l'un des auteurs, Bagdad, 8 août 2000.
6. Entretien avec un expert militaire français, 25 août 2002.

dent Clinton avec la pulpeuse Monica Lewinsky. Rolf Ekeus avait toujours soutenu qu'il était inutile de fouiller dans ces palais, Saddam n'étant pas suffisamment idiot pour y cacher des armes prohibées, mais qu'en revanche, une telle humiliation provoquerait immanquablement la crise.

Lorsque, le 22 février, Kofi Annan arrive à Bagdad pour tenter d'éviter l'escalade militaire, il s'avoue démuni : « Comment dois-je m'y prendre avec Saddam ? » demande-t-il à Yves Aubin de la Messuzière, « l'ambassadeur » de France. « Écoutez, je ne l'ai rencontré qu'une fois, lui répond ce dernier, mais en revanche, je connais les Irakiens. Il ne faut pas les heurter d'entrée de jeu, sinon, ils se braquent. Commencez par dire à Saddam que l'Irak est un grand pays vieux de six mille ans d'histoire. Cela le mettra en confiance [7]. »

Après sa première rencontre avec Saddam, le secrétaire général de l'ONU reçoit deux appels téléphoniques, de Bill Clinton et de Madeleine Albright, lui demandant de ne rien signer avec le raïs irakien. Kofi Annan résiste aux pressions, et finalement le conseil de M. Aubin de la Messuzière porte ses fruits. Saddam fait une concession : il autorise les inspecteurs à aller fouiller ses huit palais, mais c'est lui, en fin de compte, qui a gagné. La venue de Kofi Annan en Irak l'a relégitimé. Bagdad espère que la crise a permis de refonder ses relations avec l'ONU et qu'une levée de l'embargo est proche.

Un mois après, fin mars, les inspecteurs pénètrent dans les palais de Saddam. Pour éviter les dérapages, ils sont accompagnés de diplomates chevronnés, une exigence irakienne. Tout se passe très bien. L'exercice se révèle être en fait du cinéma. « La mission n'avait

---

7. Entretien avec l'un des auteurs, Tunis, 28 novembre 2002.

pas pour objectif de rechercher du matériel interdit, et elle n'en a pas trouvé, écrit l'adjoint du patron de l'Unscom, Charles Duelfer, dans son rapport adressé le 9 avril 1998 au Conseil de sécurité. Il est manifeste que tous les sites ont été largement évacués. Le *diwan* présidentiel, par exemple, à Bagdad, ne renferme qu'un petit nombre d'ordinateurs et de documents. » L'homme à la double casquette – Unscom et CIA – ajoute : « L'un des résultats essentiels de la mission a été de délimiter avec précision les sites présidentiels [8]. »

Ce détail n'a pas échappé à l'un des diplomates chargés de surveiller les « inspecteurs Zorro ». Voici, en substance, ce qu'il écrit quelques jours après à sa chancellerie : « Quand j'ai vu les inspecteurs américains tout mesurer au GPS, et prendre de nombreuses notes en scrutant leurs plans, je me suis dit : "Tout cela n'est pas net. Si jamais l'embargo n'est pas levé, après ces visites, Saddam va les mettre à la porte." C'était à la fois humiliant et dérisoire. Il était évident que nous ne trouverions rien. Je vois mal Saddam cacher un Scud dans un palais qui va être inspecté. Vexant parce que nous sommes entrés littéralement dans ses salles de bains. »

Notre ambassadeur en retraite ne s'est pas trompé : les mois suivants, l'Unscom continue de « labourer » l'Irak, et en décembre, les palais de Saddam sont visés par les B-52 américains.

L'embellie née de la visite de Kofi Annan à Bagdad est brève. Le petit jeu des inspecteurs replonge rapidement Saddam dans sa vision maximaliste du monde. Pendant la crise des palais, il a reçu un émissaire de Jacques Chirac, Bertrand Dufourcq, accompagné de

---

8. Bill Clinton prétendait qu'ils s'étendaient sur 70 km^2, c'est-à-dire plus du double de leur superficie exacte.

trois diplomates de haut rang[9]. En costume et bottines italiennes, Saddam les accueille au palais de la République, à Bagdad, dans un état d'esprit constructif.

Un mois plus tard, l'Élysée lui renvoie la même délégation, porteuse d'une lettre du président de la République, appelant fermement le raïs à coopérer. Changement de décor, cette fois-ci. À l'aéroport, des limousines noires les emmènent dans un premier lieu où ils patientent. Puis ils reprennent la route nuitamment. Yves Aubin de la Messuzière, fin connaisseur du pays, comprend qu'ils se dirigent vers Tikrit, le fief de Saddam. Ils sont conduits dans un immense palais, vide. Seuls quelques gardes perturbent le silence des lieux. Quatre fauteuils sont installés dans un salon aux allures de galerie des glaces à l'irakienne. De loin, quelques minutes plus tard, ils aperçoivent la silhouette d'un vieillard avancer, vêtu d'un long manteau. C'est Saddam. Il a eu connaissance de la lettre de Jacques Chirac. « Il était furieux. Ce n'était plus le même homme. Il avait disjoncté. Il réagit de manière abrupte. Saddam était revenu à ses chimères[10]. »

Pendant les mois qui suivirent, les inspections se déroulèrent dans de bonnes conditions, mais aucun signal ne vint de Washington. La crise de février n'avait servi à rien. Au contraire, les tergiversations du Conseil de sécurité continuaient.

Un haut responsable de l'Unscom était au cœur du

9. Jean-Claude Cousseran, directeur du département Afrique du Nord-Moyen-Orient au Quai d'Orsay, Jean-François Girod, conseiller diplomatique de Jacques Chirac à l'Élysée, et Yves Aubin de la Messuzière que, après d'âpres négociations, les Irakiens ont fini par accepter. Saddam en effet ne reçoit jamais les ambassadeurs en poste en Irak.
10. Entretien avec un diplomate auquel on rendit compte de la discussion, 25 novembre 2002.

système de contrôle du désarmement irakien en cette année 1998 cruciale. Pour la première fois, il témoigne, en insistant sur l'incapacité du Conseil de sécurité de l'ONU à prendre ses responsabilités politiques[11].

« En 1998, l'Unscom est prête à reconnaître que le programme balistique est pratiquement bouclé. Elle est prête à reconnaître que le programme chimique est connu, il y a encore une petite incertitude sur 550 obus, chimiques ou conventionnels. » Que représentent-ils ? La question est posée par certains membres du Conseil de sécurité : 14 minutes de combat, nous répondent les spécialistes. L'Irak, dans ces conditions, représente-t-il encore une menace ? Non. On envisage alors de passer à la phase du contrôle continu du désarmement. En avril-mai, quand le Conseil s'interroge sur la nécessité de faire une analyse stratégique sur ce qu'il pourrait rester de significatif comme armement, d'évaluer donc la réalité de la menace irakienne, une polémique politique est alors déclenchée au Conseil, certains estimant que nous n'avons pas à faire une telle analyse. En quittant Bagdad en juin, l'Unscom est prête à établir un rapport quasiment de clôture générale du dossier. Richard Butler, cette fois, a eu une bonne relation de travail avec Tarek Aziz. Avant de partir, il s'adresse à la presse et déclare que nous sommes presque au bout du travail. Et là, les Américains réagissent en interrogeant directement Butler au téléphone. C'est le tournant de l'affaire, explique notre témoin : « Butler pouvait aller devant le Conseil de sécurité de l'ONU et dire à ses cinq membres permanents : "J'ai la quasi-certitude que nous sommes arrivés à la connaissance presque complète des programmes passés d'armement irakiens. Nous pouvons passer au contrôle continu." Il manque de courage et ne le fait pas. Pour-

---

11. Entretien avec les auteurs, Londres, 12 novembre 2002.

quoi ? Parce qu'il y a une pression qui s'exerce sur lui de la part de plusieurs États. Un sentiment de panique s'empare de ces pays : que va-t-il se passer si la mission d'inspection déclare que son travail est fini ? Richard Butler avait la crainte d'être celui qui aurait déclaré au Conseil de sécurité "j'estime clos le désarmement de l'Irak" et que deux ans plus tard, Saddam lance une bombe biologique sur Israël.

« Au même moment, durant l'été 1998, l'Agence internationale pour l'énergie atomique (AIEA) devait elle aussi conclure au désarmement de Bagdad dans le domaine nucléaire. L'AIEA en savait effectivement assez sur le nucléaire. Mais à ce moment-là, les Russes ont joué un double jeu. Ils ont cédé aux pressions américaines et ont fait obstacle à une convocation du Conseil pour refermer le dossier nucléaire irakien, afin de ne pas hypothéquer le règlement d'autres questions de leur contentieux bilatéral avec les États-Unis. Mais dans d'autres pays, y compris chez vous en France, ce mouvement de panique existait. Certains ont alors essayé de relancer la machine en invoquant la piste absurde d'une coopération du gouvernement pakistanais avec l'Irak. On a démonté tout le mécanisme, précise le témoin. Un trafiquant pakistanais aurait pris langue avec un Irakien, mais ce n'étaient pas des contacts entre gouvernements. La manœuvre n'a pas marché.

« Des pressions ont été exercées pour que l'AIEA n'aille pas trop vite, pas seulement de la part des États-Unis et des Britanniques. En France aussi, certains experts militaires étaient terrorisés à l'idée que l'on puisse dire "l'Irak est désarmé". »

Puisque les inspecteurs ne trouvent plus alors d'armes à détruire, doivent-ils rechercher des documents ?

« En début d'année, avec Scott Ritter, explique notre témoin, nous avons interrogé le Conseil de sécurité sur la dissimulation. Nous demandons au pouvoir politique si la recherche de ces documents est pertinente. Le Conseil hésite, puis nous demande finalement de continuer. Nous devons alors percer le système de la dissimulation de Saddam. L'idée sous-jacente est que si nous ne trouvons rien, ce n'est pas parce qu'il n'y a plus rien, mais parce que l'Irak cache des choses. Par conséquent, le nombre des inspections a été augmenté, leur rythme intensifié... L'idée est alors lancée d'aller inspecter dans les palais, regarder dans les salles de bains de Saddam. Évidemment, il n'y avait rien du tout.

« Les Irakiens ont effectivement dissimulé, ajoute notre témoin. Ils avaient la volonté de cacher un certain nombre d'éléments aux inspecteurs. Ils l'ont fait probablement jusqu'en 1996-1997. Ensuite, ils se sont rendu compte qu'ils étaient déjà dépassés d'un point de vue technologique. En 1998, la dissimulation ne portait plus que sur des éléments totalement secondaires, parce que nous avions vérifié la comptabilité des exportations d'armes vers l'Irak de tous les pays dans les années 70-80. On savait que les Russes avaient exporté 819 missiles Scud, que les Allemands avaient exporté tant de tonnes de produits chimiques, les Autrichiens également, etc. Il suffisait ensuite d'aller vérifier ce qui avait été trouvé ou pas. Et effectivement, on arrivait à une petite liste de choses non recoupées. »

En ce qui concerne la dissimulation elle-même, le haut responsable de l'Unscom précise : « La garde de Saddam déplaçait des éléments clés du régime, probablement des fonds liquides, des documents, et quelques armes qui auraient servi à sa protection. Elle devait aussi déplacer les moyens qui auraient permis à Saddam de se cacher en cas de conflit. » Des éléments sans doute plus liés à la sécurité d'un dictateur que des milliers de missiles et de bombes. « Je ne pense pas que Saddam ait développé une procédure de dissimulation agréée. Les Irakiens ont joué au chat et à la souris avec l'Unscom. Ils l'ont avoué, mais c'était davantage au coup par coup. Et encore une fois, la question de fond était de savoir l'importance de ce que les Irakiens cachaient. Là non plus, personne n'a jamais voulu répondre. »

Durant l'été, l'artisan de cette lutte antidissimulation, Scott Ritter, démissionne. Il voulait organiser une inspection très stricte d'un site, qui risquait de provoquer un incident avec les Irakiens. « Scott Ritter a su que Madeleine Albright avait téléphoné à son chef Richard Butler pour lui demander de ne pas l'autoriser à y aller. Sous-entendu, "fichez-nous la paix, les États-Unis ne veulent pas de nouvelle crise en ce moment avec l'Irak". Ritter a eu le sentiment d'être lâché par l'Unscom, son organisation, et ne l'a pas supporté. De plus, déjà à cette époque, en 1998, il était parvenu à la conclusion que l'Irak n'avait plus les moyens de développer des programmes d'armement de destruction massive. Il me l'a dit. Une majorité d'inspecteurs pensaient comme lui. Le chef du secteur balistique, un Américain (qui a pris sa retraite peu après), exaspéré, avait demandé aux membres du Conseil de sécurité s'il fallait continuer à chercher, "parce qu'on peut fouiller encore pendant des années". Que leur répondait-on ? "On ne sait pas quoi faire. Continuez." Pour ne rien arranger, certains étaient aussi de mauvaise foi. Véritables espions professionnels de l'Unscom, ils ne se prononçaient volontairement pas sur les questions en suspens. »

« Le chef des inspecteurs dans le domaine balistique, un Russe, Nikita Smidovich, proche des Américains, prétendait qu'il y avait une incertitude sur la destruction de fioul de moteur de missiles balistiques, le propergol, un liquide interdit. "Il aurait été détruit, nous disait-il, à tel moment par les Irakiens, mais nous n'en avons pas la preuve à 100 %, parce que le chauffeur qui a été chargé de le brûler est mort, et que sa grand-mère n'a pas pu dire à l'Unscom si, avant de mourir, son petit-fils avait reconnu l'avoir fait. Ne riez pas : il en fut ainsi." » Selon des techniciens russes qui avaient vendu les missiles aux Irakiens, ce fioul est opérationnel dix ans maximum. « Comme il a été importé en 1983, en 1998, il n'est donc plus opérationnel, précise notre témoin. "Alors pourquoi ont-ils continué à le chercher ?" On continue, a répondu Smidovich, c'est notre mandat de faire la lumière sur tous les programmes d'armements passés. »

Notre témoin des événements fait l'analyse suivante : « Politiquement, croyez-vous que le Conseil de sécurité aurait dit : "L'affaire est entendue, d'après les producteurs russes, le propergol n'est plus utilisable. Même si les Irakiens ne l'ont pas détruit, il n'y a plus de danger" ? Cette question du propergol a rendu fous certains ambassadeurs aux Nations unies. Le vôtre, Alain Dejammet, était furieux de voir le Conseil s'abstenir de prendre ses responsabilités. Il a envoyé des télégrammes amers à Paris. Mais les responsables français lui demandaient de ne poser que des questions techniques. Il répondait : "Vous croyez que c'est mon boulot, en tant qu'ambassadeur, de m'interroger sur la composition chimique du propergol ?" Paris l'avait presque lâché. Pour la France, il ne fallait pas prendre de risques sur le désarmement irakien. Résultat : aujourd'hui encore, la question du propergol est sur l'agenda des inspecteurs qui sont retournés en Irak ! »

« Une autre zone d'ombre concernait la présence de l'agent de guerre chimique VX, précise le haut responsable de l'Unscom. Nous avons réuni des experts sur le VX. Une majorité ne peut prouver que le VX a été militarisé. L'Irak avoue alors avoir tenté de le faire. Ils ont mis du VX dans deux ogives mais ont depuis abandonné l'idée, disent-ils. Les deux ogives récupérées sont examinées dans trois pays. Un laboratoire américain conclut qu'il y a des traces de VX sur les ogives analysées. Un Suisse n'en trouve pas et publie ses résultats. Le labo français n'en découvre pas non plus, mais ne publie pas les résultats négatifs, sans doute pour ne pas heurter Washington. À ce moment-là, c'était le rôle de l'arbitre, le Conseil de sécurité, de trancher la question du VX. » Dans cette affaire, des experts chimistes n'ont pas osé dire que la tentative irakienne de militariser le VX avait échoué, et donc, que le dossier des armes chimiques pouvait être clos. Quant au programme biologique, le chef inspecteur américain du département biologique de l'Unscom a répondu par la négative à la question du Conseil de sécurité qui demandait s'il y avait encore un programme biologique en Irak. « Ça lui a peut-être provoqué un énorme nœud à la gorge, précise notre témoin, mais il l'a dit. C'était un inspecteur honnête. Or, jamais, au plan politique, les conclusions n'ont été tirées. »

Pire, même, au moment où le Conseil de sécurité, début 1999, après les bombardements de décembre 1998, décide d'évaluer la menace irakienne, il invite à témoigner les mêmes inspecteurs qui ratiocinent encore sur le propergol et le VX. « Le mensonge se prolonge, raconte l'homme de l'Unscom. Butler avait été écarté, mais les trois ou quatre inspecteurs qui durcissaient les rapports, eux, étaient toujours là. Deux ressortissants allemands, le docteur Hoorst

Reeps, à la tête du département chimique, et le docteur Gabrielle Kraatz-Wadsack, pour le biologique depuis peu, étaient terrorisés à l'idée qu'on puisse fermer les programmes chimique et biologique. Ils savaient parfaitement que tous les produits avaient été fournis par l'Allemagne et l'Autriche dans ce domaine. Nous avions les listes des exportations. Ils ne devaient pas faire soupçonner leur pays en livrant le secret de leurs approvisionnements à l'Irak. Voilà pourquoi ces inspecteurs ont tellement souligné le risque biologique et chimique du programme d'armement prohibé irakien. D'autant qu'en Allemagne, tout ce qui touche aux armes chimiques renvoie à un passé sombre. »

Des lettres de crédits ont été retrouvées à la Banque centrale irakienne sur les contrats d'approvisionnement en armes auprès de l'Occident dans les années 70-80. Ces documents, qui ont servi de base au rapport irakien sur son armement, « volé » par les États-Unis à son arrivée aux Nations unies le 9 décembre 2002, sont aujourd'hui dans les archives de l'Unscom. Celle-ci fonctionnait de la façon suivante. « Elle tentait d'obtenir des informations d'abord côté irakien, précise le témoin, ensuite auprès des pays fournisseurs qui avaient obligation de demander des renseignements aux sociétés qui avaient vendu dans le passé des armes à Saddam. Certaines ont coopéré, d'autres non. Des sociétés françaises, russes, allemandes, autrichiennes, américaines, et d'autres pays n'ont pas coopéré avec leurs administrations, qui relayaient nos questionnaires.

« Notre mandat ne nous autorisait pas à mettre dans l'embarras ces gouvernements en publiant les listes de sociétés qui ne jouaient pas le jeu. Ces révélations auraient pu être très gênantes. Donc, les inspecteurs en chef des différents secteurs au sein de l'Unscom disaient qu'ils continueraient leurs recherches tant qu'ils n'auraient pas étudié ces listes. Ceux qui avaient eu accès aux documents que les différentes sociétés étrangères avaient bien voulu nous livrer se sont aperçus qu'il s'y cachait des choses pas claires. Cela a mis dans l'embarras certaines personnes. Au bout d'un moment, les inspecteurs sont devenus gênants, et Scott Ritter et d'autres ont eu marre de ce petit jeu où tout le monde se tient par la barbichette », conclut notre témoin.

Le 15 novembre 1998, Bill Clinton lève officiellement le voile sur les intentions des États-Unis, en déclarant que son objectif est désormais de faire tomber Saddam, et non plus seulement de le « contenir ». Pour que le message soit bien compris, le Congrès octroie quasi simultanément l'aide réclamée depuis longtemps par les opposants irakiens exilés à Londres [12]. « Les États-Unis ont affiché alors une volonté politique, explique un diplomate français proche du dossier, les autres ont fait preuve de lâcheté. »

Le 1er novembre, le refus irakien de l'examen global de son désarmement, proposé par Kofi Annan en août 2002 pour sortir de l'impasse, est pain bénit pour Washington et Londres. Bagdad réclame alors le départ de Richard Butler, le patron de l'Unscom, et la fixation d'un calendrier pour la levée de l'embargo. Le 30 novembre, le même Butler rencontre un haut responsable américain du Conseil pour la sécurité nationale qui lui annonce que les États-Unis comptent bomber l'Irak [13]. Ne reste plus qu'à trouver un prétexte.

Sur le terrain, pendant ce temps, les inspections des

---

12. Voir chapitre VII.
13. Scott Ritter, *War on Iraq. What Team Bush Doesn't Want You to Know*, Londres, Profiles Books, 2002.

sites continuent et se déroulent plutôt bien. Le 3 décembre, Butler passe par Paris et tient des propos rassurants aux diplomates français [14]. Le lendemain, à Moscou, il déclare aux Russes que le désarmement de l'Irak sera achevé six à huit semaines plus tard, et qu'une levée de l'embargo sera alors possible [15]. La crise, pense-t-on dans ces deux capitales, s'éloigne.

Or, le 9 décembre, alors qu'une de ses équipes veut fouiller le site sensible du siège du parti Baas, un incident éclate avec les gardes irakiens. Les inspecteurs voulaient s'emparer du plan d'évacuation des dignitaires du régime qui s'y trouvait, selon leurs informations. Ils ne peuvent entrer. Il s'agit là de l'un des trois incidents sur trois cent quarante visites effectuées en un mois par l'Unscom ! Autant dire presque rien.

« Le rapport qui sera transmis le 15 décembre au Conseil de sécurité par Richard Butler reprochait à l'Irak de ne pas avoir coopéré, depuis 1991, indique son conseiller politique Eric Fournier. Or, le rapport que lui avait demandé le Conseil ne devait couvrir que la dernière campagne d'inspection. Occulter le bon résultat de cette phase pour réévaluer tout le travail effectué depuis sept ans a été sans aucun doute excessif. »

Dans *Libération*, Serge July parlera de « la plus grande fellation de l'Histoire [16] », pour évoquer ce coup de Jarnac, en clin d'œil également à Monica Lewinsky.

---

14. Richard Butler n'est pas vraiment francophile. Il a été l'artisan de la campagne de boycottage des produits français par l'Australie pour protester contre la reprise de nos essais nucléaires dans le Pacifique. Lors du déjeuner, ce 3 décembre, au Quai d'Orsay, il a retourné son verre face au ministre Hubert Védrine quand un bordeaux lui a été présenté.
15. Richard Butler, *Saddam Defiant*, Phoenix, 2000.
16. Serge July, *Libération*, 18 décembre 1998.

Sans en référer au Conseil de sécurité, dont il dépend, Richard Butler ordonne alors l'évacuation du personnel de l'Unscom à Bagdad, non sans avoir la légèreté de cadenasser derrière lui une pièce de leur siège au Canat Hôtel, avec du gaz moutarde dans des tubes à essai.

Les événements s'enchaînent alors jusqu'aux bombardements.

« Le rapport de Butler a été terminé le 14 décembre dans l'après-midi, explique un diplomate. Les Américains ont-ils eu connaissance d'extraits de ce document la veille ? Cela paraît probable, quand on sait qu'il leur fallait soixante-douze heures pour préparer le déclenchement des opérations de guerre. Ce qui a achevé de discréditer l'Unscom, c'est la séance de travail du Conseil de sécurité le 15. Pendant que les membres permanents du Conseil prenaient connaissance du rapport, des diplomates quittaient précipitamment la salle pour aller assister en direct sur CNN au bombardement de l'Irak. »

En fait, le 13 décembre, Richard Butler avait rendu visite au représentant américain aux Nations unies, l'informant oralement des grandes orientations de son rapport.

Une minute avant le démarrage de l'opération Renard du Désert, Bill Clinton, en pleine procédure d'*impeachment* dans l'affaire Lewinsky, appelle Jacques Chirac pour lui demander au nom de l'amitié franco-américaine de « ne pas condamner les bombardements » sur l'Irak. Ainsi ne pourra-t-il prétendre que son allié n'a pas été prévenu des frappes ! Paris se contente de les dénoncer. Kofi Annan, mis lui aussi devant le fait accompli par Butler, parle « d'un jour triste pour les Nations unies ».

Entre le 16 et le 19 décembre 1998, premier jour du ramadan, les bombardiers américains lâchent plus de 400 missiles de croisière sur l'Irak, faisant officiellement 76 morts. Les cibles visées sont des symboles du pouvoir, et surtout des lieux où les dignitaires du régime pouvaient se cacher, comme la villa d'une belle-fille de Saddam. Le fameux local du Baas que les inspecteurs de l'ONU n'avaient pas pu fouiller dix jours auparavant n'est même pas touché. « Où est la logique de ces bombardements [17] ? » Il s'agissait d'une décapitation en trois temps, selon plusieurs sources interrogées.

Des insurgés devaient organiser un complot contre Saddam, que la campagne de bombardement née de la crise avec l'Unscom aurait consolidé, avec l'aide de Forces spéciales américaines qui avaient été déployées au Koweït et en Jordanie. Saddam a eu vent de la tentative de putsch. Le renversement du régime a donc avorté. C'est pourquoi les bombardements n'ont duré que quatre nuits, sans grand effet d'ailleurs sur les sites supposés de dissimulation d'armes de destruction massive.

« Butler et l'Unscom ont fait des erreurs tout au long de cette année, c'est vrai. Mais tirer sur l'ambulance est un peu facile, ajoute un ancien membre de l'Unscom. Le vrai responsable, c'est le Conseil de sécurité qui à deux reprises a failli à ses obligations. D'abord en juin, en ne déclarant pas clos le désarmement irakien et en restant obnubilé par la logique scientifique des inspecteurs. Ensuite en décembre, quand il n'a pas eu le courage d'ordonner le retour des inspecteurs après que Butler a pris l'initiative de les sortir d'Irak. »

17. Entretien de l'un des auteurs avec un diplomate, Bagdad, 18 décembre 1998.

Furieux d'avoir été floués par ce dernier, les Russes réclament ensuite la tête de Butler. « OK, vous l'aurez, leur a promis Madeleine Albright, de toute façon, on n'a plus besoin de lui. Nous en avons assez du dossier irakien. Nous allons le laisser au frigo [18]. »

La France, elle, déçue du comportement de Saddam tout au long de l'année n'entend pas risquer une brouille avec son allié américain pour sauver Saddam. D'autant que le dossier irakien a été au centre de conflits de pouvoir au Quai d'Orsay, alors que la cohabitation ne facilitait déjà pas sa maîtrise.

Le dossier est géré essentiellement par le département Nations unies, dirigé par un ancien ambassadeur au Koweït peu enclin, autour d'autres, à défendre les thèses irakiennes. La direction Afrique du Nord-Moyen-Orient (ANMO) ayant, elle, l'oreille de Bagdad, mais se retrouvant peu à peu marginalisée. Comme le confie un diplomate, fin 1998 à Paris, la consigne était d'effacer les « irritants » dans la relation franco-américaine. Le casse-tête irakien fut donc mis sous le boisseau.

Les petits scandales de l'ONU

Où recrute-t-on un charpentier à 11 000 euros par mois ? Où doit-on changer de voiture tous les trois ans, même si elle est toujours en état de marche ? Et dans quel eldorado les chiens renifleurs de mines sont-ils mieux nourris que la population ? En Irak. Et quel est l'employeur si généreux ? Les Nations unies. D'autant plus prodigue, d'ailleurs, que l'ONU ne finance pas les salaires de son personnel.

18. Entretien avec un ancien responsable de l'Unscom, 10 octobre 2002.

La communauté internationale a mis en place en Irak un programme humanitaire unique dans les annales de l'Organisation. « A-t-on jamais vu dans le monde que le pays récipiendaire de l'aide humanitaire soit aussi celui qui la finance ? Jamais », reconnaît un représentant de l'ONU à Bagdad, suffisamment courageux pour oser dénoncer cette anomalie.

Il n'est plus le seul. Après douze ans de silence pudique, les langues se délient. « Où sont passés les fonds des Nations unies au Kurdistan ? se demande un diplomate européen. On a gaspillé sciemment les réserves financières de l'Irak. C'est une honte. » À la question de savoir s'il interroge sa chancellerie : « Bien sûr, mais la consigne est de nous taire. »

Le malaise est profond. Il suffit de tendre l'oreille pour entendre les récriminations gênées de certains diplomates, les déclarations outragées des personnels des ONG, quand ce ne sont pas les confidences embarrassées des agents de l'ONU eux-mêmes. Le mot aberration est sur beaucoup de lèvres, mais le gâteau est tellement bon que peu osent encore mettre les pieds dans le plat.

Sanctionner d'une main, et de l'autre assister un pays, fût-ce au prix d'une politique aux effets désastreux : tel était l'esprit de la prothèse humanitaire mise en place par la résolution 986 dite « Pétrole contre nourriture », acceptée par l'Irak en 1996 après un an de négociations avec l'ONU.

En vertu de cet arrangement, le produit des ventes pétrolières échappe au gouvernement irakien : aucun fonds ne transite sur son territoire ou entre ses mains, l'argent est versé directement sur un compte séquestre ouvert par l'ONU auprès de la BNP à New York. Seuls 71 % de ces ventes permettent des achats sur le marché international au profit de la population : 25 % en effet sont siphonnés au titre des réparations de guerre dues par l'Irak ; 2,2 % couvrent les frais de fonctionnement de l'ONU, 0,8 % sont destinés aux opérations liées au désarmement, et enfin 1 % pour les frais bancaires de gestion du compte séquestre.

3 % du pétrole irakien sert donc à financer la gestion de l'ONU. Sachant que Bagdad a exporté pour environ 56 milliards de dollars d'or noir depuis 1996, la contribution de Saddam à l'ONU s'est élevée à environ 1,7 milliard de dollars. À première vue, le chiffre paraît anodin. En fait, la somme est énorme. Elle fait de l'Irak l'un des premiers bailleurs de fonds auprès de l'ONU, alors que Bagdad a perdu son droit de vote parce qu'il n'a pas acquitté ses cotisations [19].

C'est la première fois qu'une mission des Nations unies aussi lourde trouve son financement en dehors du budget de fonctionnement de l'Organisation et sans le recours à l'aide des autres États membres [20]. Cette absence de toute contrainte budgétaire a grandement contribué à l'inertie du système.

Pour l'ONU, l'Irak est la poule aux œufs d'or. Grâce à ces prélèvements, ses agences spécialisées ont vu leur budget décupler, et le personnel gonfler (1 000 fonctionnaires pour le volet humanitaire à l'heure actuelle, contre 200 en 1998). « Je ne sais pas quoi faire de mon argent, reconnaît un responsable d'une de ces agences. C'est immoral. J'ai fait supprimer par exemple des postes de messagers qui avaient été créés. Ils gagnaient 600 dollars par mois, c'est-à-dire environ cent fois le

---

19. Bagdad a proposé que les Nations unies prélèvent la somme équivalente à la cotisation sur ses exportations de pétrole, mais l'ONU a rejeté cette proposition.
20. Françoise Rigaud, « La politique des sanctions contre l'Irak », in *Politique étrangère*, janvier 2000.

salaire d'un professeur d'université. Savez-vous quelle était leur fonction : ils devaient porter des fax du bureau de mon adjoint au mien, c'est-à-dire parcourir vingt mètres sur deux étages ! »

Le PNUD (programme des Nations unies pour le développement), auquel a été confiée la rénovation de l'électricité des trois provinces kurdes du Nord, dispose d'un budget annuel de 1 milliard de dollars, soit plus que pour ses interventions dans le reste de la planète (600 millions seulement). Pareille disproportion vaut pour l'Unesco, l'Unicef (500 millions de dollars de budget régulier en Irak), la FAO, le programme Habitat, et la demi-douzaine d'autres agences de l'ONU qui ont fleuri entre le Tigre et l'Euphrate depuis 1991.

Assises sur leur magot, les agences de l'ONU doivent répondre à une logique administrative de création de projets leur permettant de justifier de telles allocations de fonds. Ainsi l'Unesco s'apprête-t-elle à ouvrir une université ultramoderne, alors que la priorité devrait être à la réhabilitation des écoles primaires [21].

Dans le supermarché humanitaire que sont devenues les provinces kurdes du Nord, chaque employé des Nations unies a droit à deux semaines de vacances tous les deux mois, et, outre son salaire confortable, à 100 dollars chaque jour de compensation du coût de la vie, en l'occurrence bon marché. De quoi aiguiser les vocations. « Ces pseudo-mercenaires faisant mine de travailler à des bureaux aussi vides que celui d'un agent du Baas en province mettent deux heures pour faire une photocopie », fulmine un diplomate. Et à leur retour en Europe, ils peuvent recevoir jusqu'à 15 000 dollars de frais de déménagement.

Leurs émoluments outranciers suscitent une tension

21. Voir chapitre V.

croissante entre l'ONU et les humanitaires. La Croix-Rouge forme des employés locaux qui rejoignent ensuite les agences des Nations unies, lesquelles tentent de les attirer en montant des programmes conjoints avec ces partenaires dépouillés de leurs cadres. De leur côté, les autorités irakiennes essaient de récupérer des miettes, en obligeant les personnels onusiens à habiter à l'hôtel plutôt que dans des appartements privés.

Compte tenu de ce climat délétère, les responsables de l'ONU s'avouent surpris du peu d'incidents entre leurs membres et les Irakiens. Durant l'été 2000, un diplomate de la FAO a été assassiné par un prétendu déséquilibré. C'est a priori le seul meurtre connu, mais il révèle la rancœur accumulée. La victime, un diplomate soudanais, en fait est tombée sous les balles de deux policiers en faction devant la FAO, qui avaient pénétré dans le bâtiment. Le meurtrier, aujourd'hui en liberté, avait été présenté ensuite en héros à une conférence de presse, et l'Irak n'avait envoyé qu'un modeste subalterne aux funérailles du diplomate [22].

Face à une population épuisée, la gabegie onusienne frise l'indécence. Les Nations unies ont mis sur pied un programme de déminage des régions kurdes, certainement le plus cher au monde. Pour nourrir 28 chiens renifleurs amenés sur place entre juillet 1999 et juin 2000, quelque 11 tonnes de viande ont été transportées au Kurdistan.

Chaque triplette canine a eu droit à son dresseur, son pick-up et deux guides. Pour que les quadrupèdes n'aient à souffrir d'aucune frustration, on a fait venir des « biches » afin d'assouvir leurs besoins sexuels. La facture de l'opération s'est élevée à 33 000 dollars sur

---

22. Entretien avec un diplomate des Nations unies, Bagdad, 9 août 2000.

onze mois. Chaque chien a donc coûté l'équivalent de 1 248 dollars sur une année, c'est-à-dire dix fois plus que ce que reçoit un Irakien en nourriture et en assistance médicale grâce à l'aide humanitaire onusienne.

Lorsque Riyad al-Qaïssi, le vice-ministre des Affaires étrangères, a raconté cette anecdote devant les ambassadeurs des 190 pays membres des Nations unies le 28 juin 2001, un sentiment de malaise s'est emparé de l'assistance. Dans un discours fleuve de plus de deux heures, sans la moindre marque d'allégeance à Saddam, il a renvoyé l'ONU à sa mauvaise conscience. En coulisse, nombre de diplomates, dont le représentant de la France, l'ont trouvé remarquable.

Si l'extraordinaire complexité administrative et opérationnelle du programme humanitaire donne l'illusion que l'ONU applique son mandat d'assistance au peuple irakien, les dérives sont de plus en plus flagrantes.

Est-il normal que les 56 milliards de dollars de ventes pétrolières irakiennes depuis 1996 n'aient été soumis à aucun contrôle par des experts indépendants ? L'ONU effectue un audit financier sur l'utilisation de l'argent attribué, mais ne s'interroge pas sur la nature des besoins. « On a tant de millions à dépenser, on regarde s'ils ont été dépensés, conformément aux procédures comptables et administratives, c'est tout. Personne ne se demande si la dépense était justifiée. » L'ONU gaspille dans la plus stricte légalité.

Ses piètres performances en Irak sont pourtant connues : un rapport interne, établi en février 2000 par le Bureau de surveillance des opérations, en fait état. Le secrétaire général Kofi Annan lui-même a évoqué la lourdeur des procédures. La machine bureaucratique et les pressions ont eu raison de son appel à davantage de transparence et d'efficacité.

Kofi Annan a également dénoncé le « blocage »

effectué par les États-Unis au comité des sanctions de l'ONU. Plutôt que « Pétrole contre nourriture », il serait plus approprié de parler de « Pétrole contre tutelle ». Pour les États-Unis, hostiles à un vrai dialogue avec l'Irak tant que Saddam resterait au pouvoir, l'outil humanitaire a été un moyen d'exercer une tutelle économique sur l'Irak.

Il a été verrouillé à cette fin. Le programme onusien n'est pas géré par le département pour les Affaires humanitaires, mais par ses instances politiques, à savoir le Conseil de sécurité et les organes annexes créés à cet effet [23]. Sur place, en Irak, le Bureau du coordinateur pour les affaires humanitaires (UNOCCI) centralise les activités des agences de l'ONU. Après la démission de deux de ses directeurs, pour affaiblir ce contre-pouvoir, a été créé à New York en septembre 1997 le Bureau du programme pour l'Irak (OIP), une instance plus politique reliée au Conseil de sécurité, destinée à freiner les demandes de l'UNOCCI.

La multiplication des intervenants facilite la censure. Un rapport écrit par le coordinateur du programme humanitaire, Benon Sevan [24], et signé par l'ensemble des responsables des agences onusiennes sur place, mettant l'accent sur la détresse des populations, fut adressé au secrétariat général et au Conseil

---

23. Dont l'omnipotent Comité des sanctions, qui retarde souvent l'octroi de contrats à l'Irak, invoquant le risque de « double usage » des produits exportés vers Bagdad, même lorsque les inspecteurs en désarmement n'opposent pas leur veto à ces flux de marchandises.

24. M. Sevan est aussi responsable des questions sensibles de sécurité à l'ONU, une double casquette pour le moins étrange. Autre anomalie : parmi les trois conseillers politiques de Richard Butler, l'un d'eux était le gendre de son prédécesseur Rolf Ekeus.

de sécurité, mais il n'est jamais parvenu à son destinataire.

Nulle part ailleurs, les abus n'ont été plus ressentis qu'à la Commission des indemnisations, qui siège à Genève. Depuis son établissement, en mai 1991, elle a constitué un des rouages clés de la stratégie d'étouffement de l'Irak. Elle décide du montant des dédommagements à verser à chaque plaignant, sur la base d'un rapport établi par trois commissaires, des experts choisis par le secrétariat exécutif, un organe en principe administratif, mais passé dès sa création sous le contrôle des États-Unis.

La Commission a longtemps prélevé près d'un tiers des recettes des exportations pétrolières irakiennes. Les diplomates français et russes qui y siègent ont exprimé des réserves à de nombreuses reprises sur cette répartition. En 1999, Paris a demandé que le taux soit ramené de 30 % à 25 %, les 5 % pouvant être redistribués au profit de la population. Le Conseil de sécurité, sous les pressions anglaises, mais aussi saoudiennes et surtout koweïtiennes, a dans un premier temps refusé, avant de céder aux demandes franco-russes.

Depuis le traité de Versailles qui a mis fin à la Première Guerre mondiale, la procédure est unique en son genre. L'Irak paiera ! L'humiliation et la punition qui devaient être infligées au vaincu de la guerre du Golfe y sont érigées en règle d'or. Chaque réunion du conseil d'administration de la Commission est facturée au prix fort de 100 000 dollars à l'Irak. Le silence règne sur les délibérations de cette commission, dont personne n'entend jamais parler.

« L'Irak n'est pas reconnu comme une partie dans un procès. On se passe de l'accord du principal intéressé. L'Irak et l'Irak seul doit payer pour chaque centime de la procédure, pour les émoluments des commissaires et de leurs experts, alors que Bagdad n'a pas accès à leurs travaux », remarque Michael E. Schneider, avocat du cabinet Lalive and Partners, ancien professeur de droit international public [25].

Bien des plaignants voudraient avoir une compagnie d'assurances aussi généreuse : à 575 reprises, les compensations accordées ont représenté plus du double de ce qui avait été demandé [26]. Les alliés des États-Unis, qui avaient été la cible de tirs de missiles Scud irakiens, ont été les principaux bénéficiaires de la manne. En Israël, des fleuristes, des hôtels et même des gérants de cinéma ont reçu des millions de dollars en compensation d'une baisse de leur activité.

L'ONU a enfanté un monstre administratif et financier dans lequel ses membres se reconnaissent de moins en moins. Nombreuses sont les fuites des diplomates écœurés par la politisation du régime des compensations.

Les Irakiens n'ont pas accès aux copies des contrats de leurs approvisionnements rédigés dans le cadre de la résolution « Pétrole contre nourriture ». Ils ne peuvent récupérer les ordinateurs et les véhicules des Nations unies après les trois années de fonctionnement réglementaires, même s'ils ont été achetés avec de l'argent irakien et seront détruits après. Les agences de l'ONU ne peuvent s'approvisionner auprès du marché local. Tout doit être importé à prix d'or. Quant au personnel, on fait venir des plombiers des Philippines rémunérés 11 000 dollars par mois, et une secrétaire

---

25. Alain Gresh, « Indemnisations sous influence », in *Le Monde diplomatique*, octobre 2000.

26. Le comité des prisonniers koweïtiens de la guerre du Golfe a réclamé 58,5 millions de dollars et obtenu 153,5 millions de compensation.

de Paris pour un remplacement d'un mois pendant les congés d'été.

Malgré ces interdits, les services de renseignement irakiens ont une connaissance précise du fonctionnement de l'ONU. Les ordinateurs sont « surveillés » et les agents locaux sont débriefés par la *moukhabarat*, la police secrète. C'est en entrant dans le système informatique du directeur d'une agence que Bagdad sait que les Nations unies ont envoyé en séminaire de formation à Genève 30 personnes lors d'un week-end de Pâques. Tous frais payés par l'Irak, qui finance à l'occasion des espions.

L'un des anciens traducteurs des inspecteurs de l'Unscom raconte ses séances de débriefing par la CIA à Bahrain : « On nous demandait d'être provocateurs et de chercher la crise. Il fallait tout faire pour humilier les Irakiens [27]. »

Les histoires sur le compte de leur ex-chef Richard Butler sont aussi nombreuses que savoureuses. Il était logé au Bagdad Tower, propriété d'Aboul Abbas, chef du Front de libération de la Palestine, responsable de l'attentat terroriste contre le paquebot l'*Achille Lauro* en 1985. Le Palestinien lui envoyait des danseuses du ventre pour animer les longues soirées d'hiver du patron de l'Unscom.

À la fin des années 90, lui et ses hommes étaient littéralement détestés par les humanitaires de l'UNOCCI. À la tombée de la nuit, certains des inspecteurs quittaient leur hôtel et se rendaient en catimini informer leur ambassadeur du déroulement des opérations.

À l'époque, les humanitaires et leur chef, l'Alle-

---

27. Rapporté à l'un des auteurs par Hans Von Sponek, ancien coordinateur du programme humanitaire en Irak, Genève, 10 septembre 2002.

mand Hans Von Sponek[28], rencontraient peu d'animosité de la part des autorités irakiennes. « J'avais dans mon équipe cinq anciens ambassadeurs et un ancien ministre des Affaires étrangères (de Gambie) pour un travail qui nécessite des connaissances du niveau du BEPC, observe M. Von Sponek. Quand on vient d'Éthiopie ou du Bangladesh et que l'on reste trois ans en Irak, on peut prendre sa retraite une fois la mission terminée. »

« J'ai entendu dire auprès de collègues, ici, à l'ONU, conclut Riyad al-Qaïssi, qu'une mission en Irak est parmi les plus recherchées. Pourquoi ? L'Irak est-elle devenue la Côte d'Azur ? Ou les superbes plages de la Jamaïque ? Non, gentlemen, c'est l'argent. Pourquoi nous soumet-on des demandes de visas pour des charpentiers ou des mécaniciens ? N'en avons-nous pas sur place ? Merci, monsieur le président, pour votre patience, pardonnez-moi d'avoir été un peu long. Je suis prêt à répondre à toutes vos questions, s'il y en a, et je peux même vous livrer d'autres détails et révéler des noms, quel que puisse en être l'impact. » Un ange passe alors sur l'auguste assemblée de New York.

---

28. Il est le seul représentant des Nations unies en Irak à avoir été reçu par Saddam Hussein, quand il a démissionné en 2000. Saddam, après lui avoir expliqué que le « Grand Irak » l'emporterait sur l'Amérique, lui a dit : « Désormais, même si vous arrivez à une heure du matin à un poste frontière, vous n'avez plus besoin de visa pour entrer dans le pays. » Entretien avec l'un des auteurs, Genève, 10 septembre 2002.

Les circuits occultes de la contrebande

Entouré du chef du *diwan*, sous le regard de son majordome britannique aux gants blancs, le roi Abdallah II de Jordanie ne cache pas son inquiétude. « Je suis convaincu que l'Irak dispose d'un programme de réarmement, je ne sais pas si c'est du nucléaire, mais assurément, il y a du chimique et du bactériologique », déclare-t-il à une poignée de journalistes invités au palais en septembre 2002.

Le souverain hachémite, même volontiers catastrophiste, est bien placé pour jauger son voisin. Entre 1990 et 2000, la Jordanie a été la seule porte de sortie de l'Irak. Saddam utilise le royaume pour certains de ses approvisionnements clandestins les plus divers, et les services de renseignements d'Amman, qui travaillent main dans la main avec la CIA, lorgnent sur les trafics en tout genre transitant par la paisible capitale jordanienne.

Depuis le discours de George Bush le 29 janvier 2002, qui a mis l'Irak sur « l'axe du mal » aux côtés de la Corée du Nord et de l'Iran, ils se sont développés. Conscient d'être devenu la cible d'une offensive militaire américaine, Saddam redouble d'efforts pour engranger des fonds nécessaires à sa survie.

Cette contrebande multiforme ne vise pas nécessairement des armes de destruction massive. Elle est illégale, puisque pratiquée hors du cadre des Nations unies et de la résolution 986 qui fixe la nature et le montant des importations autorisées à Bagdad. Mais elle peut concerner des matériels et des composants entrant dans la fabrication d'armes autorisées, comme les missiles d'une portée inférieure à cent cinquante kilomètres.

« Le problème avec les Irakiens, c'est qu'ils sont

capables de transformer une 2 CV en véhicule blindé. Leur malice est sans limites. Depuis vingt ans, ils sont en guerre, ils ont acquis un certain savoir-faire », explique un expert économique longtemps basé sur les bords du Tigre. L'ingéniosité irakienne, doublée de la conviction que Saddam livrera sans doute sa dernière bataille, alimente donc les craintes, voire les fantasmes.

L'Irak, jadis puissance militaire de premier plan dans la région, recherche des pièces détachées et de rechange pour son armée et les milices autour de Saddam. Ses principaux besoins concernent la défense antiaérienne, les armes antichars, les pièces de rechange d'hélicoptères (notamment les Gazelles françaises)[29].

Selon la sensibilité du produit et le volume financier du contrat, la négociation s'effectue par l'intermédiaire d'Abdel Melah Howeich, le ministre de l'Industrialisation militaire[30], Qoussaï, le fils du président, ou Saddam Hussein lui-même.

Dans le domaine des composants, leurs efforts se concentrent vers l'acquisition de produits pour la fabrication de carburant solide indispensable à la propulsion des missiles, ainsi que des systèmes de guidage des vecteurs.

Qu'ont-ils réussi à obtenir ? Grâce à la complicité de fournisseurs de Serbie et de Corée du Nord, Bagdad est parvenu à se procurer des composants de missiles. Des membres de la commission du déménagement des

---

29. Entretien avec un expert militaire européen, Amman, 28 septembre 2002.
30. Après la guerre du Golfe, Saddam lui a confié une mission de coordination de la reconstruction. Il a effectué ensuite des missions secrètes en Russie, en Biélorussie et en Turquie, notamment. Son frère est gouverneur de la Banque centrale.

installations sensibles avaient ainsi l'habitude pendant les années 90 de se rendre à Belgrade.

Par le biais d'un intermédiaire jordanien, l'Irak s'est procuré auprès de l'Ukraine plusieurs systèmes radar de défense aérienne de type Kolchuga qui peuvent accrocher des cibles terrestres ou aériennes dans un rayon de six cents kilomètres.

Saddam s'est débrouillé également pour reconstituer des centres de commandement de défense aérienne en important des câbles en fibre optique fabriqués par la compagnie chinoise ZTE. Ce n'est pas un hasard si, quelques jours après son entrée en fonction, en février 2001, George Bush a envoyé ses avions bombarder des objectifs militaires autour de Bagdad, un incident qui a coûté la vie à un employé chinois assurant la maintenance des équipements [31]. Une société coréenne aurait également livré des fibres optiques pour la rénovation des systèmes de radars. En Jordanie, l'industrie pharmaceutique est sollicitée pour le développement escompté d'armes chimiques ou biologiques. « Je vois passer beaucoup de choses », note un membre d'un service de renseignement occidental. À Amman, des sociétés-écrans locales ou irakiennes sont chargées de dénicher les produits réclamés par Bagdad [32]. D'autres sociétés-écrans implantées dans les Émirats arabes unis, en Syrie et en Turquie font des emplettes pour le compte de l'Irak.

Jusqu'au départ des inspecteurs de l'ONU en décembre 1998, ces sociétés qui recevaient des officiels irakiens étaient surveillées de très près par les services de renseignements occidentaux et les inspecteurs espions de l'Unscom qui n'étaient pas parvenus

---

31. Entretien avec un homme d'affaires français, Bagdad, 21 octobre 2002.
32. Voir chapitre VIII.

à déceler des acquisitions d'armes prohibées. Ensuite, les agences ne disposant plus que des opposants et de leurs contacts sur place comme ressource humaine pour fournir l'information, la surveillance a été rendue plus délicate.

À l'automne 2002, les satellites américains ont repéré une activité aérienne irakienne, autorisée mais anormalement élevée : des pièces détachées parvenues de Syrie auraient permis la remise en état de certains avions. Bagdad dispose encore d'appareils d'entraînement de type Albatros de fabrication tchèque (L29), qui pourraient être transformés en drones [33].

L'Irak aurait développé un nouveau système mobile de lancement SAM, utilisant des missiles jumeaux S-125 Neva installés sur un camion, des missiles conçus dans les années 80 par les Soviétiques sur des lanceurs fixes [34].

Bagdad a investi dans l'amélioration de la performance de ses équipements, notamment les missiles, mais, compte tenu de la vétusté du matériel, l'entreprise est difficile, et la surveillance satellitaire de l'Irak permet la détection d'éventuels tests de tirs.

Pour dissimuler des cibles militaires ou les déplacer, les experts irakiens ont vraisemblablement bénéficié de conseils d'anciens agents russes. Des services de renseignements occidentaux soupçonnent également Bagdad d'avoir sorti d'Irak des armes biologiques ou chimiques, grâce aux liens tissés avec les pays qui ont livré ces dernières années du matériel interdit.

---

33. La CIA accuse l'Irak de les avoir équipés en charges chimiques ou bactériologiques. Scott Ritter, l'ancien inspecteur en désarmement de l'ONU, nie une telle accusation et estime que cette zone d'ombre pourra être facilement éclaircie par les experts, qui sont revenus en Irak fin novembre 2002.
34. *Jane's Intelligence Review*, juillet 2002.

À trop longtemps fermer l'œil sur la contrebande irakienne, la communauté internationale se retrouve aujourd'hui prise à son propre piège. Pendant les quatre années d'absence des inspecteurs en désarmement, Saddam est resté sagement « dans sa boîte », occupé à mettre en place ses réseaux, et profiter de l'hypocrisie du système des sanctions pour consolider son pouvoir.

Dès juillet 1998, les autorités irakiennes ont annoncé le principe d'une « stratégie économique alternative » de contournement de l'embargo. L'année suivante, les débats à l'ONU sur les modalités d'une surveillance financière de leur pays et l'adoption de la résolution 1284 [35] les ont convaincus que l'embargo ne serait pas levé de sitôt.

L'atténuation des sanctions à partir de 1997, par la résolution 986 dite « Pétrole contre nourriture », n'a pas enrayé en effet la lente descente aux enfers. On ne meurt plus de faim. Les médicaments ne manquent plus. Mais en buvant une eau insalubre, les enfants finissent par mourir, et la réhabilitation des infrastructures continue de pâtir des contrats bloqués au comité des sanctions de l'ONU à New York [36].

L'Irak a beau avoir exporté grâce au dispositif onusien quelque 56 milliards de dollars de pétrole, il n'a reçu que 53 % de ce montant. « Lorsque vous payez vos factures deux fois leur prix, et qu'en plus, vous recevez votre marchandise six mois après, vous avez envie de vous les procurer par d'autres biais », estime un industriel français, qui a longtemps travaillé à Bagdad.

Personne pourtant n'ignorait que la contrebande est inscrite dans le marbre des résolutions onusiennes rela-

---

35. Elle conditionnait la suspension progressive des sanctions à une coopération de l'Irak en matière de désarmement.
36. Voir chapitre V.

tives à l'embargo. D'autres exemples dans l'histoire récente l'avaient montré. Contrôler comment Saddam dispose de ses ressources ne pouvait que l'encourager à la contrebande. Faute de consensus sur le devenir de l'Irak, personne n'a eu le courage de remettre en cause le système. Les petites affaires de Saddam satisfont en effet beaucoup de monde.

S'il décide de tout, Saddam n'est sans doute pas l'inspirateur de cette politique sophistiquée et bien rodée qui lui a permis de se constituer une cagnotte confortable. Le raïs n'est pas un spécialiste d'économie. Ses directives en la matière sont rares et leur portée plutôt générale (stabiliser la monnaie ou accroître les recettes, par exemple).

La promotion, en juillet 1999, du ministre des Finances Hikmat Ibrahim al-Azzaoui au poste de vice-Premier ministre alors qu'il n'occupe aucune fonction dirigeante au sein du parti Baas illustrait ce souci de passer à une nouvelle étape du redressement économique. En fait, on peut même parler d'un coup d'accélérateur dans l'application des lois du marché, loin du dogme de l'État-providence, devenu impraticable en raison de l'embargo [37].

Dès lors, des restaurants chics fleurissent à Bagdad, notamment dans la rue Arasat, où les magasins proposent des écrans télévision ultramodernes et des lecteurs vidéo-disques moins chers qu'à Paris, illégalement importés le plus souvent de Dubaï. Des produits que seuls « les commerçants de la guerre », comme on les appelle dans leur quartier d'Al Khadra à Bagdad, peuvent s'offrir.

Le 6 janvier 2000, dans son discours annuel commémorant la création de l'armée, Saddam a lui-même « le

---

37. Voir chapitre V.

plaisir » d'annoncer à ses concitoyens que l'embargo avait déjà commencé à s'effriter grâce « au combat et à la résistance du peuple irakien ».

Les exportations illégales de pétrole constituent le pilier de la contrebande. Elles n'ont cessé de croître, malgré les pressions et la surveillance internationale qui ont obligé les fraudeurs à modifier leurs filières. De 120 000 barils jour en 2000, elles se montent à 350 000 à l'automne 2002.

Le pétrole de contrebande s'est d'abord écoulé en masse à partir du port de Bassorah. Les barges naviguent en eaux territoriales iraniennes – l'ex-ennemi perse fournissant les autorisations moyennant prélèvement d'une taxe – avant de filer vers les Émirats arabes unis. Dans le golfe Persique, la zone franche de Jebel Ali est un des hauts lieux du *blending*, une technique qui consiste à mélanger les produits raffinés irakiens avec des produits locaux pour brouiller les pistes. Le détroit d'Ormuz franchi, des navires malais ou vietnamiens prennent le relais du chargement, sauf pour ceux qui sont appréhendés par les hommes des Nations unies chargés de lutter contre ce trafic. Oudaï, le fils de Saddam, était impliqué dans cette contrebande, de même que les fils d'Hashémi Rafsandjani, l'ancien président iranien, et d'un émir du Golfe.

Depuis les attentats du 11 septembre, les Iraniens, contraints de coopérer avec les États-Unis dans la lutte antiterroriste, ont dû freiner leur participation au trafic. La sophistication des moyens de lutte utilisés est à l'origine également d'une réduction importante de la contrebande de pétrole via les eaux du Golfe.

Avec la Turquie, la contrebande d'or noir s'est aussi ralentie. Elle s'effectuait par le poste frontalier d'Ibrahim Khalil, point de passage avec les régions kurdes d'Irak. Chaque jour, des centaines de camions-citernes faisaient la queue devant le portrait martial de Moustapha Barzani, le père de l'actuel patron du Parti démocratique du Kurdistan (PDK), l'une des deux factions kurdes rivales, qui contrôle les flux du brut. Un véritable trésor de guerre : le PDK empochait chaque jour jusqu'à plusieurs centaines de milliers de dollars.

En amont, Bagdad, de son côté, avait prélevé une première taxe au départ de la raffinerie, puis une seconde, au dernier check-point, avant d'entrer au Kurdistan, région qui échappe au contrôle de Saddam depuis 1991. En échange du pétrole exporté aux Turcs, Bagdad se procurait toutes sortes de biens de consommation et produits de luxe.

À Ibrahim Khalil, une équipe d'inspecteurs logisticiens de l'ONU est chargée de vérifier les camions entrant en territoire irakien. Mais uniquement ceux qui acheminent des marchandises importées dans le cadre de la résolution 986, c'est-à-dire légalement, et non pas ceux qui transportent des produits de la contrebande.

« On ne veut pas les voir », répond, laconique, un fonctionnaire de la société suisse Cotechna. « On surveille ce qui est légal et on laisse passer la contrebande », s'étonne un industriel français. Surréaliste hypocrisie !

Bien sûr, les Nations unies n'ignorent pas ces trafics, mais elles ne disent mot. L'ancien ambassadeur de France auprès de l'organisation internationale Alain Dejammet résume cet étrange silence d'une formule : « Il y a les bons camions et les mauvais bateaux. » Sous-entendu : les camions illégaux du Nord présentent l'avantage de faire vivre l'administration autonome kurde, soutenue par la communauté internationale, tandis que les bateaux, au sud, engraissent les proches du pouvoir à Bagdad, qui taxent sévèrement les BMW, les chaînes hi-fi et autres produits importés illégalement.

Des pressions exercées par les États-Unis sur Ankara, conjuguées à d'importantes pertes fiscales et à la dégradation des relations entre la Turquie et le PDK pendant l'été 2002, ont conduit à un tarissement du flot de pétrole écoulé depuis le Nord.

La filière de substitution est désormais l'oléoduc irako-syrien, rouvert en 2000, symbole du réchauffement des relations après vingt ans de brouille entre les deux frères ennemis baassistes [38]. C'est Saddam qui a financé sa reconstruction : ainsi, même pour le clan Assad, le brut irakien devient incontournable. Les Syriens achètent le pétrole 14 dollars le baril, un pétrole léger nécessitant peu de transformation, et ils revendent le leur au cours du marché, pratiquement le double.

Près de 200 000 barils par jour sont ainsi acheminés chez le voisin syrien, qui exporte en Irak des produits qu'il aurait du mal à écouler ailleurs (textiles et produits de consommation courante) [39].

À Damas, les proches du pouvoir, le clan Makhlouf notamment, le beau-frère de feu Hafez al-Assad, en profitent pour gonfler leur sphère d'activités juteuses, avec quelques hommes d'affaires syriens connus sur la place [40]. L'argent du pétrole alimente également le

---

38. La Syrie a soutenu l'Iran contre Bagdad dans la première guerre du Golfe.

39. La Syrie et la France se sont discrètement entendues pour renvoyer dans ces régions frontalières entre l'Irak et la Syrie une partie des 912 réfugiés Kurdes qui avaient échoué dans le sud de la France en février 2000.

40. La liaison aérienne Damas-Bagdad, très fréquentée, est également une excellente affaire pour la compagnie Falcon Gulf Air qui exploite deux appareils, des Boeing cédés par une société du Qatar appartenant à l'émir lui-même.

budget du ministère de la Défense et de l'appareil sécuritaire, dont les comptes n'apparaissent pas dans le budget de l'État. Mais là encore, les effets du 11 septembre se font sentir : les Syriens sont soumis aux pressions américaines pour une réduction des flux de contrebande, voire une fermeture pure et simple de l'oléoduc.

Le second pilier de cette stratégie alternative réside dans les livraisons réalisées hors résolution 986 à partir de marchés parallèles, via la Jordanie, la Turquie, la Syrie et Dubaï. Ces importations concernent des biens qui seraient, sinon, bloqués par le comité des sanctions de l'ONU, mais aussi des armes ou des composants, sans qu'ils soient forcément de destruction massive.

Pour contourner les interdits, des circuits complexes ont été mis en place. « Le gouvernement irakien paye un agent X qui se charge de trouver en Jordanie ou en Turquie un soi-disant utilisateur final des marchandises achetées à une société étrangère qui accepte de jouer le jeu, explique un expert en poste à Bagdad. Quand la marchandise arrive à la zone franche de Zarka, en Jordanie, on falsifie la feuille de chargement. Cela coûte environ 1 000 dollars. Ensuite, le camion passe en Irak au nez et à la barbe des inspecteurs de l'ONU. Le système est bien rodé. »

Bon an, mal an, Saddam récupère ainsi 2 à 3 milliards de dollars. Ces ressources, illégales, de même que celles tirées de la fiscalité, du produit des entreprises d'État ou des commissions sur contrats, remontent à la présidence.

Saddam en personne est le régulateur des flux financiers[41]. Il redistribue ensuite vers les administrations,

---

41. L'agent irakien d'un industriel français, qui avait reçu de ce dernier une voiture en remerciement d'un contrat, a fait remonter directement à Saddam la Peugeot 406 qui lui avait été offerte.

le Parti, les affidés. Cette cagnotte a permis au régime d'engager ces dernières années certains travaux ou d'ouvrir de nouveaux chantiers (connexion informatique, creusement de canaux d'irrigation), mais l'effet de levier est faible sur une économie de survie.

Fin 2000, la raréfaction des filières iraniennes et turques a provoqué au contraire un tarissement des recettes issues de la contrebande de pétrole. Jamais à court d'imagination, le pouvoir a instauré de nouveaux outils de substitution. Le plus rentable est le *kick-back*, une surprime de 10 à 50 *cents* sur chaque baril de pétrole vendu, que les importateurs versent sur des comptes en Suisse ou au Luxembourg.

Après avoir accepté de payer ce dessous-de-table, les compagnies pétrolières ont peu à peu déserté le marché, sur lequel ne sont intervenus que des *traders* russes à la réputation douteuse. Dans le domaine pétrolier, Bagdad dispose de nombreuses sociétés-écrans à l'étranger, des hommes d'affaires également chargés d'écouler le pétrole, dont les deux tiers finissent d'ailleurs aux États-Unis, ce qui n'empêche pas Washington de continuer d'accuser de mercantilisme les pays comme la France et la Russie qui commercent avec l'Irak. Certaines sociétés de paille sont mêmes créées le temps d'acheminer un tanker de brut, avant de disparaître dans la nature.

L'instauration de cette surprime a entraîné un effondrement des ventes de pétrole irakien. Après avoir fermé les yeux, les Nations unies ont riposté en mettant en place un système de fixation rétroactif des prix du brut, qui pénalise lourdement Bagdad, mais aussi les sociétés de courtage qui achètent une cargaison sans en connaître le prix. Finalement, Saddam a supprimé cette surprime en septembre 2002, mais les Nations unies ne lui ont pas renvoyé l'ascenseur : le prix de son pétrole est toujours fixé quinze jours après. Saddam a perdu.

Pour alimenter sa cagnotte, il a également instauré une taxe de 10 % que l'exportateur étranger paie à la signature du contrat dans le cadre légal de la résolution 986. Au jeu du chat et de la souris, Bagdad excelle : cette taxe est un moyen détourné de récupérer l'argent irakien mis sous séquestre à la BNP à New York.

L'imagination irakienne est servie par une pléthore d'hommes d'affaires ou d'anciens responsables politiques, attirés par les transactions hors résolution 986. À défaut d'être légal, le commerce avec Bagdad ne devient pas forcément illégitime, quand l'hypocrisie et le mensonge caractérisent la politique internationale à l'égard de l'Irak [42].

Bagdad se cache d'ailleurs à peine. Les diplomates voient passer des appels d'offre assortis de paiements cash, publiés régulièrement par les ministères demandeurs. Les véhicules Toyota de la police ont été achetés sur le marché parallèle, et le gouverneur de la Banque centrale avoue sans pudeur qu'il en a fait de même pour du matériel d'impression de billets.

Les contrats de certains biens d'équipement susceptibles d'être bloqués au Comité des sanctions comportent souvent une proposition de « livraison hors résolution 986 ». Ces propositions sont présentées très officiellement en commission mixte par l'Irak à la Russie, au Vietnam, à l'Inde, au Pakistan, à l'Indoné-

---

42. Les limiers de l'Unscom mirent la main sur une liste de 60 Français négociant illégalement avec l'Irak, mais pas dans dans le domaine des armes prohibées. Leurs noms furent transmis à Paris. Parmi les derniers en date à commercer avec le régime de Bagdad hors du cadre onusien : un ancien conseiller de François Mitterand et un ancien patron d'une grande entreprise publique...

sie, à la Fédération yougoslave, et sont assorties de demandes de transfert de technologie. Des équipements à fins militaires peuvent être inclus dans les protocoles commerciaux bilatéraux.

Les circuits d'approvisionnement peuvent reposer sur un troc à base de pétrole ou sur des opérations triangulaires, avec éventuellement promesse de paiement différé, voire de recyclage d'anciennes créances.

De plus en plus d'entreprises étrangères, y compris des PME françaises peu respectueuses des grands principes foulés aux pieds par l'ONU elle-même, ont succombé à la tentation de commercer au noir avec Bagdad. À l'image des médecins venant au chevet d'Oudaï, leurs dirigeants ne prennent pas l'avion à Amman ou Damas pour se rendre à Bagdad. Ils préfèrent la route, moyen de transport apparemment plus discret...

Les autorités irakiennes ont pris soin de verrouiller le système de la fraude. Elles ont longtemps contraint les agents locaux des sociétés étrangères à inscrire leur nom et le montant de leur commission dans les contrats passés avec Bagdad. Ainsi, la totalité de leurs revenus était connue de la présidence.

Le *diwan* désigne aussi les commissionnaires qui, à leurs risques financiers personnels, acceptent d'exporter en dehors du cadre onusien le pétrole ou ses dérivés commercialisés, via les Kurdes ou les acheteurs du Golfe. La composante bancaire du dispositif, au moins jusqu'à la fin de l'an 2000, était supervisée par Barzan al-Tikriti, le demi-frère de Saddam, longtemps installé à Genève.

Une partie des flux financiers liés à la contrebande transitent par la Jordanie, avant d'être redistribués vers l'étranger. « À la fin des années 90, raconte un banquier à Amman, j'ai reçu des Irakiens qui transportaient des valises remplies de billets. Il y a en avait parfois pour 2 ou 3 millions de dollars en liquide. Je leur ai ouvert des comptes sans problème et sans poser de questions sur l'origine des fonds. »

Ce verrouillage du système par les proches du pouvoir n'a pas empêché les abus. Les millions de dollars en jeu ont attiré les aigrefins. Le ministère de l'Éducation avait lancé des appels d'offre pour l'achat de camions de sapeurs-pompiers, et il avait aussi importé des ordinateurs piégés qui auraient été destinés aux services de renseignements. Le dauphin Qoussaï a trouvé dans ces pratiques délictueuses une occasion de peaufiner son image.

Des « redécoupages administratifs » parfois brutaux se sont multipliés. Dès le début de l'an 2000, une campagne anticorruption a été lancée, touchant de nombreux ministères. Premier visé parce que brassant les sommes les plus importantes, celui de la Santé : à l'été 2000, le directeur de la société d'importation des médicaments, Kimadia, et certains de ses collaborateurs ont été arrêtés. Il avait caché 27 millions de dollars sur un compte en Jordanie.

En mars 2001, le président de la Commission d'électricité, qui a rang de ministre, et une cinquantaine de ses collaborateurs ont été à leur tour appréhendés. On craignait alors que des groupes étrangers dont les agents locaux ont été mis en cause soient éclaboussés. Un homme d'affaires italien a été retrouvé avec deux balles dans la tête. Son entreprise et les autorités de Rome se sont montrées extrêmement discrètes [43]. De leur côté, deux industriels français qui avaient oublié

---

43. L'Italie paya un lourd tribut en Irak : dans une autre affaire, un membre de son service de contre-espionnage fut retrouvé mort au printemps 2002.

de verser une commission ont dû quitter précipitamment Bagdad en pleine nuit.

La lutte anticorruption s'est ensuite tournée vers le ministère de l'Agriculture et de l'Irrigation, puis au ministère du Pétrole. À l'automne 2002, le ministère des Affaires sociales était la cible de la purge. Le directeur des relations internationales a été écarté, le ministre, quant à lui, avait opportunément atteint l'âge de la retraite, et est parti. Une fois de plus, les ministres ont servi de fusibles. Oudaï, le fils aîné de Saddam et gros bonnet du trafic, n'a pas été touché. Dans l'Irak de Saddam, la contrebande est une affaire de famille.

V

Une société en recomposition

Une guerre de huit ans avec l'Iran et une décennie d'embargo. Le peuple irakien aura payé deux fois le prix de la folie de Saddam. En dépit de toutes les épreuves endurées, l'Irak n'a pourtant pas sombré dans l'anarchie et le chaos. Seul pays arabe du Moyen-Orient avec l'Égypte à pouvoir se prévaloir d'une tradition étatique millénaire, le pouvoir central de Bagdad a tenu le choc. Affaibli de toutes parts, l'État s'est adapté à ces circonstances exceptionnelles. Contrainte et forcée, la société aussi.

L'État-providence bâti par le régime baassiste dans les années 70 appartient à une époque bien révolue. Finis les services sociaux gratuits pour tous. Le contrat social passé entre le régime et la population est désormais rompu. Après les années de vaches grasses, les Irakiens ont appris depuis 1991 à se serrer la ceinture. Le système D s'est institutionnalisé.

La « tyrannie des besoins » induite par l'embargo rend la population otage du régime qui la nourrit par le biais du système des rations alimentaires. Elle subjugue les velléités d'opposition aussi efficacement que la brutalité saddamienne. Mais elle affaiblit aussi l'État : la fonction publique se corrompt, et les services publics assurent de moins en moins la cohésion nationale, favorisant un incivisme larvé.

Démembré en fiefs par le clan de Saddam, l'État se féodalise, comme à l'époque de l'empire ottoman. L'économie a été mise en coupe réglée par les proches du pouvoir. À l'autre bout de l'échelle sociale, l'immense majorité de la population lutte pour sa survie au quotidien. Plus question de faire des projets d'avenir : les Irakiens vivent comme hors du temps et du monde.

Durant cette dernière décennie, la société irakienne a connu de profondes mutations internes. Une classe de nouveaux riches a vu le jour, profitant des pénuries et de trafics aussi illicites que lucratifs. La classe moyenne a, elle, été complètement laminée.

Malgré ces bouleversements sociaux, l'État, appauvri mais toujours aussi répressif, reste une référence pour la population. Tout le monde s'insurge contre le système, mais un cousin ou un frère dans l'administration est toujours bien utile pour faire jouer un peu de *wasta*, le piston, et obtenir un passe-droit.

Loin d'être anéantie, la société irakienne s'est adaptée dans la douleur aux rigueurs de l'embargo, faisant preuve d'un instinct de survie pathétique. L'État, lui, s'est redéployé dans une logique de privatisation, mais en abandonnant des secteurs clés comme la santé et l'éducation. La reconstruction de l'Irak de l'après-Saddam s'annonce longue et coûteuse.

Un peuple digne dans les épreuves

Le « Rungis » de Bagdad offre une image surprenante de l'Irak sous embargo. Le marché de gros de Jamila donne la température de l'approvisionnement alimentaire de la capitale irakienne. Scène traditionnelle d'un marché oriental qui pourrait aussi bien se dérouler au Caire ou à Damas. Une noria frénétique d'autobus brinquebalants aménagés en camions déboule de tout le pays pour ravitailler Bagdad, forte de plus de 5 millions de bouches à nourrir.

Des tonnes de marchandises sont déchargées sur les étals et dans les entrepôts. À perte de vue, des sacs de riz importés de Thaïlande ou du Pakistan, des bidons d'huile, des carcasses de viande, des cageots de fruits et légumes s'entassent. Des monceaux de dattes, confites ou nature, rappellent que l'Irak reste toujours le premier producteur mondial de ce fruit du désert. L'embargo assoupli a perdu de sa vigueur sur le plan alimentaire : le pays est redevenu l'un des principaux marchés de la région.

Nourriture en abondance, mais porte-monnaie désespérément vide. C'est tout le dilemme des familles irakiennes, même si les produits de base restent subventionnés. On peut tout acheter à Bagdad, encore faut-il en avoir les moyens. L'embargo s'est traduit par une chute vertigineuse des salaires. Les retraites sont devenues dérisoires : elles atteignent péniblement 3 000 dinars (1,50 euro) par mois, comme pour un ancien employé de la municipalité de Bagdad. La moitié des familles ne gagnent pas assez d'argent pour satisfaire leurs besoins vitaux, selon les froides statistiques des Nations unies.

Depuis 1996, les rations alimentaires de l'ONU permettent à la population de ne pas mourir de faim. Les colis de ravitaillement ont une valeur nutritionnelle de 2 200 kilocalories/jour. Ils comprennent du riz, des lentilles, de la farine, de l'huile, du sucre, du sel, du thé, du lait en poudre et du lait hautement protéiné pour les nourrissons[1]. « Ces rations alimentaires sont

---

1. Près de 16 % des enfants souffrent de malnutrition générale et plus d'un sur cinq est victime de malnutrition ou de faim chronique.

une catastrophe sur le plan de l'équilibre alimentaire. Imaginez-vous nourrir vos enfants avec du riz et des lentilles matin, midi et soir ! » s'emporte un responsable humanitaire.

Dans ces rations, il manque la moitié des apports indispensables en protéines, vitamines et lipides. Pas de fruits, pas de légumes, pas de viande, pas de fromage : s'il remplit les estomacs, le régime diététique imposé par les bureaucrates onusiens pose de sérieux problèmes d'équilibre nutritionnel. La monotonie de la nourriture provoque des phénomènes d'obésité chez les enfants. Les mères de famille revendent d'ailleurs une partie de leur ration alimentaire pour acheter des œufs, des boîtes de sardines ou de tomates, un morceau de viande ou de fromage, de quoi équilibrer les menus.

Ce système de distribution de nourriture, bien rodé, est ressenti comme une humiliation par le peuple irakien, favorisant un nationalisme de ressentiment que le régime ne manque pas de manipuler en sa faveur. Pour la population, l'Occident est responsable de tous ses malheurs en maintenant l'Irak en quarantaine. La prolongation de l'embargo transforme ses habitants en assistés perpétuels. Pourtant, l'Irak est un pays riche en ressources naturelles (eau, pétrole, gaz) et en hommes (22 millions d'habitants). Les Arabes ne l'ont-ils pas surnommé avec envie le *bilad al-kheir* (« le pays du bien ») ?

En prévision d'une éventuelle campagne militaire américaine, les ménagères ont commencé à stocker ce qu'elles pouvaient. En 2002, pour l'anniversaire du 11 septembre, la rumeur s'est répandue dans Bagdad : les États-Unis vont frapper l'Irak pour commémorer l'événement ! Immédiatement, un phénomène de stockage de vivres s'est déclenché.

Avec la disparition de la médecine gratuite pour tous, des maladies que l'on croyait éradiquées sont réapparues. Le choléra est de retour (560 cas en 1999-2000 contre aucun avant 1991) et des maladies comme l'hépatite A et B, la tuberculose ou la typhoïde sont très fréquentes depuis une décennie. Les effets directs et indirects des sanctions de l'ONU sont largement responsables de cette situation, même si les autorités irakiennes ont aussi joué sur la misère du peuple irakien pour des raisons politiques.

La dégradation des conditions d'hygiène a un impact dramatique sur la santé publique. L'absence ou le mauvais traitement de l'eau potable, aggravés par un assainissement défaillant des eaux usées produisent des effets ravageurs, quand on sait que les trois quarts des infections et maladies sont d'origine hydrique. Les eaux jaunâtres du Tigre en disent long sur leur qualité. Le résultat est mécanique : il se traduit par une multiplication des diarrhées et des infections gastriques chez les enfants.

À al-Doha, un quartier déshérité de la capitale irakienne pris en tenaille entre une centrale électrique et une raffinerie de pétrole, l'environnement est infernal. La pollution y atteint des niveaux record. Ici, les cancers du sein ont doublé en dix ans[2]. Parfois, les fuites dans le réseau d'égout contaminent la distribution d'eau potable, et les coupures d'électricité provoquent des refoulements d'eaux usées dans les rues quand les pompes s'interrompent.

Le contrôle sanitaire sur les aliments est inexistant. Les autorités ne disposent pas de laboratoires dignes de ce nom. Ils nécessiteraient l'emploi de produits chi-

---

2. Le cancer du sein est le plus répandu en Irak, et constitue 14 % de tous les cancers. Il a doublé entre 1990 et 2000, passant de 326 ‰ à 633 ‰.

miques considérés à double usage par l'ONU et donc interdits. En Irak, la viande coûte cher. Pour proposer un substitut, le gouvernement a développé des fermes piscicoles. « Un virus a décimé tout un étang de poissons... qui ont été tout de même vendus sur les marchés ! » raconte, fataliste, un Bagdadi.

Ainsi va l'Irak sous embargo. Il présente désormais le visage d'un pays tiers-mondisé. Des pans entiers de la société paupérisés, une minorité insolemment riche. Une décennie de sanctions a provoqué un immense chambardement social. Après avoir vécu sur leurs réserves, les Irakiens ont dû vendre leurs biens pour survivre : maisons, appartements, voitures, bijoux, tableaux, livres. Un vide-grenier pathétique à l'échelle d'une nation. Aujourd'hui, on continue d'avoir une voiture, mais on vend en cachette le tapis du grand-père. Question de dignité.

L'arnaque et la ruse dominent. Les valeurs morales de la société irakienne ont disparu, même si la solidarité familiale reste solidement ancrée. Jadis respectés pour leur savoir et leurs compétences professionnelles, les ingénieurs, enseignants, avocats ou fonctionnaires ont perdu de leur prestige social. Ces « cols blancs » n'ont pas résisté à l'hyperinflation, qui a laminé leur pouvoir d'achat. Ils sont devenus chauffeurs de taxi, commerçants, ou se sont même reconvertis en traducteurs, comme cet ancien pilote de Mirage F1.

« Pendant des années, j'ai travaillé comme ingénieur dans le programme nucléaire irakien. Mais j'ai été licencié, et depuis, je n'ai pas retrouvé d'emploi suffisamment rémunérateur correspondant à mon niveau d'études », explique un ancien élève de l'École centrale de Paris du temps de l'âge d'or de la coopération franco-irakienne. En désespoir de cause, il a ouvert une épicerie.

Le paysan aisé, le commerçant trafiquant ou le médecin privé, eux, tiennent désormais le haut du pavé, un peu comme pendant la période de l'Occupation en France. Ils vivent grâce à leurs produits alimentaires, leurs équipements introuvables ou leurs compétences médicales. Les petits malins qui disposent d'une once de pouvoir ou de relations bien placées s'enrichissent sur la misère du plus grand nombre.

Avec cette société sens dessus dessous, certains n'hésitent pas à employer tous les moyens pour survivre. La criminalité a pris des proportions inquiétantes. L'Irak a longtemps été réputé pour la tranquillité de ses rues. Dans Bagdad, les voleurs n'hésitent plus à sévir dans les quartiers huppés de Jadriyeh ou d'al-Mansour. Les malfrats visent des butins de valeur : en cas d'arrestation par la police, la sanction sera sévère dans tous les cas. Autant voler quelque chose qui en vaille la peine ! Les jeunes ne sont pas épargnés. La délinquance des mineurs a été multipliée par deux entre 1991 et 1996, de 2 600 cas à 4 420, selon les chiffres du ministère de la Justice.

Pratiquement inconnue en Irak, la prostitution s'est elle aussi répandue. Un jour, une femme en pleurs monte dans un taxi. Elle raconte au chauffeur ses malheurs. Son mari lui a annoncé qu'il allait faire venir des hommes à la maison pour qu'elle se prostitue et rapporte de l'argent dans le foyer déshérité. Musulmane pieuse, elle s'est enfuie au commissariat pour porter plainte contre son mari. Poussées par la misère, les jeunes filles quittent la campagne et se retrouvent en ville. Des réseaux organisés dont les ficelles sont souvent tirées par Oudaï, le fils aîné du président, exploitent sans vergogne ce dénuement social.

De façon contradictoire, l'embargo a simultanément renforcé et affaibli la cellule familiale. Le père, symbole d'autorité dans le foyer, a vu son rôle contesté.

Au chômage, il n'arrive plus à faire vivre sa famille ; son statut est dévalorisé. Les repères hiérarchiques sont brouillés. Les enfants sont livrés à eux-mêmes. Beaucoup ont déserté les bancs de l'école pour aller travailler comme vendeurs de rues, arpètes dans les ateliers de mécanique ou petites mains pour les moissons. Depuis dix ans, la déscolarisation est massive. Un tiers des enfants de six ans ne va plus à l'école, selon les Nations unies. Une bonne partie de la prochaine génération d'Irakiens ne saura ni lire ni écrire.

Signe de la dureté des temps : le nombre de personnes âgées admises dans les hospices a augmenté. Traditionnellement, les sociétés arabes accordent un grand respect aux aînés, qui finissent leurs jours au sein de la maisonnée. Certaines familles ne peuvent plus prendre en charge les grands-parents et les garder à la maison, faute de ressources suffisantes.

Dans le même temps, le cercle familial s'est paradoxalement solidifié, encouragé par la propagande du régime qui prône le retour aux valeurs traditionnelles et religieuses : la famille reste le dernier repère pour les Irakiens face à la démission de l'État. En son sein, la solidarité joue encore le rôle d'une bouée de sauvetage sociale. Un immigré installé à l'étranger peut faire vivre toute une famille.

Cette relative stabilité de la cellule familiale a finalement permis à la société irakienne de ne pas se disloquer. Malgré les épreuves endurées depuis deux décennies, elle a su rester digne. Étonnamment, il y a moins de mendiants dans les rues de Bagdad qu'à Paris ou à Londres, même si la misère est bien réelle, surtout en province.

Avec les enfants, les femmes irakiennes ont été les premières victimes de l'embargo. Alors qu'elles avaient obtenu une indépendance indiscutable dans les années 70 et 80, elles sont aujourd'hui reléguées à la maison. Le voile islamique s'est généralisé et leur liberté de mouvement s'est réduite, à la fois par peur de l'insécurité et par pression religieuse. À l'image des salaires, leurs droits se sont réduits comme peau de chagrin.

Le retour en arrière est spectaculaire. Il a commencé dans les écoles, où la mixité a disparu par une décision du gouvernement en septembre 2001. Des murs séparant filles et garçons ont été construits. Souvent, la mesure s'est révélée inapplicable : il aurait fallu couper en deux le bâtiment de l'école !

L'imagination du régime baassiste n'ayant pas de limite, il a été décidé de pratiquer une ségrégation sexuelle temporelle : les filles vont en classe le matin et les garçons l'après-midi, ou l'inverse ! La déscolarisation a été plus forte chez les fillettes, les familles préférant les garder à la maison pour des travaux ménagers.

Dans les entreprises et les administrations, les femmes ont été les premières à être licenciées, perdant du même coup leur autonomie financière. Des dispositions tribales dans le statut personnel ont été remises au goût du jour. Le rétablissement de la notion de crime d'honneur[3], l'assouplissement de l'interdiction de la polygamie et l'encouragement des mariages pré-

---

3. Si un père, un fils ou un oncle estime qu'un membre féminin de la famille porte atteinte à l'honneur du clan ou de la maisonnée, parce qu'il la soupçonne d'entretenir une relation en dehors du mariage ou si elle tombe enceinte sans être mariée, il peut la tuer. La justice lui infligera alors une peine symbolique de prison de quelques mois. Ce type de pratique est aussi en vigueur dans la Jordanie voisine.

coces symbolisent cette régression. Qu'en dirait le grand roi de Babylone, Hammourabi (1792-1750 av. J.-C.), l'auteur du premier code décrétant des droits égaux entre hommes et femmes ?

Les Irakiens semblent désormais installés dans la temporalité de l'embargo. Ils ont tendance à considérer la période du Baas et de Saddam Hussein comme une parenthèse dans l'histoire millénaire de la Mésopotamie. Exalter le passé peut sous-entendre une forme de critique indirecte contre le régime : le présent est amoindri et marginalisé. Plus personne ne fait de projets d'avenir, seule importe la survie dans un quotidien désespérant et humiliant. L'émigration reste la seule lucarne d'espoir vers une vie meilleure [4].

Près de 4 millions d'Irakiens vivent à l'étranger. L'émigration n'a jamais été importante en Irak, en comparaison avec celle des Égyptiens, Libanais ou Palestiniens. Les premiers migrants sont partis après la chute de la monarchie et pendant les années 70-80, période où la répression du régime baassiste contre les opposants s'est déchaînée. Depuis la seconde guerre du Golfe, l'émigration est essentiellement économique. Les Irakiens votent avec leurs pieds... Le fils aîné de Saddam, Oudaï, avait d'ailleurs traité les candidats au départ de « chiens galeux ».

Comment partir ? C'est devenu l'obsession des jeunes qui ne rêvent plus que d'Europe, d'Australie et d'Amérique. La jeunesse n'est pas rebelle, elle est lasse, fatiguée d'un régime qui ne lui propose aucun avenir. L'idéal baassiste ne fait plus recette, le régime ne peut retenir ces jeunes qui sont à la recherche d'évasion. Le succès du Centre culturel français de

---

4. La taxe de sortie de 400 000 dinars (200 dollars) a été supprimée en octobre 2002.

Bagdad le prouve. Près de 750 étudiants y apprennent la langue de Molière. Les expositions de peinture ou de photographie sont courues par un public avide de contacts avec l'extérieur.

L'Irak s'est retiré du monde. « Imaginez un pays comme la France qui serait revenu à l'heure du télex », commente un industriel français. Dans son isolement politique et sécuritaire, le régime a cadenassé la société civile. La presse écrite et audiovisuelle est sinistre et la langue de bois digne de la *Pravda* du temps de l'URSS. Les paraboles satellites étant interdites, il est impossible aux Irakiens d'accéder aux chaînes arabes ou occidentales.

Les livres, revues et journaux arabes ou étrangers n'entrent plus dans le pays. La censure veille au grain. Seule source d'information disponible : les radios comme la BBC ou RMC-Moyen-Orient, ainsi que Radio Sawa, la radio américaine « info-musique » en arabe émettant à partir de Washington.

L'Internet a fait une timide apparition au printemps 2000 quand quelques cybercafés ont ouvert leurs portes à Bagdad. On peut dorénavant posséder une adresse électronique en Irak, mais l'accès au Web est encore largement réservé aux administrations publiques, universités ou entreprises. Le serveur, Uruklink, installé par une firme de Malaisie, est étroitement contrôlé par le gouvernement. Monde réel ou virtuel, rien n'échappe aux yeux et aux oreilles de « Big Brother ».

Un État féodalisé en voie de privatisation

L'État irakien est en banqueroute. Le régime des sanctions a eu un effet dévastateur sur l'économie irakienne. Hyperinflation, effondrement du PIB, paralysie de l'industrie : l'Irak est revenu à l'âge de pierre, comme l'avaient juré les États-Unis après la guerre du Golfe. En une décennie, le pays a chuté du 91ᵉ au 126ᵉ rang sur 174 pays en 2000, selon le classement du développement humain de l'ONU.

Le pays est géré au jour le jour. Les plans quinquennal et décennal de développement, jadis tant vantés par la propagande, sont passés à la trappe. La commission de la planification, dont le représentant siège au gouvernement, ne propose plus de programmation pluriannuelle des investissements. Ses correspondants dans les ministères, excepté celui du pétrole, ne font plus de prospectives.

Et pour cause : depuis bien longtemps, le gouvernement ne publie plus de budget officiel, dont, depuis 1998, l'Assemblée nationale n'examinait de toute façon même plus le contenu. Alimenté en dinars, celui-ci n'est plus un moyen de pilotage de l'économie mais un document comptable formel qui dort au fond d'un tiroir du ministère des Finances. Le budget réel de l'Irak concerne les transactions effectuées en dollars dans le cadre de la résolution de l'ONU « Pétrole contre nourriture ».

Inconvertible, la monnaie irakienne ne vaut plus rien, ou presque. Alors que le dinar s'échangeait à 3,30 dollars avant la deuxième guerre du Golfe, il en faut aujourd'hui plus de 2 000 pour obtenir un dollar[5] ! Devant cette chute vertigineuse de la monnaie, l'État est contraint à une fuite en avant. « La planche à billets, c'est la panacée pour le régime », constate un expert économique. Les coupures, de médiocre qualité,

---

5. Six taux de dinars sont en vigueur : un taux de souveraineté inchangé depuis 1991 (1 dinar = 1,3 dollar), deux taux industriels, un taux appliqué aux transactions gouvernementales, un taux douanier et le taux du marché libre (2 000 dinars = 1 dollar).

sont sans cesse imprimées sur des presses offset par la Banque centrale.

Comme toutes les transactions s'effectuent en liquide, il faut un sac en plastique rempli de liasses pour régler un achat important. Pour les Irakiens, ces billets dévalorisés ne sont plus que des *souwar* (« images »). La course aux dollars est devenue un sport national. « Pourquoi épargner en dinars, qui ne vaudront plus rien demain », explique, désabusé, un Bagdadi. Ceux qui le peuvent thésaurisent en dollars et placent leur argent dans les banques jordaniennes. L'inflation est difficile à mesurer dans cette économie dollarisée, où les statistiques ne signifient plus grand-chose [6].

Le système d'impôts a pratiquement disparu. Seule la fiscalité sur les entreprises permet encore de faire rentrer de bien maigres revenus. Faute de recettes suffisantes, l'État a toutes les peines du monde à rémunérer ses fonctionnaires et à financer ses administrations. Premier acteur économique, il emploie encore près des deux tiers des salariés du pays, mais ne survit que grâce à des expédients.

Les fins de mois étant difficiles, des consignes de réductions des dépenses publiques sont régulièrement émises par les autorités. Testé dans quelques hôpitaux en 1997, un système d'autofinancement a été étendu aux administrations et aux entreprises d'État. Ces dernières doivent désormais se transformer en « centres de profit », ne compter que sur elles-mêmes et pratiquer la « vérité des prix ».

Dans les imprimeries ou les carrières d'extraction de craie qui appartiennent à l'État, les directeurs doivent ainsi gérer leur entreprise de manière autonome. Les salariés sont intéressés aux résultats par un sys-

---

6. La hausse des prix se situerait entre 50 et 70 % par an.

tème de primes. Tout est fait pour encourager la productivité, tombée à des niveaux insignifiants. Dans l'industrie, les entreprises publiques ne tournent plus qu'au tiers de leurs capacités.

Pour trouver de nouvelles ressources, l'État privatise des pans entiers de ses fonctions régaliennes et des secteurs d'activité sous son contrôle. L'agriculture a été la première à faire les frais de ce « libéralisme de pénurie ». Ses infrastructures (systèmes d'irrigation, fermes collectives, matériels, etc.) ont été vendues pour une bouchée de pain. Les paysans irakiens en ont profité, et la production locale a connu une reprise inespérée.

Dans le secteur bancaire, l'État a autorisé une timide ouverture au secteur privé, brisant son monopole [7]. Quelques banques spécialisées (agricoles et industrielles) ont ouvert leurs portes depuis 1992. Mais elles ne concernent pas le grand public et restent sous l'influence des membres du régime qui siègent dans leurs conseils d'administration. Pas d'émission d'obligations, pas de chèques, et bien sûr pas de cartes de crédit : le système monétaire reste encore largement archaïque.

Les administrations vendent leurs parcs d'automobiles ou d'équipement de bureau aux enchères. À Bagdad, la municipalité loue des portions de trottoirs pour les vendeurs ambulants. Cette nouvelle politique s'est traduite par la multiplication dans la capitale de pépinières privées : tout est bon à louer ou à vendre, pourvu que cela rapporte. Même les démarches administratives sont devenues payantes. Demander un acte

---

7. L'Irak compte actuellement huit banques publiques et treize privées. Les particuliers n'ont accès qu'au crédit à la construction.

de naissance s'achète, à moins de bénéficier d'un peu de *wasta*.

Avec un tel système, la petite corruption a trouvé un terreau fertile. Les fonctionnaires, dont les salaires ne dépassent pas les 5 dollars par mois, sont évidemment tentés de compenser la modicité de leurs revenus par quelques bakchichs. L'honnêteté, très répandue dans la société irakienne et qui faisait sa fierté avant la guerre du Golfe, a sérieusement été écornée par le délabrement de l'esprit de service public.

Tout est négociable, à condition d'avoir du cash : des sujets d'un examen ainsi que les carnets de notes jusqu'aux décisions de justice. Pour effectuer une peine de prison, un membre d'une tribu peut par exemple se substituer au condamné.

La durée du service militaire dépend du niveau d'études : ceux qui n'ont aucun diplôme doivent passer trois ans sous les drapeaux. Pour les autres, un an et demi. Pendant longtemps, si un déserteur était arrêté, on lui coupait une oreille et on le marquait d'une cicatrice au front. Comme cette incision a provoqué la mort de plusieurs hommes, les autorités ont supprimé cette pratique d'un autre âge.

Désormais, un jeune homme peut légalement acheter son service militaire : pour 1,5 million de dinars (750 dollars), il n'effectue que deux mois de classes, pour 3 millions de dinars (1 500 dollars), non seulement il est totalement exempté, mais les périodes de réserve sont supprimées.

Il en a coûté 800 000 dinars (environ 400 euros) à des parents pour faire libérer de prison leur fils, accusé de faire partie du parti islamique interdit, al-Dawa. Une fois sorti, le parti Baas lui a remis des papiers le lavant de tout soupçon. Un Irakien de la ville d'al-Karah, aujourd'hui exilé, a quant à lui soudoyé un responsable du département des passeports pour que son interdiction de quitter le pays soit levée.

L'État a perdu force et respect de ses administrés, qui le considèrent comme un instrument de répression et d'enrichissement au service d'une petite clique au pouvoir. Jadis modernisateur et redistributeur de la richesse nationale, il est devenu un « État de trafiquants » pour les Irakiens. Les frontières séparant public et privé, légalité et illégalité, se sont brouillées au fur et à mesure du délitement de l'administration. « Ne pouvant plus mettre en avant ses réalisations, le régime n'a d'autre choix que de prêcher les vertus de l'économie de marché et du secteur privé [8]. »

La privatisation du secteur de la santé et sa dégradation ont été fulgurantes au cours de ces dernières années. Le nombre des fonctionnaires du ministère de la Santé a fondu de 15 000 à 4 000, au grand dam des Irakiens, longtemps habitués à une médecine de qualité quasi gratuite. Dans les hôpitaux publics, la moitié des lits est désormais réservée pour le privé, institutionnalisant de facto une médecine à deux vitesses. Il est même conseillé aux patients d'apporter leurs propres médicaments, s'ils veulent obtenir une guérison rapide. En 1989, le ministère de la Santé dépensait plus de 500 millions de dollars en produits médicaux et médicaments. Aujourd'hui, il ne passe commande que pour 10 % de cette somme.

Par clientélisme, les autorités affectent en priorité les équipements les plus récents et les meilleurs praticiens dans les hôpitaux des beaux quartiers de Bagdad où réside la nomenklatura, et dans les villes favorisées par le régime, comme Tikrit. Toute la périphérie du

---

8. *In* Françoise Rigaud, « Irak : le temps suspendu de l'embargo », *Critique internationale*, n° 11, avril 2001.

pouvoir est délaissée : le quartier déshérité chiite de Saddam City à Bagdad et les gouvernorats du Sud comme Bassorah récoltent les miettes des subsides gouvernementaux.

Les centres hospitaliers privilégiés sont ainsi mieux approvisionnés en médicaments. « Nous devons en acheter une bonne partie au marché noir, car les autorités ne nous en fournissent pas assez, se lamente un directeur d'hôpital à Bagdad. Nous les payons trois fois plus cher, avec le risque qu'ils soient périmés. » À plusieurs reprises, des vaccins, dont la date limite était dépassée, ont provoqué la mort d'enfants.

Faute de moyens humains et financiers, la maintenance technique dans les hôpitaux s'est relâchée. Auparavant, cette tâche était confiée à des Philippins, Pakistanais ou Indiens. Cette main-d'œuvre importée pendant les années fastes a quitté l'Irak au moment de la guerre du Golfe et n'est jamais revenue. Mal préparé et réticent à accomplir ces travaux subalternes, le personnel hospitalier irakien rechigne. En mission dans un hôpital de Bagdad, un médecin français a dû lui-même réparer une fuite dans les toilettes parce personne ne voulait s'abaisser à faire cette besogne.

Certains équipements hospitaliers seraient plus à leur place dans un musée ! Ils peuvent mettre la vie des patients en danger, comme ces machines à rayon X dont les radiations se propagent en dehors de l'appareil à cause de fuites, ou les incinérateurs qui fonctionnent mal et rejettent des fumées toxiques librement dans l'atmosphère.

À l'instar de la santé, l'éducation faisait la fierté des Irakiens. Là encore, faute de moyens financiers, l'État a laissé en jachère le champ éducatif, pourtant sous son contrôle exclusif. Le secteur, coûteux et non rémunérateur, ne constitue plus pour lui une priorité, alors même que l'école reste obligatoire. Les secteurs primaire et secondaire sont les plus touchés par ce désintérêt. L'esprit de la privatisation s'est insinué jusque dans les classes des écoles et des lycées.

Les cantines scolaires ont disparu, et chaque élève doit apporter sa propre craie en classe. Appelées en renfort, les associations de parents d'élèves doivent se cotiser pour équiper ou réparer l'école de leurs enfants. Un père plombier est mis à contribution pour réparer les lavabos des toilettes, un oncle peintre repasse une couche de blanc sur les murs...

Plus de 85 % des écoles devraient être réhabilitées. Beaucoup d'entre elles sont devenues dangereuses. « Les directeurs ferment les classes au fur et à mesure que les toits s'effondrent », constate, effaré, Charaf Moulali, responsable de l'ONG Enfants du monde.

Mal payés, les professeurs sont démotivés. Avec un salaire de 6 000 dinars par mois (3 euros), enseigner n'est plus une profession, mais une ascèse ! Pour améliorer l'ordinaire et freiner l'hémorragie, 20 000 costumes ont été distribués aux professeurs dans le cadre de la résolution « Pétrole contre nourriture ». Les enseignantes ont quant à elles eu droit à des coupons de tissu.

Des pans entiers du corps professoral ont quitté le métier, ou exercent une deuxième activité professionnelle. La majorité des instituteurs donne des leçons particulières. Un phénomène nouveau en Irak, comme l'explique une ancienne directrice d'école dans les années 70 : « À l'époque, l'élève qui prenait des leçons particulières avec un professeur privé était renvoyé sur-le-champ. Nous disions aux parents : si notre enseignement ne vous satisfait pas, inscrivez vos enfants dans une autre école ! »

En revanche, les universités sont mieux loties. Le gouvernement a lancé un programme de construction de nouveaux centres universitaires. L'élite estudiantine se retrouve à l'université Saddam, un établissement qui ne dépend pas du ministère de l'Éducation mais est directement rattaché au *diwan* présidentiel. Quelques centaines d'étudiants en droit, administration, sciences ou médecine viennent de tout le pays. Futurs cadres de la nation, ils ont été sélectionnés sur leurs compétences. Leur avenir semble assuré.

Par défi, l'État irakien tente de prouver qu'il reste actif. Au sein du secteur du BTP, les ouvriers ne chôment pas. Dans les régions centre et sud, la construction de logement a quasiment retrouvé son niveau d'avant la guerre du Golfe[9]. Une nouvelle ligne de chemin de fer est en cours de réalisation entre la capitale et Mossoul. La création de quatre aéroports régionaux (Ninive, Nadjaf, Kirkouk, Missane) est en projet, ainsi qu'une nouvelle tour de contrôle pour l'aéroport de Bagdad.

La population irakienne peste souvent contre cet État tentaculaire, répressif et de moins en moins généreux. L'efficacité du système de rations alimentaires calme un peu les critiques. « Il est ultra-efficace, commente un diplomate. Il fonctionne grâce au système informatique le plus développé du pays. » Cet assistanat généralisé permet à l'État de reprendre une partie de son rôle. Il sert aussi à ficher une population épuisée par dix ans d'embargo. Les coupons sont distribués entre le 1er et le 10 du mois. Depuis l'été 2002, les Irakiens reçoivent à chaque distribution deux mois de

---

9. 13,8 millions de m^2 de logements ont été construits en 2001 contre 16 millions en 1989, selon les Nations unies. En 1996, ce volume de construction était tombé à moins de 350 000 m^2.

vivres. Il faut dire que le spectre de la guerre s'est rapproché.

Le chantier de la reconstruction

L'Irak flotte sur une mer de pétrole. Dès l'Antiquité, les Sumériens badigeonnaient leurs embarcations de cet étrange liquide noir et visqueux, *al-naphte*[10], pour en assurer l'étanchéité. Le premier gisement fut découvert près de Kirkouk en 1927 par la Turkish Petroleum Company, fondée par des intérêts britanniques au début du xxe siècle. Depuis, l'Irak n'a jamais cessé de faire l'objet de convoitises étrangères visant à faire main basse sur son trésor énergétique.

Les champs pétroliers irakiens sont gigantesques. Les réserves – estimées à 112,5 milliards de barils, soit près de 11 % du total mondial[11] – pourraient même bien être supérieures, car le sous-sol n'a pas été complètement prospecté. Le brut, d'excellente qualité, est facile à extraire. Son exploitation est bon marché – 0,70 *cent* le baril à Kirkouk –, bien moins coûteuse que celle de la mer Caspienne et surtout de la mer du Nord (10, voire 13 dollars/baril).

Le pétrole irakien est demeuré longtemps la chasse gardée des intérêts anglo-saxons. Comme en Iran ou en Arabie saoudite, le système d'exploitation était alors bien rodé : les compagnies étrangères investissaient, foraient et exploitaient le pétrole qu'elles acheminaient vers l'Europe et les États-Unis. En échange

---

10. En arabe, *naphte* signifie « huile », et, par extension, « pétrole ». A donné en français la naphtaline.
11. Selon l'OPEP, l'Arabie saoudite, premier réservoir mondial, devance l'Irak avec plus du quart des réserves planétaires prouvées de pétrole, soient 262 milliards de barils.

de ces concessions, elles reversaient des royalties, dérisoires par rapport aux profits engrangés, dans les caisses du gouvernement irakien.

Tout change en 1972. Saddam décide de briser l'hégémonie des « majors [12] ». Il nationalise l'Iraqi Petroleum Company [13]. Là où Mossadegh avait échoué vingt ans plus tôt en Iran, le président irakien, lui, réussit son pari. Londres et Washington ne lui pardonneront jamais son « coup de force ». La France et la Russie, les deux principaux alliés de Bagdad de l'époque, s'empressèrent, elles, d'occuper les places devenues vacantes. Des contrats sont accordés généreusement à Elf-Erap, dont la filiale irakienne prend le nom d'Elf-Irak en 1974.

Aujourd'hui, la Russie, la France et la Chine – trois membres permanents du Conseil de sécurité de l'ONU, aux positions les moins hostiles à Bagdad –, mais aussi l'Espagne et l'Italie, ont des intérêts pétroliers très importants en Irak, qui expliquent en partie leur réticence vis-à-vis d'une campagne militaire américaine. Leurs compagnies respectives ont conclu des *production sharing agreement* (PSA) [14]. Ils ne sont pas entrés en vigueur en raison des sanctions économiques imposées par l'ONU sur Bagdad.

En 1997, la compagnie russe Lukoil a signé un contrat de 3,5 milliards de dollars pour développer le champ de Qourna-Ouest [15]. La société chinoise China

---

12. À l'époque, les « majors » comprenaient Exxon-Esso, Texaco, Mobil, Gulf, Chevron, Shell et British Petroleum.

13. British Petroleum (BP) possédait près du quart du capital de l'IPC.

14. « Accord de partage de production » entre un État et une compagnie pétrolière.

15. Ce contrat a été annulé par Bagdad en décembre 2002, car la société aurait eu des contacts avec l'opposition irakienne en exil.

National Petroleum Corp. s'est vu attribuer le champ de Roumailah, à la frontière koweïto-irakienne. Total-FinaElf a, elle, reçu la promesse personnelle de Saddam Hussein d'une concession pour l'exploitation des gisements de Nahr Omar et de Majnoun, dont les réserves sont estimées entre 20 et 30 milliards de barils.

L'accord a été « paraphé » mais pas formellement signé, ce qui provoque quelques angoisses chez les responsables de la société française dans l'éventualité d'un changement de régime à Bagdad. Quelle est la valeur juridique d'une telle promesse, même paraphée ? Un responsable de la société française répond par un *no comment* aussi sec qu'embarrassé. La bataille pour le pétrole irakien a pourtant bel et bien commencé [16].

Pour le congrès national irakien (CNI), qui regroupe les principaux mouvements d'opposition, tous les contrats pétroliers signés pendant l'ère Saddam seront remis sur la table si d'aventure ce dernier était renversé. « Nous lancerons de nouveaux appels d'offres. En cas de compétition entre la France et les États-Unis, s'il y a égalité, nous favoriserons les Américains, qui nous ont aidés pendant les temps difficiles. » La réponse de Fayçal Qaragholi, responsable du département pétrole au sein du CNI, a le mérite de la franchise.

Le pétrole irakien constitue un enjeu crucial dans le bras de fer entre Washington et Bagdad. Les hommes du lobby de l'or noir sont copieusement représentés dans l'administration américaine, à commencer par le président Bush lui-même, dont les relations avec les milieux pétroliers texans sont bien connues. Dick Cheney, le vice-président, est un ancien responsable de la

---

16. Marc Roche, « L'Irak est au cœur des stratégies des "majors" de l'or noir », in *Le Monde*, 30 octobre 2002.

société Halliburton, géant des services pétroliers. Le cabinet d'avocats de James Baker, ancien secrétaire d'État, a longtemps défendu les intérêts des compagnies pétrolières américaines.

Après avoir pris pied en Asie centrale, riche en ressources énergétiques, à l'occasion de la guerre en Afghanistan, l'installation d'un gouvernement proaméricain à Bagdad serait pain bénit pour les pétroliers américains. Depuis les attentats du 11 septembre, l'Arabie saoudite est devenue un allié de Washington moins docile. Toujours sous embargo, le marché iranien reste interdit aux compagnies américaines. Contrôler le pétrole irakien permettrait de sécuriser l'approvisionnement en brut de l'Amérique. Les pays de l'OPEP n'auraient alors plus la même capacité à faire monter ou descendre les cours du brut.

Dans l'Irak de l'après-Saddam, l'or noir sera le principal levier de la reconstruction du pays. Le redémarrage de l'économie passe par la remise sur pied de ses infrastructures pétrolières (puits, oléoducs, raffineries, etc.). En 2002, la production irakienne de brut n'a pas été constante, oscillant entre 1,5 million et 2 millions de barils par jour. Ce niveau pourrait être doublé en réparant les installations existantes. Par la suite, l'objectif de 6 millions de barils par jour nécessiterait des investissements massifs. Les estimations des experts pour une modernisation complète se chiffrent en dizaines de milliards de dollars.

Avant la guerre du Golfe et l'embargo, l'industrie et les infrastructures irakiennes soutenaient la comparaison avec l'Europe. Dans certains domaines comme ceux de la distribution d'eau et de l'assainissement, l'Irak l'avait même devancée. À Bagdad, la municipalité a construit deux réseaux de distribution – un pour l'eau potable, un pour l'eau municipale (arrosage public, des parcs et de la voirie) – et un réseau d'assainissement. Un vrai luxe que de nombreuses capitales dans le monde ne connaissent pas.

Les Irakiens ont longtemps vécu en enfants gâtés : « Quand un équipement tombe en panne, on le remplace. » Aujourd'hui, le pays vit à l'heure de la « politique de la rustine ». Faute d'argent, mais aussi à cause de la lourdeur de la résolution « Pétrole contre nourriture », la maintenance des services publics a périclité. La compagnie de gaz a cessé la distribution via le réseau collectif, elle a été remplacée par la vente de bonbonnes au détail pour les particuliers.
« Dans les stations d'eau potable, un changement de pompe prend des mois, constate un responsable du CICR. Les Irakiens réinstallent des équipements indiens, russes ou chinois sur des infrastructures construites il y a vingt ans par les Occidentaux. Parfois, ce nouveau matériel est difficile à adapter. Mais surtout, il n'y a pas d'argent pour l'installer, car l'ONU n'a pas prévu le coût d'installation. »

L'état des lieux est tout aussi sombre dans les autres secteurs. Réparer le système électrique à 40 % de son potentiel coûtera 7 milliards de dollars. Avant 1990, l'Irak disposait de 1,2 million de lignes téléphoniques, moins de la moitié aujourd'hui. « Il faudrait 1 milliard de dollars d'investissements pour retrouver un niveau correct », estime un expert du secteur. Quant au téléphone portable, les Irakiens devront encore patienter.
La société chinoise Wa Waï a remporté le contrat de téléphonie mobile à Bagdad pour un montant de 28 millions de dollars[17], l'objectif étant d'atteindre

17. Dans le grand Bagdad, les taxis ou les habitants ont parfois des téléphones munis de grandes antennes : il ne s'agit pas de portables, mais de combinés sans fil utilisant une ligne fixe.

25 000 abonnés sur le grand Bagdad. Le contrat a bien été approuvé par le Comité des sanctions de l'ONU, mais l'entreprise s'est retirée brusquement du marché. Pour quelles raisons ? Mystère. Un nouvel appel d'offres a été remporté par Alcatel/Shanghai Bell. Depuis septembre 2001, le contrat est en attente du feu vert du Comité des sanctions.

Avant même une levée éventuelle de ces sanctions, la remise à flot de l'Irak avance à pas comptés. Pour les banquiers, la question la plus épineuse reste celle de la dette irakienne, évaluée au bas mot à 70 milliards de dollars[18]. Comment rembourser un tel fardeau financier ? Le pétrole mais aussi le gaz seront mis à contribution, tout comme les avoirs irakiens gelés dans les banques occidentales depuis l'invasion du Koweït. Avec leurs intérêts qui travaillent, ils représentent une cagnotte de plusieurs milliards de dollars.

Le Fonds monétaire international (FMI) devra dresser un bilan de la situation financière et monter un programme de rééchelonnement des créances, qui sera ensuite négocié auprès du Club de Paris pour la dette publique. Auparavant, l'Irak devra payer ses arriérés à la Banque mondiale et au FMI. La communauté internationale donnera alors son accord pour le déblocage de prêts destinés à financer la reconstruction.

« Trois scénarios sont envisageables, explique un expert économique. Une sortie de crise optimiste : une

Leur rayon de réception ne dépasse pas les limites de la capitale irakienne.

18. Les estimations de la dette irakienne se répartissent comme suit : dette publique (20 milliards de dollars, dont 8 pour la Russie et 12 pour le reste du monde), dette vis-à-vis des banques de développement (5 à 6 milliards), dette vis-à-vis des banques privées (20 milliards), intérêts de la dette (4 à 5 milliards) et compensations de guerre (15 milliards).

coalition armée menée par Washington renverse le régime et conserve intactes les structures étatiques et industrielles. Les sociétés pétrolières réinvestissent en Irak, qui réintègre la communauté internationale. Le statu quo actuel se poursuit : pas de campagne militaire, l'embargo est maintenu, la situation continue à se dégrader lentement. Enfin, le scénario catastrophe : les structures étatiques et industrielles sont détruites par les opérations militaires, le nouveau gouvernement ne contrôle pas la situation, c'est le saut dans le trou noir. »

Réformer les structures économiques étatisées et politisées jusque dans l'attribution des contrats ne sera pas une mince affaire. Des listes d'entreprises avec lesquelles il faut traiter en fonction de la position politique de leur pays vis-à-vis de l'Irak sont régulièrement mises à jour et distribuées dans les ministères. Mohammed Mehdi Saleh, le ministre du Commerce, ne cache pas que l'Irak favorise les hommes d'affaires dont les pays soutiennent politiquement Bagdad.

« Une déclaration mal perçue ou hostile à Bagdad des autorités françaises, par exemple, et les portes des administrations se ferment immédiatement », confirme un chef d'entreprise de l'Hexagone, familier du pays, qui en a fait l'expérience. Lors de la dernière Foire internationale de Bagdad, en novembre 2002, le ministre du Commerce a fait savoir que ses services avaient établi la liste des sociétés françaises participantes. « Toutes décrocheront un contrat », s'est-il engagé. À Bagdad, le politique a toujours primé sur l'économique.

Les Irakiens ont accumulé un retard énorme en matière de connaissances technologiques, compensé en partie par une débrouillardise et un art du bricolage hors du commun. « Je reçois de Bagdad des appels d'offres dont je sais qu'ils sont bidons, explique cet homme d'affaires. Par ce biais, les entreprises irakiennes espèrent simplement se tenir au courant des dernières techniques en cours sur le marché. »

Au-delà de l'économie et des infrastructures, c'est toute une société civile qu'il faudra aussi reconstruire. « Imaginez un enfant qui avait cinq ans en 1980, il en a aujourd'hui vingt-sept et n'aura connu que la guerre, l'embargo et Saddam Hussein ! » s'exclame un diplomate. Tout le système d'enseignement, entièrement nationalisé, est à revoir. Depuis plus de trente ans, les enfants sont endoctrinés dès leur plus jeune âge.

Quand un visiteur ou le professeur entre dans une classe, les élèves se mettent debout et chantent des chansons à la gloire de Saddam Hussein. Ils apprennent des poésies louant les vertus extraordinaires du raïs irakien. Dans les cours des écoles, des fresques murales guerrières rappellent en permanence aux enfants que leur pays est menacé mais que « l'Oncle Saddam » veille au grain.

L'évocation du chef ne fait plus guère vibrer les Irakiens moyens. L'angoisse fait toutefois toujours partie de leur quotidien. L'employé de la compagnie d'eau ou d'électricité est une source d'inquiétude. Le releveur de la compagnie est peut-être un agent des *moukhabarats* qui vient espionner la famille et poser des micros. Sous Saddam, les Irakiens sont toujours sur le qui-vive.

Même à l'étranger, les réflexes de peur ont la vie dure : « Quand ma sœur vient à Amman, on ne parle pas de la situation politique devant les enfants, explique une Irakienne. Nous attendons qu'ils soient couchés. Par inadvertance, ils pourraient répéter des indiscrétions à leur professeur. » À l'occasion d'une tournée théâtrale en Jordanie, le responsable de la troupe n'oublie jamais de confisquer les passeports des acteurs. Si l'un d'entre eux venait à faire défection, il ne sait pas le sort qui l'attendrait à son retour à Bagdad.

« Débaassiser » la justice, l'armée et les services de sécurité : les Irakiens en rêvent. Recréer un lien civique entre des citoyens redevenus libres et un État débarrassé de son carcan idéologique et dictatorial constitue le défi majeur de l'Irak postsaddamien. Aux ordres du régime, le système judiciaire n'offre aujourd'hui plus aucune garantie de procès équitable pour l'Irakien moyen.

Beaucoup de gens ont disparu sans laisser de traces ou ont été emprisonnés sans savoir pourquoi. Les familles n'osent pas demander des explications aux services de police, de peur de subir des représailles[19]. Les corps de personnes liquidées sont parfois rendus. Comble du sadisme, on informe qu'un fils ou un père a été exécuté, et la famille découvre quelques mois plus tard qu'il est toujours en vie.

Certains condamnés à de lourdes peines se sont fait tatouer le nom de Saddam Hussein dans le dos dans l'espoir d'obtenir une réduction de peine. L'arbitraire a été intégré dans la psychologie des Irakiens, revenus de tout. Comme pour ce peintre qui avait refusé de dessiner un portrait mural de Saddam Hussein : il fut versé dans une unité de blindés à al-Amarah, à la frontière avec l'Iran.

Les membres de l'armée ou des services de sécurité

---

19. Juste après le référendum du 15 octobre 2002, un incident s'est produit devant le centre de presse à Bagdad. Saddam Hussein, réélu à 100 %, venait de décréter une amnistie générale. Des familles sans nouvelles de proches ont interpellé les journalistes, qui ont diffusé leurs récriminations en direct. Visiblement embarrassées, les autorités ont discrètement reçu les familles par la suite. Une minirévolution au pays de Saddam.

ne sont pas tous des bourreaux. Beaucoup sont de pauvres gens, pions anonymes d'un État monstrueux qui dévore ses enfants. En 1983, en pleine guerre Iran-Irak, environ 200 officiers furent exécutés dans un stade de football pour l'exemple : ils avaient engagé un repli tactique devant les avances iraniennes.

Des juristes irakiens planchent déjà sur cet après-Saddam, si difficile à imaginer[20]. Faudra-t-il instaurer des commissions « Justice et liberté » comme en Afrique du Sud ? Que faire du parti Baas et de ses centaines de milliers de membres ? L'exemple des pays d'Europe de l'Est, où les communistes ont été recyclés dans les nouveaux régimes, est-il applicable en Irak ? Comment établir les niveaux de responsabilités dans les exactions commises par les services de sécurité ? Une amnistie est-elle souhaitable pour clore une fois pour toutes le chapitre de ces années noires ? Le chantier de la reconstruction ne sera pas seulement économique.

---

20. « Between Vengeance and Forgiveness. An Introduction to Transitional Justice in Iraq », article de Salim Chalabi publié dans *al-Hoquouqi (The Jurist)*, la revue des juristes irakiens, n° 4, juin 2001, Londres.

VI

L'Irak, nation ou puzzle communautaire ?

La mosaïque irakienne

Quand Qaïs al-Adhami revêt son costume traditionnel, c'est pour replonger à l'époque du calife Haroun al-Rashid, le héros des contes des *Mille et Une Nuits*. Lors de soirées à la magie tout orientale, il fait revivre le *maquam*, un art musical ancestral qui remonte à l'époque abbasside. « Il s'est transmis de bouche à oreille, de génération en génération. Ses mélodies et sa poésie célèbrent la vie, la passion amoureuse, la religion, raconte Qaïs al-Adhami. La musique est la deuxième respiration des Bagdadis, mais le visage de la capitale irakienne a bien changé », regrette-t-il avec un peu de nostalgie. Dans les années 50 et 60, la mixité communautaire était la règle dans le vieux Bagdad. Arabes, Kurdes ou Assyriens, Juifs, musulmans ou chrétiens, toutes les origines cohabitaient dans une compréhension mutuelle, aujourd'hui pour beaucoup disparue. « Il n'y avait pas de différence entre les habitants, quelle que soit leur religion ou leur appartenance ethnique, nous étions tous fiers d'être des Bagdadis », se souvient Qaïs al-Adhami.

À partir des années 60, la géographie humaine de la capitale irakienne s'est peu à peu modifiée, sous la pression d'un exode rural massif. Des bataillons de paysans chiites fuyant la misère du Sud se sont entassés dans de nouveaux quartiers périphériques, comme al-Horriyeh (« La Liberté ») ou Saddam City, autrefois appelée la « Ville la Révolution » *(Médinat al-Thaoura)*. Un phénomène qui rappelle celui de l'immigration des chiites du Sud du Liban échouant à la périphérie de Beyrouth.

Les quartiers d'al-Horriyeh et de Saddam City concentrent « dans un fait sans précédent des masses importantes d'habitants unis par des coutumes et une confession identiques, ainsi que par une grande pauvreté. De nos jours, ils abritent à eux seuls la moitié des habitants de la capitale. La diversité ethnico-culturelle du vieux Bagdad a disparu : ces quartiers sont totalement homogènes ethniquement et confessionnellement[1] ».

Cette « ceinture de misère » a créé des frontières invisibles dans la capitale irakienne. De nouveaux rapports entre les habitants sont apparus. Qaïs al-Adhami a vécu six ans à Saddam City. « Grâce à Dieu, j'en suis parti ! Là-bas, c'était des problèmes 24 heures sur 24, dit-il soulagé. En tant que sunnite, on me traitait d'infidèle. Les rapports au quotidien avec le voisinage chiite n'avaient rien d'amical. C'est l'arrivée de Khomeyni au pouvoir en Iran qui a semé la discorde entre sunnites et chiites. »

À Saddam City, les logements bon marché attirent une population modeste mais aussi turbulente. Le plan d'urbanisme de cette banlieue, dessiné sur des critères sécuritaires, ne s'embarrasse pas de fioritures : c'est un immense damier de blocs d'habitations entrecoupés

---

1. Laith Kubba « Les fantômes de Bagdad », *in* Pierre-Jean Luizard (dir.), *Maghreb-Machrek*, n° 163, janvier-mars 1999, « Mémoires d'Irakiens : à la découverte d'une société vaincue... ».

de larges avenues. Frondeurs, ses habitants ont une solide réputation de dissidence antigouvernementale.

À chaque période de tension, des militants baassistes assurent la sécurité, leur kalachnikov en bandoulière. Rien de plus facile pour les forces de sécurité que d'isoler un îlot agité : chaque pâté de maisons peut être bouclé en quelques minutes et ses habitants coupés du reste de la ville. Des casernes de Fedayins de Saddam sont positionnées autour, prêtes à mater toute révolte populaire.

Surpeuplée, avec plus de 1 million de résidents, Saddam City présente des conditions de vie déplorables. Le réseau d'égouts n'existe pas : des rigoles ont été creusées à même la chaussée pour recueillir les eaux usées des habitations. L'été, quand la température flirte avec les 50 degrés à l'ombre, l'odeur est pestilentielle. En dépit de la présence de quelques camions-bennes bien esseulés, le ramassage des ordures est assuré au minimum.

Aux carrefours, des groupes d'hommes avec leur masse ou leur pelle attendent l'arrivé d'un éventuel patron qui les louera à la journée comme travailleurs de force. Ici, le chômage atteint des sommets. Reléguée au bas de l'échelle sociale, Saddam City s'est recroquevillée sur ses valeurs communautaires et religieuses. Les femmes portent le voile islamique et des *abayas* noires, la robe traditionnelle irakienne. À l'occasion de la cérémonie des condoléances lors d'un deuil, tous les habitants du quartier sont présents, même si personne ne connaît le défunt. Dans le malheur et la misère, la population se serre les coudes.

Cette société chiite de Saddam City représente l'une des facettes du pays, véritable mosaïque humaine. Les identités recouvrent en fait une infinité de clivages ethniques, religieux et confessionnels. Le peuple irakien est composé d'Arabes (75 à 80 % de la population) et de Kurdes (15 à 20 %) mais aussi de Turkmènes, d'Assyro-Chaldéens, d'Arméniens non arabisés et de Persans.

Toutes ces communautés ethniques sont traversées par des courants religieux et confessionnels d'une richesse incroyable, comme si toutes les religions s'étaient donné rendez-vous en Mésopotamie, la patrie d'Abraham, le patriarche qui, selon la tradition, est né à Ur.

L'Irak est d'abord le berceau du chiisme. Nadjaf, quatrième lieu saint de l'Islam après La Mecque, Médine et Jérusalem, abrite le tombeau d'Ali, le gendre du prophète Mohammed. À Kerbala se trouve le mausolée d'Hussein, le fils d'Ali, décapité par les troupes omeyyades. Chaque année, des millions de chiites du monde entier viennent en pèlerinage vénérer ces deux personnalités saintes, notamment à l'occasion de l'Achoura [2].

La prépondérance chiite – 53 % de la population – constitue une originalité dans le monde arabe où, mis à part au Liban, le courant sunnite est partout majoritaire. En Irak, ce dernier représente 44 % des Irakiens. Les Kurdes sont sunnites, mais une minorité, les *faylîs*, ont adopté la foi chiite.

Jusque dans les années 50, les Juifs restèrent très dynamiques dans le commerce et l'administration. Leur communauté fut même la première d'un point de vue numérique à Bagdad pendant l'occupation britannique, représentant un tiers de ses habitants. La création de l'État d'Israël en 1948 et la répression des années 60 ont provoqué une émigration massive, précipitant sa disparition de la mosaïque irakienne [3].

---

2. L'Achoura est le dixième jour du mois musulman de Mouharram qui marque le point culminant du deuil des chiites commémorant la mort d'Hussein.

3. Il resterait moins d'une centaine de Juifs à Bagdad. Jusqu'à la nationalisation des biens en 1975, le loyer de l'ambassade de

Les chrétiens sont, eux, toujours présents, même s'ils connaissent une hémorragie migratoire vers les États-Unis et l'Europe. Il en reste 500 000 à Bagdad et 20 000 dans le Nord, notamment dans la région de Mossoul. Héritiers de l'Église d'Orient, les Assyro-Chaldéens sont de loin la communauté la plus nombreuse chez les chrétiens. Ils utilisent encore l'araméen, la langue de Jésus, dans leur liturgie.

À côté de ces principaux courants, l'Irak se caractérise par ses innombrables sectes, comme les yézidis. Surnommés les « adorateurs du diable », leurs croyances mêlent soufisme islamique, chiisme et paganisme iranien (culte de l'eau et de la nature). Ils sont convaincus que le mal fait partie intégrante de Dieu au même titre que le bien.

Les sabéens représentent un courant baptiste, adorateurs de l'eau. Ils pratiquent les baptêmes rituels dans les rivières. Yézidis et sabéens vivent repliés sur eux-mêmes dans une observation stricte de leur foi. Les mariages en dehors de la communauté sont interdits. Malheur à celui qui enfreint les règles, il serait alors frappé d'ostracisme.

« Ce foisonnement religieux explique que les Irakiens aient toujours en tête l'idée d'une cohabitation de plusieurs dieux, ce qui leur donne une ouverture spirituelle originale par rapport à tous les autres Arabes », explique Hana Sadeq, modéliste irakienne de renom.

Le pluralisme est au cœur de « l'irakité ». Certes, les points de frictions entre groupes ethniques et religieux ne manquent pas. Parfois, ils ont même dégénéré

France à Bagdad fut versé par le consul général de Jérusalem à son propriétaire, un Juif irakien qui avait immigré en Israël dans les années 50.

en massacre[4]. Mais il existe un fond commun fédérateur à tous les Irakiens, source d'un puissant sentiment d'appartenance à la même communauté de destin.

Il plonge ses racines dans une histoire millénaire forgée dans le sang. Au carrefour du monde perse, turc, arabe et asiatique, la fertile Mésopotamie a toujours été une région de conquêtes. Au cours des âges, elle a suscité la convoitise de ses voisins. Son histoire se confond avec la menace des Persans à l'Est, avec les invasions des peuples turkmènes et des hordes mongoles déferlant d'Asie, et avec les razzias bédouines de la péninsule arabique cherchant à s'emparer du bassin fertile du Tigre et de l'Euphrate pour faire paître leurs troupeaux.

Descendants des Babyloniens, des Assyriens et plus tard des Abbassides, les Irakiens se considèrent jusqu'à aujourd'hui les héritiers de l'antique Mésopotamie. « Le nationalisme est ancré dans les gènes des Irakiens. Même les plus pauvres ont le sentiment d'appartenir à une civilisation millénaire », constate un diplomate.

Régulièrement envahis par des étrangers, ils n'ont jamais accepté d'être occupés, comme le rappelle à Nassariyeh la statue d'un Irakien tuant un général anglais, qui commémore la révolte antibritannique de 1920. Chez les opposants en exil, la fibre patriotique ne s'est jamais affaiblie, bien au contraire.

Certains soutiennent même Saddam Hussein contre les projets de campagne militaire américaine, au nom de la défense de l'Irak. « Saddam est le seul à dire non aux États-Unis, alors que tous les autres pays arabes se sont couchés, explique Abou Mohammed, un homme d'affaires qui a passé plusieurs années dans les geôles irakiennes. Nous savons bien que les Américains ne

---

4. En 1933, un massacre d'Assyriens s'est produit en Irak.

viennent pas pour instaurer la démocratie ou faire respecter les Droits de l'homme, mais pour mettre la main sur le pétrole. »

La cuisine est une part importante de cette « irakité ». Alchimie savante de parfums et de saveurs jouant sur l'aigre-doux, elle a intégré des influences asiatiques, persanes, turques et arabes. Au « pays des deux fleuves », le plat national ne pouvait venir que du Tigre, qui coule à Bagdad. Le fameux *masgouf*, une sorte de carpe épicée cuite au feu de bois, est l'emblème culinaire qui fait l'unanimité dans les foyers irakiens, sans oublier le *tirshana*, un plat composé de fruits chauds mélangés à de la viande.

La culture elle aussi est un creuset de civilisation. La poésie d'hier d'un Mohammad Mehdi al-Jawahiri, décédé en 1997, ou d'aujourd'hui d'un Saadi Youssef exilé a Londres, touche le cœur de tous les Irakiens. Les mélodies de *oud*, l'instrument fétiche de Mounir Bashir ou de Salman Shoukr, qui enseigne son art à Tunis, ont tissé des liens culturels invisibles mais bien réels. Aujourd'hui, toutes les adolescentes irakiennes sont fans du chanteur de variétés Kazem Saher, un beau brun ténébreux idolâtré dans tout le monde arabe.

Cette mosaïque irakienne est-elle tellement ingouvernable que seule une dictature pourrait l'empêcher d'éclater ? Le roi Fayçal avait donné un jour ce conseil à son fils Ghazi : « Si tu veux régner longtemps, donne le contrôle de l'armée aux sunnites, laisse le commerce aux chiites, et frappe les Kurdes ! »

Les gouvernements en Irak ont toujours dû gérer un nœud de contradictions. Promouvoir l'arabisme, et 3,8 millions de Kurdes se sentiront exclus. Si la religion devient le facteur mis en avant, les chiites deviennent prépondérants au détriment des sunnites, l'actuelle base du pouvoir. Politiquement, l'Irak est un pays extrêmement difficile à tenir en main. L'idéologie du Baas, laïque et panarabiste, a tenté de le cimenter, avec un succès plus que mitigé.

Le régime de Bagdad a pu préserver l'intégrité territoriale de l'Irak, mais depuis 1991, les provinces du Kurdistan échappent au contrôle du gouvernement central. Dans sa volonté unificatrice, Saddam a employé les moyens les plus répressifs[5]. Des Irakiens ni baassistes ni partisans du régime reconnaissent que « l'Irak a besoin d'une personnalité forte pour tenir les rênes du pays », redoutant que le pays ne connaisse le sort tragique de la Yougoslavie après la mort de Tito.

« Le clivage sunnite/chiite est la dernière ligne de défense du régime », analyse Zoheir al-Jazaïri, un écrivain-journaliste proche du parti communiste. Saddam connaît les ressorts intimes de la société irakienne. Il a l'art de manipuler et d'entretenir les peurs et les angoisses communautaires pour se maintenir au pouvoir. Il sait bien que le cauchemar des sunnites, c'est une revanche sociale et politique des chiites.

Chez ces derniers, la rancœur est à fleur de peau. « Bientôt, on viendra se servir », lance ce chauffeur de taxi en désignant de la main des étals regorgeant de fruits dans une artère bourgeoise de Bagdad. Les sunnites au pouvoir redoutent déjà les hordes de déshérités de Saddam City ou d'al-Horriyeh déferlant sur les beaux quartiers de Bagdad.

En 1991, en pleine déroute de l'armée irakienne au Koweït, une foule de chiites venus du quartier d'al-Choula' avait tenté de rejoindre la rue Arasat, les Champs-Élysées de Bagdad, pour piller les magasins. Les forces de sécurité étaient parvenues à stopper sa progression. Aujourd'hui, des jeunes filles sunnites

---

5. Voir chapitre I.

hâtent parfois le pas lorsque des minibus transportant des habitants de Saddam City débarquent à Arasat.

L'après-Saddam inquiète aussi les autres minorités ethniques ou religieuses. Les chrétiens, comme tous les Irakiens, ont souffert de la brutalité du régime. Beaucoup ont émigré depuis 1991. Mais ils savent aussi que le régime baassiste les a protégés, même si l'actuelle campagne d'islamisation ne les rassure guère.

« Apportez-moi la tête des coupables au plus vite ! » En ce jour d'août 2002, Saddam Hussein ne décolère pas. Sœur Cécile Mouchi Hanna, soixante et onze ans, vient d'être assassinée à coups de poignard par des inconnus dans sa chambre, à l'église catholique de Bagdad. Ce n'est pas une affaire confessionnelle mais un crime crapuleux, qui est remonté jusqu'au *diwan* présidentiel. Quelques jours après, la police, stimulée par les ordres du raïs, a interpellé les coupables. Trois jeunes hommes désargentés avaient volé 200 dollars chez la sœur Cécile.

Ce type de crime est rarissime en Irak. Les chrétiens ont toutefois vu se développer quelques signes d'hostilité à leur encontre. Des cailloux qui brisent les vitres d'un monastère, des insultes proférées çà et là ont renforcé leur inquiétude. Ultraminoritaires, les chrétiens redoutent de faire les frais des grands bouleversements en préparation. Comme l'immense majorité des Irakiens, ils détestent Saddam mais craignent que sa disparition ne libère des rivalités interconfessionnelles contenues jusqu'à présent.

Les chiites, entre dissidence et loyauté

Chiites et sunnites sont les frères ennemis de l'Islam. « Leur division est comparable à celle séparant catholiques et protestants pour les chrétiens », résume l'ayatollah Abdel Majid al-Khoie, un dignitaire chiite réfugié à Londres. Pour comprendre le cœur de cette rivalité, il faut remonter aux origines de l'Islam. La branche chiite s'est constituée autour d'une question capitale pour les musulmans : la succession du prophète Mohammed.

Ses héritiers, qui reprennent le flambeau après sa mort, sont désignés parmi ses proches. Ali, son gendre, devient ainsi le quatrième calife, et règne de 656 à 661. C'est un homme pieux, idéaliste et inflexible, mais son pouvoir est contesté par Moawiya Ibn Soufian, de la tribu syrienne des Béni Omeyya, un rival rusé et mercantile.

Dans le combat pour le contrôle de l'Oumma, la communauté des croyants, c'est Moawiya qui l'emporte et fonde la dynastie des Omeyyades, à Damas. Ali, lui, est assassiné devant la mosquée de Koufa, près de Kerbala, en Irak. Les *chi'a*, littéralement les « partisans » (d'Ali), n'acceptent pas sa brutale éviction : ils ne reconnaîtront jamais la légitimité des califes omeyyades, des usurpateurs, selon eux.

Hussein, le fils cadet d'Ali, continue le combat en revendiquant le califat au nom de son père et refuse de prêter le serment d'allégeance au pouvoir de Damas. En 680, il est encerclé à Kerbala par les troupes du calife Yazid. Assoiffé et épuisé, Hussein lutte jusqu'à son dernier souffle, avec ses 72 compagnons d'armes. Symbole du sacrifice et de la résistance, sa mort héroïque reste jusqu'à aujourd'hui le mythe fondateur pour les chiites.

Depuis lors, cette branche de l'Islam dissidente se sent maudite et rejetée par le courant majoritaire sunnite. Au cours des siècles, le chiisme fut l'étendard de la révolte contre les autorités du monde arabo-musulman. Pendant la période ottomane, les partisans d'Ali et d'Hussein refusèrent d'être dirigés par un calife ou un sultan non arabe et sunnite, provoquant des troubles récurrents en Mésopotamie.

En Irak, « être chiite, c'est d'abord avoir une culture particulière, une culture marquée par des siècles d'exclusion du gouvernement ainsi que par la prédominance du clergé. Le milieu clérical a en effet façonné des générations entières. Son hostilité aux pouvoirs en place, son aptitude à lutter contre la domination étrangère et contre le despotisme ont orienté les esprits vers la contestation de l'ordre gouvernemental en encourageant un désir de justice sociale et un patriotisme irakien [6] ».

À la différence de l'Iran, où le chiisme s'est installé au pouvoir [7], les chiites irakiens ont toujours été relégués dans l'opposition. Sous la monarchie, ils seront exclus de l'armée et de l'administration. À la fois parce qu'ils boycottent le régime impie des rois hachémites, mais aussi parce que l'occupant britannique a trouvé dans les sunnites des alliés dociles. Ces derniers et les autres minorités vont former alors la structure étatique de l'Irak moderne.

Les chiites sont les plus pauvres, mais aussi les plus riches dans la société irakienne. Les Chalabis, le nom commun désignant les gros marchands à l'époque ottomane sont devenus l'une des familles les plus influen-

---

6. Pierre-Jean Luizard, *La Question irakienne*, Fayard, 2002.
7. L'Iran fut d'abord sunnite avant de devenir chiite au XVIe siècle avec l'arrivée au pouvoir de la dynastie des Safavides.

tes d'Irak[8]. Ils entretiennent des rapports décomplexés avec l'argent. Commerçants dans l'âme, ils remplacent les Juifs lorsque ceux-ci quittent l'Irak dans les années 50, profitant de réseaux commerciaux chiites tissés depuis le Liban et l'Iran jusqu'en Afrique et en Asie.

Écrasée par une structure sociale inégalitaire, dominée par les dignitaires religieux et une bourgeoisie d'affaires, la base chiite est attirée par les mouvements de gauche révolutionnaire. Elle vient grossir les rangs du Parti communiste et du Baas, sensibles à leurs discours égalitaristes. Mais la « tikritisation » du régime baassiste au début des années 70 amorce le divorce.

Le parti Baas n'a jamais véhiculé une idéologie confessionnelle antichiite, mais le pouvoir dictatorial de Saddam Hussein, monopolisé par les hommes de son clan, ne pouvait s'accommoder de la moindre contestation. En critiquant ses dérives sécuritaires, les oulémas chiites ont engagé un bras de fer avec le régime laïc de Bagdad. Entre les deux camps, l'affrontement est permanent.

L'enseignement est un terrain de prédilection pour le contrôle des esprits de la jeunesse. Lors de la nationalisation de l'éducation, le gouvernement central confisque les bâtiments, les terrains et les comptes en banque de l'université chiite de Koufa[9]. Saddam Hussein impose le service militaire aux étudiants chiites en théologie, alors qu'ils en étaient dispensés auparavant.

Le raïs a toujours bataillé pour mettre au pas la « Sorbonne » de l'islam chiite. Fondée il y a plus de

---

8. Voir chapitre VII.
9. L'université de Koufa a été fondée par l'ayatollah Mohsen al-Hakim, le père de Mohammed Baqr al-Hakim, l'actuel dirigeant du principal mouvement d'opposition chiite, l'Assemblée suprême de la révolution islamique en Irak (ASRII).

mille ans, l'université de Nadjaf représente le cœur spirituel et religieux du chiisme. Un lieu d'influence et de pouvoir qui dépasse les frontières irakiennes. La plupart des dignitaires religieux iraniens, dont l'ayatollah Khomeyni, ont étudié dans ses murs.

« Dans les années 60, Nadjaf accueille plus de 5 000 étudiants, aujourd'hui elle en reçoit dix fois moins. L'université vit les heures les plus sombres de son histoire », affirme l'ayatollah Abdel Majid al-Khoie. Pour échapper au harcèlement des autorités de Bagdad, la plupart de ses professeurs les plus prestigieux sont partis enseigner à Qom, en Iran. Avec près de 50 000 étudiants, cette université iranienne est devenue le premier centre au monde pour la formation des dignitaires chiites, profitant du déclin de Nadjaf.

Les liens entre les chiites irakiens et l'Iran sont très complexes. Certes les sympathies religieuses sont bien réelles de part et d'autre de la frontière, comme en témoignent les passerelles théologiques entre Nadjaf et Qom. Pourtant, un fossé infranchissable les sépare : Arabes et Perses n'appartiennent pas à la même civilisation, et n'ont pas les mêmes origines ethniques. Leur haine est ancestrale. Les chiites irakiens n'ont pas oublié la dureté des traitements qu'ils ont subis dans les geôles iraniennes pendant la première guerre du Golfe.

« Pour un chiite de Nadjaf ou de Kerbala, l'arabité prime sur toute autre considération. Cette identité dérive directement des tribus. À tel point que les mariages irako-iraniens, même entre chiites, sont extrêmement rares », explique Zoheir al-Jazaïri, écrivain-journaliste.

La guerre Iran-Irak l'a d'ailleurs montré : le patriotisme passe avant la religion. Certes, des chiites irakiens, notamment ceux appartenant à l'Assemblée suprême de la révolution islamique en Irak (ASRII), ont combattu aux côtés des Iraniens, au nom du Jihad (la guerre sainte). Mais dans leur immense majorité, les chiites irakiens sont restés loyaux à leur pays. Ce sont souvent eux qui ont servi de chair à canon pendant le conflit.

À Bassorah, la grande ville du Sud, l'armée régulière et la garde républicaine se sont débandées devant les offensives iraniennes : les tribus chiites ont fait preuve de la plus grande combativité contre l'ennemi persan. À la grande surprise, d'ailleurs, du pouvoir de Bagdad, dont la hantise était de voir basculer les chiites irakiens du côté de leurs coreligionnaires iraniens. Saddam Hussein est même allé prier sur leurs lieux saints à Kerbala et à Nadjaf.

En revanche, en mars 1991, quand le « pays chiite » qui s'étend du sud de Bagdad jusqu'au golfe Arabo-Persique se soulève contre le pouvoir central, le raïs n'a aucune pitié. Pour le punir, il ordonne l'assèchement des marais du Sud, où bon nombre de rebelles ont trouvé refuge avec leurs familles. Officiellement, les autorités ont prétendu que le but de l'opération visait à bonifier de nouvelles terres agricoles et enrayer les épidémies, chroniques dans cette région infestée de moustiques.

En démarrant les travaux de son « Troisième Fleuve » en 1992 [10], Saddam a tout simplement voulu priver les opposants chiites de base de repli possible, la présence d'immenses zones marécageuses où les roseaux peuvent atteindre plusieurs mètres de hauteur leur servant de protection naturelle. Impénétrables, elles n'étaient accessibles qu'en barque, par un dédale de canaux.

Depuis la nuit des temps, les marais du sud de l'Irak

---

10. Le « Troisième Fleuve », achevé en 1995, est en fait un gigantesque canal reliant le Tigre à l'Euphrate, qui draine toutes les sources d'eau affluentes.

ont toujours constitué une zone de dissidence. La révolte des Zanj (869-883) a directement menacé le pouvoir abbasside. Déjà à cette époque, le calife de Bagdad avait entrepris des travaux d'assèchement. Sur le chantier, il utilisait des esclaves venus d'Inde et d'Afrique, que les contremaîtres traitaient avec brutalité. Galvanisés par leur meneur, Ali Ibn Mohammed, ceux-ci se révoltèrent contre leurs maîtres. Ils pillèrent Bassorah et avancèrent jusqu'à moins de trente kilomètres de la capitale. Finalement, l'armée des esclaves fut difficilement vaincue, et la tête d'Ali, « le Spartacus de Mésopotamie », portée en triomphe au calife.

Au début du siècle, les membres de tribus rebelles attaquaient les trains de la ligne Bagdad-Bassorah qui passait à proximité. Une fois leur forfait accompli, ils se repliaient dans leurs repaires aquatiques. Dans les années 50 et 60, les marais servirent de sanctuaires aux opposants de tout poil fuyant la répression des régimes successifs.

Aujourd'hui, le drainage des marais est quasi achevé. Les écologistes ont protesté, la communauté internationale est restée passive. Des images satellites prises entre 1990 et 2000 montrent qu'ils ont disparu à 90 % : des 20 000 km^2 originels, il n'en subsiste plus que 2 000. Les autorités irakiennes ne sont pourtant pas parvenues à les rayer de la carte totalement : les marais frontaliers *(Hor al-Huwayza)* sont rechargés par des cours d'eau s'écoulant d'Iran.

« Il s'agit d'un désastre écologique majeur, comparable à celui de l'assèchement de la mer d'Aral ou de la déforestation en Amazonie », affirme Klaus Toepfer, directeur exécutif du programme des Nations unies pour l'environnement[11]. Les « Arabes des marais »,

---

11. Communiqué du programme des Nations unies pour l'environnement (PNUE), 18 mai 2001.

dont l'explorateur allemand Wilfried Thesiger avait si bien décrit le mode de vie ancestral [12], ont vu leur écosystème détruit à jamais. La faune sauvage [13] et la flore ont disparu.

La population vivait de l'élevage de buffles, de la pêche et de la culture du riz, autant d'activités désormais impraticables. Cette province du Sud-Est, autrefois l'une des plus fertiles, n'est plus qu'un gigantesque champ de boue aux odeurs nauséabondes. L'augmentation spectaculaire de la salinité de sols liée au drainage a ravagé l'agriculture. « Dans la région de Kut, quand il pleut, la terre devient blanche, comme s'il avait neigé. La pluie provoque de telles remontées du sel que les femmes le ramassent ensuite dans les flaques d'eau », explique un expert de l'ONU.

Plus de 500 000 « Arabes des marais » habitaient au fil de l'eau sur les *mudhifs*, des maisons traditionnelles en roseau et nattes tressés en forme de berceau renversé. Seuls quelques milliers d'entre eux ont pu rester sur place. L'assèchement et la répression du régime en ont poussé à l'exil près de 100 000 du côté de la frontière iranienne, les autres ont été relogés de force dans les banlieues insalubres des grandes villes du Sud, comme Bassorah.

Au cœur d'une palmeraie, la cité, jadis florissante grâce à son commerce vers l'Asie, est aujourd'hui ruinée. Avant les deux guerres du Golfe, son port, l'un des plus actifs du monde arabe, attirait hommes d'affaires, pèlerins iraniens, touristes koweïtiens venant jouer dans les casinos ou s'enivrer dans les bars.

12. Wilfried Thesiger, *Les Arabes des marais*, coll. « Terre humaine », Plon, 1983.
13. Cette région marécageuse était le lieu de reproduction de nombreuses espèces d'oiseaux migrateurs, comme les oies sauvages venant de Sibérie pour passer l'hiver.

Les bombardements pendant la guerre Iran-Irak ont détruit son centre historique, et l'embargo a gelé ses activités portuaires. Bassorah reçoit douze heures d'électricité par jour. L'eau, théoriquement traitée dans les stations de purification, n'est pas potable, mais elle est quand même distribuée dans le réseau et sert aussi à la fabrication de sodas...

Les symboles du pouvoir continuent de narguer la population. Le palais de Saddam construit sur les rives du Shatt al-Arab est protégé par un périmètre de sécurité, où les maisons ont été rasées : la route menant au palais est interdite, et les pêcheurs ne peuvent plus se rendre sur les canaux adjacents pour y jeter leurs filets.

Un climat de peur règne dans le Sud, où les informateurs de la *moukhabarat* sont partout. « Ici, avoir du courage, c'est se confier, note un responsable humanitaire. Au bout d'un an et demi, au moment où j'achevais ma mission, un collègue m'a alors seulement avoué qu'il n'était pas irakien, mais palestinien [14] ! »

À Bassorah, le calme n'est souvent qu'apparent. « J'ai demandé au gouverneur s'il contrôlait la situation, raconte un diplomate. Il m'a répondu : "Sortez ce soir dans les rues et constatez par vous-même !" Effectivement, je n'ai pas noté de présence policière visible sauf autour du siège du parti Baas. Le contrôle social est très puissant [15]. »

Personne ne sait ce qui se passe dans la zone frontalière avec l'Iran. Le black-out est total. La région est réputée pour ses trafics, notamment de drogue et d'alcool. L'armée a construit des fortins pour contrôler cette frontière-passoire. Les brouillards matinaux très

---

14. Entretien avec l'un des auteurs à Jérusalem, 1er septembre 2002.
15. Entretien avec les auteurs à Bagdad, 14 octobre 2002.

épais facilitent le déplacement des contrebandiers, qui n'hésitent pas à tirer sur les soldats irakiens. Les bandits qui ont le malheur d'être capturés sont fusillés sur place. Les autorités redoutent que l'argent sale de ces trafics ne serve à acheter des armes qui pourraient être utilisées contre elles.

En cas d'intervention militaire américaine, quelle sera l'attitude du « pays chiite » ? « Le Sud tombera rapidement, pronostique cet expert des affaires arabes [16]. Pas forcément entre les mains des Américains, mais dans celles des responsables chiites locaux proches de l'Iran. Il faudra beaucoup de soldats pour éviter une libanisation et le chaos. » Pour les chiites, l'ordre des priorités semble déjà bien établi : se débarrasser d'abord de Saddam, puis des Américains.

Les Kurdes déjà autonomes

« M. Von Sponek, offrez ces chocolats de ma part à Tarek Aziz, quand vous redescendrez à Bagdad. » En Irak, la complexité des relations entre communautés n'est plus à démontrer, mais la marque d'obligeance de Jalal Talabani, l'un des leaders kurdes, à l'égard d'un des caciques du régime qui les a réprimés violemment a renforcé l'ancien coordinateur des Nations unies dans ses convictions. Même les plus farouches ennemis se parlent, particulièrement dans ces montagnes kurdes du nord du pays, ce nid d'espions qui a toujours eu des faux airs de Far West.

Le Kurdistan offre un relief radicalement différent du reste de l'Irak. N'a-t-on pas l'habitude de dire qu'en Irak, les plaines appartiennent aux Arabes et les montagnes aux Kurdes ? Si le nationalisme arabe s'est

---

16. Entretien à Amman, 29 septembre 2002.

forgé en milieu urbain, le nationalisme kurde, lui, est issu des collines. Né du refus du pouvoir central de le reconnaître, il est un phénomène assez récent, que le poids des traditions, des intrigues et des divisions a eu tendance à ralentir.

La société kurde est encore plus soumise aux allégeances familiales que le reste du pays. Une femme Barzani ne peut se marier qu'avec un homme du même clan. Face à la résurgence toujours possible de haines ancestrales, le kalachnikov fait partie de l'arsenal de toutes les maisons. Le code d'honneur est sacré chez les *peshmergas*, ces combattants reconnaissables à leur pantalon bouffant et à leur turban autour du crâne. On peut envoyer un tueur à des milliers de kilomètres du Kurdistan apurer une vengeance.

Les personnalités des leaders des deux principales factions kurdes sont une illustration de ces courants complexes et contradictoires. Depuis son nid d'aigle de Salahedine, Massoud Barzani dirige le Parti démocratique du Kurdistan (PDK), qui contrôle les régions montagneuses du nord de la région à la frontière turque. Son nationalisme est plus affirmé que celui de son rival, Jalal Talabani. Ce dernier, chef de l'Union patriotique du Kurdistan (UPK), est un homme sophistiqué mais usé par ses fréquents retournements.

La rivalité entre les Barzanis et les Talabanis s'exprime aussi dans les dialectes kurdes : le *kurmandjî* est la langue vernaculaire de la région rurale dominée par les Barzanis, le *sorânî*, celle du sud sous le contrôle des Talabanis [17].

---

17. « Mémoires d'Irakiens : à la découverte d'une société vaincue », *op. cit.*

En 1975, 1988 et 1991, les révoltes kurdes en faveur d'une autonomie politique ont été écrasées dans le sang par l'armée irakienne. L'exode massif des populations fuyant les bombardements a entraîné l'instauration d'une zone d'interdiction aérienne en 1992. Des élections se tiennent alors, et un gouvernement est formé à parité entre UPK et PDK.

Une querelle sur le partage des revenus de la contrebande provoque en 1994 l'éclatement du gouvernement. Chaque faction établit alors le sien. Les combats fratricides font plus de 3 000 morts, avant qu'un accord ne soit conclu entre les deux camps à Washington en 1998, sous l'égide de l'administration Clinton. La population peut désormais se déplacer entre les deux régions, les barrages ont été réduits. Mais la réconciliation demeure fragile, comme en témoigne la poursuite de l'émigration.

Victimes de la cruauté de Saddam Hussein, les 3,8 millions de Kurdes appellent officiellement à sa chute depuis des années. Mais ils seraient alors exposés au vide du pouvoir qui pourrait en résulter, et appréhendent en fait les lendemains de victoire, dont le goût pourrait être amer.

Les Kurdes ont été les enfants gâtés de l'embargo imposé à l'Irak depuis 1990. Ils bénéficient d'une répartition du gâteau humanitaire favorable[18] qui a transformé leur région en une sorte d'Eldorado, où la liberté de parole est effectivement plus grande qu'à Bagdad, mais la corruption et les prébendes guère moindres.

« On construit un hôpital pour Talabani, donc il en faut un aussi pour Barzani. On construit une école à

---

18. 3,8 millions de Kurdes reçoivent 13 % des ventes de pétrole de Bagdad, les 18 autres millions d'Irakiens 54 % (le chiffre a été porté à 59 % en 2001).

Erbil au profit du PDK, donc il en faut une aussi à Soulaimaniyeh pour l'UPK, explique un connaisseur du dossier. Les Kurdes ont bénéficié d'un régime de vaches grasses, tandis que les autres Irakiens étaient soumis au dépeçage de leurs ressources et tiraient le diable par la queue. On a créé un système précaire qui finira par se retourner contre la population kurde elle-même. »

Avec l'argent de l'aide qui coule à flots, les Kurdes développent une mentalité d'assistés, ruinant des secteurs traditionnels comme l'agriculture : pourquoi suer à cultiver du blé quand la résolution 986 le leur fournit à moindre coût ?

La diabolisation obligée de Saddam Hussein ajoutée à la mauvaise conscience de l'Occident vis-à-vis des Kurdes explique la mansuétude à leur égard. Des milliers de Kurdes sont morts gazés en 1988 par l'armée de Saddam, sans aucune réaction de la communauté internationale. Les États-Unis ont même accusé les Iraniens d'être responsables du massacre d'Halabja, après la capture du village voisin de Sari Rash par les troupes de Téhéran, appuyées par Jalal Talabani[19]. Quelques années plus tard, des centaines d'autres Kurdes sont abandonnés à leur sort quand leurs « protégés » américains se défilent piteusement, après l'échec cuisant d'un complot anti-Saddam ourdi par la CIA[20].

Instruits par les promesses non tenues et les trahisons occidentales, les Kurdes ne veulent plus croire en l'avenir. En 1963, les États-Unis ont fait parvenir des armes au régime de Bagdad pour mater les Kurdes. L'année suivante, le président irakien Abdel Salam Aref, le plus farouchement antikurde de l'histoire

---

19. *Saddam Hussein. The Politics of Revenge*, op. cit.
20. Voir chapitre VII.

moderne, a utilisé du napalm et des armes chimiques contre les Kurdes.

« Un tien vaut mieux que deux tu l'auras » semble être aujourd'hui leur devise, alors que l'incertitude plane sur le type de régime qui pourrait succéder à Saddam Hussein.

« La création d'un État kurde dans le nord de l'Irak n'est ni dans l'intérêt du peuple kurde ni dans celui du peuple irakien. Nous ne voulons pas la partition de l'Irak », déclare en octobre 2002 Massoud Barzani [21].

Si l'idée confessionnelle reste taboue en Irak, l'idée ethnique kurde, en revanche, est acceptée. Saddam sait que le Kurdistan est une ligne rouge à ne plus franchir, aux yeux des États-Unis.

La région échappe théoriquement au contrôle de Bagdad depuis 1991, mais en fait, Saddam, grâce à ses agents infiltrés et aux quelques tribus kurdes restées loyales [22], sait à peu près tout ce qui s'y passe. Lorsque l'ambassadeur de Jordanie en Irak s'est fait voler sa voiture et dérober son argent sur l'autoroute Bagdad-Amman, il y a quelques années, il n'a pas fallu plus d'une semaine aux oreilles de Saddam pour mettre la main sur les malfrats au Kurdistan et restituer son véhicule au diplomate.

Le maintien d'une partie du réseau électrique sous la tutelle de Bagdad implique des contacts quasi quotidiens entre le pouvoir central et des dirigeants kurdes de rang intermédiaires. Les Kurdes, notamment ceux du PDK, et les autorités irakiennes ont des intérêts dans la contrebande de pétrole acheminé en Turquie via un point de passage qui est aux mains des hommes de Barzani. Qoussaï, le dauphin présumé de Saddam,

---

21. Interview au journal panarabe *al-Hayat*, 8 octobre 2002.
22. En 1974, Saddam a réussi à rallier à sa cause une quinzaine de grandes tribus kurdes.

est ami avec le fils de Massoud Barzani, et ce dernier a longtemps disposé d'un passeport diplomatique irakien pour quitter le pays. Avec 1 million de Kurdes, Bagdad est la « capitale » du Kurdistan, où deux partis kurdes, dont le PDK, continuent d'avoir pignon sur rue.

Au quotidien, les actes des dirigeants kurdes jurent souvent avec la résistance héroïque d'un peuple subjugué depuis des lustres par ses voisins, selon leurs propagandistes zélés. La mainmise de la famille Barzani sur la gestion du gouvernement qu'elle contrôle n'a pas grand-chose à envier à celle de Saddam, la violence en moins, certes. Un fils, Masrour, dirige le poste sensible des renseignements. Un neveu, Najirvan, est Premier ministre, et entre les deux tôt ou tard, des dérapages sanglants ne sont pas à exclure. Quant au site Internet du Parti, il glorifie encore outrancièrement la mémoire de Moustapha, le père de l'actuel leader kurde, dans le plus pur style du culte de la personnalité si cher à leur ennemi de Bagdad.

Dispersés sur cinq états [23], les Kurdes ont vu leur région devenir le champ de manœuvres des puissances voisines. Leur faiblesse les a toujours obligés à manger à beaucoup de râteliers. Les frontières montagneuses sont poreuses. Dans un restaurant d'Erbil, la serviette peut être syrienne, l'eau turque et le papier à toilette iranien. Mais les marchandises ne sont pas les seules à pénétrer aisément au Kurdistan.

La Turquie y poursuit sa guerre contre le reliquat de combattants kurdes du Parti des travailleurs du Kurdistan, repliés coté irakien de la frontière. Les forces d'Ankara sont en général épaulées par les *peshmergas* de Massoud Barzani. Dès qu'une région est « contami-

---

23. 25 millions de Kurdes vivent à cheval sur la Turquie, l'Irak, l'Iran et la Syrie et plusieurs petits pays de l'ex-URSS.

née » par le PKK, les hommes de Barzani n'y livrent plus la nourriture et les médicaments qu'au compte-gouttes. Les Turcs, via notamment leur minorité turkmène en charge de la surveillance du cessez-le-feu entre factions kurdes, n'ignorent rien, eux non plus, de ce qui se trame au Kurdistan. Au marché noir d'Erbil, il est aussi facile d'acheter un passeport irakien qu'un laissez-passer turc...

À quelques encablures, l'Iran avance ses pions. Téhéran soutient l'Union patriotique de Jalal Talabani (UPK). En 1996, les gardiens de la Révolution furent envoyés jusqu'à son fief de Soulaimaniyeh, ce qui provoqua une vive réaction de l'armée de Saddam, appelée à la rescousse par Barzani. Aujourd'hui, les combattants iraniens se sont retirés mais Téhéran comme Washington disposent encore d'un bureau des services de renseignements chez Talabani.

Ces régions frontalières aux confins de plusieurs pays n'ont guère connu le calme depuis des décennies. Depuis la fin des années 90, l'entrée en scène des islamistes a entraîné une dégradation de la sécurité.

Quatre à cinq cents combattants d'al-Ansar al-Islam (« Les partisans de l'Islam ») sont retranchés dans deux ou trois villages près de la frontière iranienne. Des « Afghans-arabes » proches de l'ancien leader Gulbudin Hekmatiyar les ont rejoints après les attentats du 11 septembre. Des embuscades meurtrières les opposent régulièrement aux partisans de l'UPK.

Dans les villages que les islamistes contrôlent, des règles de stricte observance de la religion ont été imposées. Selon des experts, ces fondamentalistes sont la seconde carte de l'Iran : « Quand Jalal Talabani se rapproche un peu trop des États-Unis, les radicaux au pouvoir en Iran mettent la pression sur les combattants d'al-Ansar al-Islam pour ramener leur protégé Talabani dans la bonne direction. » L'hypothèse de la main de Saddam est également évoquée, parfois, pour déstabiliser en sous-main une région où ses opposants du Congrès national irakien ont encore pied.

En juillet 2002, une équipe du Pentagone s'est secrètement rendue au Kurdistan pour vérifier les équipements militaires des combattants kurdes du PDK et de l'UPK et évaluer leurs besoins en termes d'entraînement. Les stratèges américains souhaitent faire du Kurdistan une tête de pont en vue d'une éventuelle opération militaire contre Bagdad. « Nous ne prendrons part à aucun projet mettant en danger nos acquis », répète depuis Massoud Barzani.

Les Kurdes rêvent de mettre la main sur Kirkouk et son pétrole, une ville plus au sud, sous le contrôle de Saddam, où de nombreux Kurdes vivent encore, subissant une politique d'arabisation de la part du pouvoir central. Mais depuis 1991, pour la première fois depuis bien longtemps, les Kurdes administrent une partie de leur territoire historique, et les développements dans les domaines de l'éducation et de l'emploi sont notables. À l'aube d'une éventuelle redistribution des cartes, ils n'ont pas envie de lâcher la proie pour l'ombre.

VII

L'opposition en exil : combien de divisions ?

CIA, dollars et trahisons...

169, Knighsbridge Road, Londres. Un immeuble anonyme en brique rouge à deux pas de Hyde Park et du célèbre magasin Harrod's. Le Congrès national irakien (CNI), un paravent regroupant les principaux mouvements d'opposition[1], a élu domicile dans un des quartiers les plus chics de la capitale anglaise. Aucune plaque à l'entrée, mais un vigile qui contrôle le sas de sécurité. Les bureaux sont fonctionnels, mais ce n'est pas la ruche effervescente d'un mouvement sur le point de prendre le pouvoir.

Le maître des lieux s'appelle Ahmed Chalabi, l'un des protégés de Washington. Avec son visage chafouin et sa faconde naturelle, l'homme est affable. Vêtu d'un costume de tweed, il court de rendez-vous en conciliabules secrets. Grâce à ses relations au Congrès américain et ses connexions au Pentagone, Ahmed Chalabi est l'une des personnalités phares de l'opposition en exil. « Je ne cherche à jouer aucun rôle dans l'Irak de

---

1. Le Congrès national irakien a été fondé à la conférence de Vienne en juin 1992. Cette plate-forme de l'opposition regroupe les islamistes chiites et sunnites, les Kurdes, les communistes, les nationalistes, les monarchistes, etc.

l'après-Saddam. Je milite simplement pour la formation d'un gouvernement de professionnels et de technocrates afin de reconstruire mon pays[2]. » Ahmed Chalabi n'a rien d'un politicien traditionnel. On ne lui connaît aucune activité militante avant 1991. Il tire sa force de ne jamais avoir appartenu au parti Baas. Issu d'une grande famille chiite de banquiers[3], il reste avant tout un homme d'affaires. En réunion, il n'hésite pas à décrocher son téléphone portable pour appeler un mystérieux correspondant américain quand l'un de ses partisans lui demande la position des États-Unis sur telle ou telle question. Ahmed Chalabi dirige son mouvement comme le conseil d'administration d'une multinationale.

Une réputation d'escroc lui colle à la peau. En Jordanie, le leader du CNI n'est pas vraiment en odeur de sainteté. « Chalabi ? Une personnalité douteuse recherchée par notre justice », lâche en privé le roi Abdallah II. Celui qui prétend participer à la reconstruction d'un nouvel Irak est responsable de la plus mémorable banqueroute de l'histoire du royaume hachémite. La faillite de la banque Pétra, qu'il dirigeait jusqu'en août 1989, lui a valu une condamnation par contumace à vingt-deux ans de prison.

« Le scandale financier avait pour origine une carambouille financière liée à l'octroi de prêts à fonds perdus maquillés dans les bilans comptables », se souvient un expert financier. À l'époque, Chalabi mène grand train. Il finance son ami le prince Hassan, à

---

2. Entretien avec l'un des auteurs à Londres, 12 novembre 2002.

3. Avant 1958, la famille Chalabi, l'une des plus puissantes d'Irak, qui finançait la monarchie, a fourni de nombreux ministres et le père d'Ahmed Chalabi a présidé le Sénat. L'un de ses oncles est le fondateur de la banque al-Rafidain, aujourd'hui nationalisée.

l'époque héritier du trône, dans des opérations immobilières aventureuses, ainsi que son épouse, la princesse Sarvath. Il n'hésite pas non plus à mettre la main au portefeuille afin d'aider les anciens membres du régime irakien en exil, ce qui a le don d'irriter Bagdad.

Son style flamboyant indispose les milieux financiers jordaniens tenus par les grandes familles palestiniennes. L'establishment n'apprécie guère la concurrence de cet étranger bien en cour au palais qui joue les mécènes en ville[4]. Encouragés en sous-main par le régime de Bagdad, ses ennemis profiteront de sa mauvaise gestion de la banque Pétra pour le faire tomber. En catimini, Chalabi doit quitter la Jordanie dans le coffre de la voiture d'une amie d'enfance qui l'aide à franchir la frontière syrienne. Derrière lui, il laisse une ardoise de 360 millions de dollars.

Revenu dans les valises des Américains, le blason de l'homme d'affaires est à nouveau doré.

L'opposition reste toutefois le jouet des divisions dans l'administration américaine. Tout commence à la fin de la deuxième guerre du Golfe.

En février 1991, l'armée de Saddam se retire du Koweït dans une atmosphère de débandade générale. Les populations chiites du Sud et kurdes du Nord en profitent pour se soulever contre le régime de Bagdad, stimulées par les encouragements du président américain George Bush. Le 15 février 1991, le chef de la Maison-Blanche s'adresse aux Irakiens : « Soldats, peuple d'Irak, prenez votre destin en main ! Écartez du pouvoir le dictateur Saddam Hussein ! » En quelques jours, les trois quarts des provinces échappent au

---

4. Grand amateur d'art, Ahmed Chalabi avait transformé le hall de sa banque en galerie de peinture. Il avait aussi relancé l'art de la calligraphie et financé la publication de romans et de recueils de poésie arabe.

contrôle du gouvernement central[5], qui semble sur le point de s'effondrer.

Un spectaculaire coup de théâtre se produit alors : au lieu d'empêcher le régime de Bagdad d'utiliser sa garde républicaine pour écraser les insurgés, les États-Unis donnent le feu vert à Saddam Hussein pour lancer ses hélicoptères et ses blindés contre les rebelles. Dès lors, l'intifada des chiites et des Kurdes est condamnée. Impitoyable, la répression fera des dizaines de milliers de morts. À Kerbala, le mausolée de l'Imam Hussein, un des lieux saints chiites, est éventré par l'artillerie irakienne.

Loin de tout sentimentalisme, Washington a fait le choix de la Realpolitik. Dans la balance, le pétrole de Riyad a pesé plus lourd que les aspirations au changement des Irakiens. Affolés par une éventuelle prise de pouvoir à Bagdad par les chiites, qui aurait pu bouleverser l'équilibre régional et déstabiliser le royaume wahhabite, les Saoudiens ont supplié les États-Unis de laisser Saddam Hussein, le sunnite, reprendre le contrôle de la situation. À l'époque, Riyad était encore l'allié indéfectible de l'Amérique.

Une partie des opposants irakiens tirent les leçons de la volte-face américaine : sans aide extérieure, aucun renversement du régime de Saddam Hussein n'est possible. « Ahmed Chalabi a compris à ce moment qu'il fallait faire de l'Irak un dossier de politique intérieure américaine », affirme l'un de ses proches. Il s'emploie alors à créer un réseau d'amitiés et d'alliances à Washington et accessoirement à Londres, au Foreign Office, plutôt que de rechercher de vains soutiens populaires à l'intérieur de l'Irak.

---

5. Seules les provinces de Bagdad, Ninive (Mossoul), Salah al-Din (Tikrit) et al-Anbar (al-Ramadi) sont restées loyales au régime.

Mais les États-Unis tiennent-ils vraiment à se débarrasser de Saddam Hussein ? En septembre 1996, les troupes de Bagdad pénètrent sans coup férir au Kurdistan, à la demande de Massoud Barzani alors attaqué par les forces de son rival kurde Jalal Talabani, soutenu par les Iraniens.

C'est le sauve-qui-peut général pour le Congrès national irakien de Chalabi, qui avait installé son quartier général à Salah al-Din et à Erbil. Plusieurs centaines d'opposants sont torturés et exécutés par les forces de Bagdad. Plus de 7 000 collaborateurs et leur famille, liés au CNI, sont évacués en catastrophe par un pont aérien vers l'île de Guam, dans le Pacifique.

La trahison de Washington, encore gravée dans la mémoire des opposants, révèle les divisions américaines sur la stratégie à adopter pour renverser Saddam Hussein. Campagne militaire ou coup d'État interne ? Le Congrès et le Pentagone ont misé sur Ahmed Chalabi pour la première option. La CIA et le Département d'État ont, quant à eux, parié sur Iyad Allaoui pour la seconde. Dans les deux cas, l'échec sera patent.

Chiite comme Chalabi, Allaoui est un ex-baassiste qui dirige depuis Londres le parti de l'entente nationale *(al-Wifak al-Watani)*. Dans les années 60, il appartenait au groupe de Saddam *(al-Houneim)* chargé de liquider les opposants en Irak. Le mouvement d'Iyad Allaoui est un repaire d'anciens officiers de l'armée et des services de sécurité qui ont fait défection. « L'Entente nationale apparaît comme une organisation très centralisée, structurée sur le modèle de la hiérarchie militaire. Il y règne une ambiance de conspiration. Le mouvement n'a aucun soutien populaire en Irak, mais dispose de beaucoup d'argent, versé principalement par la CIA et le MI6, les services de renseignements britanniques », explique un journaliste irakien spécialiste des milieux d'opposition à Londres.

Des généraux pour remplacer des généraux : l'objectif de l'Entente nationale vise à renverser le régime irakien à partir d'un putsch de l'armée. Pendant un temps, ce scénario a séduit la CIA, qui a monté un complot contre Saddam en 1996 avec Iyad Allaoui et ses hommes. La conspiration était téléguidée d'Amman.

Le coup d'État, éventé, échoue lamentablement. « Tout le monde était au courant, se souvient Ahmed Chalabi, le rival d'Allaoui. Nous avons prévenu le groupe de l'Entente nationale ainsi que la CIA. Ils ont tous fait la sourde oreille. » Le roi Hussein, qui avait autorisé l'ouverture d'un bureau de l'Entente nationale à Amman[6], ne cachait pas non plus son scepticisme sur les chances de réussite de l'entreprise.

Par naïveté ou par arrogance, les initiateurs de la machination ont cependant poursuivi les préparatifs. Informé par ses agents infiltrés au sein de l'Entente nationale, Saddam Hussein laisse se développer la conjuration, avant de refermer le piège sur ses auteurs. Le 26 juin 1996, ses services de sécurité lancent une série de rafles contre les comploteurs, qui occupent des postes importants dans l'armée. Plusieurs centaines d'entre eux, sans autre forme de procès, sont exécutés.

« La tentative de coup d'État de 1996 fut l'un des échecs les plus cuisants de toute l'histoire de la CIA : il mérite de figurer au tableau d'honneur des fiascos aux côtés de la beaucoup plus fameuse Baie des Cochons de 1961. Le désastre a été si total que ceux

---

6. L'Entente nationale est le seul mouvement d'opposition à disposer d'un bureau de représentation à Amman. Mais ses activités sont réduites et surveillées étroitement par les services de renseignement jordaniens.

qu'il concernait ont fait comme s'il ne s'était jamais rien passé [7]. »

Pourtant, ce ne sont pas les millions de dollars qui ont manqué pour renverser Saddam Hussein [8]. Depuis le vote de l'*Iraq Liberation Act* en octobre 1998 par le Congrès américain, près de 100 millions de dollars ont été alloués à l'opposition irakienne. L'argent est désormais contrôlé par les parlementaires, et Washington en surveille l'utilisation.

Ce qui n'empêche pas des rumeurs de détournement de fonds par Ahmed Chalabi de se répandre sur son compte. À l'occasion, le Département d'État, qui ne le porte pas dans son cœur, n'hésite pas à lui couper les vivres. Pendant plusieurs mois en 2002, les journalistes d'*al-Moutamar*, l'hebdomadaire du CNI, n'ont pas été payés. Au quartier général du mouvement, à Londres, les lignes téléphoniques ont même été suspendues pour non-règlement de factures.

Chalabi n'en a cure. Dans son rôle d'électron libre, il excelle à utiliser les luttes entre « faucons » et « colombes » à Washington. Depuis les deux revers de la CIA en 1996, et surtout l'arrivée de l'équipe Bush au pouvoir, le dossier irakien est géré par Donald Rumsfeld, le ministre de la Défense, un familier de la question.

Ce dernier s'était rendu en 1983 à Bagdad porteur d'un message du président Ronald Reagan l'assurant du soutien américain à l'Irak dans sa guerre contre l'Iran. Un an plus tard, les relations diplomatiques entre Washington et Bagdad sont renouées, à l'occasion d'une visite de Tarek Aziz à la Maison-Blanche.

---

7. Andrew et Patrick Cockburn, *L'Énigme Saddam*, First Edition, 1999.
8. Jusqu'en 1996, le CNI d'Ahmed Chalabi émargeait directement sur les comptes de la CIA.

L'opposition irakienne à la solde des Américains ? L'accusation ne perturbe pas le chef de file du CNI. Pour Chalabi, qui compare souvent sans vergogne son mouvement à la Résistance française pendant la Seconde Guerre mondiale, l'efficacité doit primer sur l'indépendance politique. « Citez-moi un mouvement de libération au monde qui ne soit pas dépendant d'un pays étranger ! lance-t-il un brin provocateur. Rappelez-vous les deux premières années du général de Gaulle à Londres. Les Américains ont joué la carte de l'amiral Darlan puis celle de Giraud afin de lui couper l'herbe sous le pied. Ensuite, ils ont essayé de favoriser Leclerc contre lui [9]. »

Chalabi peut-il devenir le « Hamid Karzaï irakien », le président afghan pro-américain à Kaboul ? « Celui qui rentrera dans les valises des Américains aura une fin à la Nouri Saïd, le Premier ministre traîné dans les rues de Bagdad pendant la révolution de 1958 », pronostique un diplomate. À la différence de leur campagne en Afghanistan, les États-Unis ne disposent pas d'une Alliance du Nord ou d'un monarque en exil comme le roi Zaher qui pourraient servir d'alternative au régime de Saddam et assurer une transition en douceur.

Un homme pourtant revendique le trône d'Irak : le charif Ali Ben Hussein, qui a quitté son pays à l'âge de deux ans, après la chute de la monarchie en 1958 [10]. Il n'y est jamais revenu mais se pose en successeur du roi Fayçal II, dont il est le cousin germain.

Sans grand charisme, le charif Ali Ben Hussein prône le retour à une monarchie constitutionnelle calquée sur le modèle anglais : un souverain sans pouvoir,

---

9. Entretien avec l'un des auteurs à Londres, 12 novembre 2002.
10. Voir chapitre I, « Bain de sang royal ».

mais garant de l'unité nationale et territoriale de l'Irak. Soucieux de soigner son image, il participe aux événements sociaux et mondains de la communauté irakienne de Londres. Il voulait faire du 14 juillet un jour de deuil dans la capitale londonienne, mais personne ne l'a suivi.

Sa solitude est aussi sa force. Il est accepté par tout le monde parce qu'il ne dérange personne ! Le charif Ali Ben Hussein ne dispose d'aucune force politique crédible. Son parti, le Mouvement de la monarchie constitutionnelle, n'est que l'étendard d'une armée sans troupes. Son journal, *al-Destourieh* (Le Constitutionnel), a disparu faute d'argent. Homme des Anglais, il a été soutenu un temps par l'Arabie saoudite et le Koweït. Il travaille d'ailleurs pour une banque koweïtienne. L'idée de la restauration du trône hachémite est ultraminoritaire, même si beaucoup d'Irakiens portent encore un regard nostalgique sur ces années de la « belle époque ».

La cacophonie de l'opposition

« On discute sans se tuer, c'est déjà un progrès ! » À Londres, l'opposition en exil offre le spectacle d'une « armée mexicaine » forte d'une pléthore de généraux mais dépourvue de soldats. Vétéran de la scène politique, le parti islamique chiite al-Dawa créé en 1957 a été le premier à subir la répression du régime baassiste. Diabolisés par Saddam Hussein qui les a assimilés à des fanatiques religieux, ses partisans ont été pourchassés sans répit. Un nombre incalculable de membres d'al-Dawa ont été liquidés physiquement, dont son leader historique Mohammed Baqr al-Sadr, exécuté par le régime en 1980[11].

11. Voir chapitre III.

Le parti communiste a connu le même sort. Il a été éliminé de la scène politique intérieure en 1977-1978. Il était pourtant à la fois le mieux structuré et le seul concurrent sérieux du Baas. Saddam lui a coupé les ailes. D'abord en interdisant ses organisations populaires (jeunesse, femmes, ouvriers, artistes, etc.) puis en l'infiltrant de militants venus d'un pseudo Parti marxiste-léniniste. La répression fut sanglante et força la direction et les militants du PCI à s'exiler.

Broyés par les services de sécurité, le PCI et le parti al-Dawa, s'ils demeurent des symboles dans la mémoire politique irakienne, ne sont plus que des coquilles vides. Les seuls mouvements à disposer d'une réelle capacité d'action sont les partis kurdes et l'Assemblée suprême de la révolution islamique en Irak (ASRII), un mouvement chiite lié à l'Iran créé en 1982. Dirigé de Téhéran par l'ayatollah Mohammad Baqr al-Hakim, l'ASRII dispose d'un bras armé, la Brigade Badr.

Forte d'environ 15 000 hommes entraînés par les Gardiens de la Révolution iraniens, elle mène régulièrement des opérations contre l'armée et les symboles du pouvoir irakien, comme les permanences du Baas, dans les régions de Bassorah, Kut, Amara et Nassiriyeh. Pendant la première guerre du Golfe, l'ASRII avait pris fait et cause pour Téhéran.

Le mouvement reste encore aujourd'hui le vecteur de l'influence iranienne en Irak. « Nous nous sommes repliés en Iran parce que nous n'avions pas d'autre choix. Aucun pays arabe ne nous aurait acceptés. Nous disposions en plus sur place d'une large communauté irakienne chiite expulsée par Saddam. Et puis, nous pouvions facilement nous infiltrer en territoire irakien à partir de la zone frontalière marécageuse [12]. »

12. Entretien de l'un des auteurs avec Hamad al-Bayati, représentant de l'ASRII en Grande-Bretagne, Londres, 8 novembre 2002.

Implantés dans les montagnes du Nord, les partis kurdes peuvent eux aussi aligner des milliers de partisans, les *peshmergas*, qui ont prouvé au cours de l'Histoire leur aptitude au combat. Mais les deux principales branches de l'opposition souffrent d'un manque de représentativité nationale. Elles recrutent sur des bases ethniques pour les partis kurdes et confessionnelles pour l'ASRII [13].

Chiites et kurdes soulèvent en outre des méfiances : pour la Turquie, « kurde » équivaut à « sécessionniste », pour les États-Unis et les pays du Golfe, « chiite » signifie « inféodé à l'Iran » ou à « l'ennemi perse », une autre composante de « l'axe du mal » du président George Bush.

Sauver la patrie des griffes du tyran. Des anciens militaires du régime entendent profiter du vide politique pour incarner l'homme providentiel. Najib al-Salhi, ancien général sunnite de la 6e Division blindée sur lequel Washington miserait pour établir un gouvernement d'union nationale après Saddam, Tewfic al-Yasseri, un officier de la marine qui a participé à l'intifada chiite de 1991, Wafik al-Samaraï, ex-chef des renseignements militaires, ou encore Nizar al-Khazraji, ancien chef d'état-major, ont l'ambition de jouer les premiers rôles.

Ces officiers en exil ont créé à Londres en juillet 2002 un « conseil militaire » de quinze membres en vue de renverser Saddam Hussein. Une structure peu opérationnelle dans la mesure où leurs relais dans l'armée irakienne sont limités. Leur carrière au sein de l'appareil sécuritaire du régime de Bagdad les a par

---

13. Le soutien de l'Iran à l'ASRII et à l'UPK de Jalal Talabani explique la présence parfois de combattants chiites à Soulaimaniyeh, le fief de l'UPK au Kurdistan.

ailleurs pour la plupart irrémédiablement discrédités auprès du peuple irakien.

Le plus impliqué dans la répression est Nizar al-Khazraji. Il a participé en 1988 à la sinistre campagne d'al-Anfal au cours de laquelle l'arme chimique fut employée contre les populations kurdes, notamment à Halabja. Réfugié au Danemark, il a été inculpé de crimes de guerre par une cour danoise à la suite du dépôt d'une plainte de réfugiés kurdes. Nizar al-Khazraji nie tout en bloc et fait porter la responsabilité sur Saddam Hussein et son cousin Ali Hassan al-Majid, « Ali le chimiste ».

Aucune personnalité crédible n'émerge du lot pour fédérer les différents mouvements. Ils partagent pourtant le même objectif, à savoir la chute du régime de Saddam Hussein. Mais ils divergent sur les moyens d'y parvenir. Certains ont lié leur destin avec les États-Unis. Ils forment désormais le « groupe des six » officiellement reconnu par Washington.

Le 10 août 2002, Donald Rumsfeld, le ministre américain de la Défense, a réuni à Washington les mouvements d'opposition : le CNI d'Ahmed Chalabi, l'UPK de Jalal Talabani, le PDK de Massoud Barzani, l'ASRII de l'ayatollah Mohammad Baqr al-Hakim, l'Entente nationale d'Iyad Allaoui et le Mouvement de la monarchie constitutionnelle du charif Ali Ben Hussein.

D'autres refusent cette tutelle américaine, comme le Parti communiste ou le parti chiite al-Dawa. Approchés par Washington fin 2002 pour adoucir leur opposition, ils estiment que la libération ne peut venir que du peuple irakien lui-même, soutenu par l'opposition extérieure. Leur plan vise à installer un gouvernement provisoire au Kurdistan, avec des moyens de propagande dirigés vers l'Irak (télévision, radio, etc.) afin d'inciter les officiers de l'armée à faire défection et à se rallier au nouveau gouvernement. La mise en place d'une structure gouvernementale concurrente permettrait d'affaiblir la légitimité des autorités de Bagdad.

Reflet de ces divisions, l'opposition s'est montrée incapable de former un gouvernement en exil. L'ambition personnelle de ses leaders aspirant à devenir « calife à la place du calife » a fait capoter le projet. « Régime pluraliste et démocratique », « respect des identités irakiennes et des Droits de l'homme », « fédération géographique avec un gouvernement central » : les partis se gargarisent de slogans consensuels qui cachent mal les incertitudes à venir.

En cas de renversement de Saddam par l'armée américaine, le Conseil national irakien propose un gouvernement transitoire pendant une période de deux à trois ans, le temps d'organiser des élections et de rédiger une constitution. Des intellectuels et des juristes irakiens travaillent déjà sur le projet.

L'opposition accepte le fédéralisme pour régler pacifiquement la question kurde. Reste à en définir les contours et le contenu. Au cours d'une réunion de l'opposition en décembre 2002 à Londres, il a été convenu que l'islam resterait la religion de l'État.

Ils sont aussi d'accord pour promulguer une nouvelle loi sur la nationalité, venant remplacer celle de 1924. Cette dernière prive encore aujourd'hui de nombreux Irakiens de leur citoyenneté parce que leurs aïeux n'étaient pas reconnus comme sujets de l'empire ottoman au moment de la création de l'État irakien. Des centaines de milliers d'expulsés par le régime de Saddam avaient été déchus de la nationalité, leur « irakité » n'était pas formellement attestée par l'administration.

Regroupant ces idées, un plan de transition démocratique a été discuté avec l'administration américaine[14]. Il prévoit une nouvelle citoyenneté : tous les Irakiens seront égaux, quelles que soient leurs origines ethniques ou religieuses. La torture sera abolie, ainsi que les arrestations arbitraires et les mesures de bannissement.

Les formules rassurantes ne dissimulent pas les arrière-pensées. Quelle sera la place de la majorité chiite dans l'Irak post-Saddam ? « Nous réclamons simplement nos droits politiques, religieux et culturels, commente Hamad al-Bayati, représentant de l'ASRII à Londres. Nous ne voulons pas la mise en place d'un régime chiite, mais une citoyenneté égale pour tous. Tout le monde sera représenté dans le futur gouvernement irakien. »

Cette question du partage du pouvoir inquiète les sunnites minoritaires. Salah Omar al-Ali, ancien ambassadeur d'Irak à l'ONU et l'un des responsables de l'Iraqi National Democratic Accord Assembly[15], met en doute les promesses de l'ASRII, dont les valeurs démocratiques restent à démontrer. Les relations intimes de cette organisation chiite avec Téhéran ont créé des suspicions.

« L'ASRII avance masquée. Si le mouvement s'est allié avec les États-Unis, c'est pour limiter l'influence des sunnites en Irak. Ses militants ont combattu pendant la guerre Irak-Iran contre les chiites irakiens, qu'ils qualifiaient alors d'infidèles. Si un gouvernement chiite arrive au pouvoir à Bagdad, il y aura forcément des connexions avec Téhéran. Va-t-on alors assister à la création d'un Hezbollah irakien, comme au Liban[16] ? »

14. *New York Times*, 27 novembre 2002.
15. L'INDAA est une scission de l'Entente nationale d'Iyad Allaoui.
16. Entretien avec l'un des auteurs à Londres, 10 novembre 2002.

Autre point de discorde : la question pétrolière, dont les enjeux sont non seulement financiers, mais politiques. Comment exploiter et redistribuer la manne de l'or noir ? L'ASRII prône une nationalisation des réserves et une gestion conforme aux intérêts des communautés ethniques et religieuses. Les chiites étant majoritaires en Irak, ils devraient, considèrent-ils, recevoir des dividendes proportionnels à leur poids démographique. L'ASRII serait parvenue à gagner les Kurdes à cette option.

Le Congrès national irakien de Chalabi milite en revanche pour la création d'un consortium privé, responsable de l'exploration et de l'extraction, avec un conseil d'administration où les grandes compagnies pétrolières seraient représentées : les sociétés anglo-saxonnes avec Chevron, BP et Exxon, la russe Lukoil et la française TotalFinaElf, au titre de la présence de Paris et de Moscou au Conseil de sécurité de l'ONU. Au siège du CNI, on indique que l'actuelle State Oil Marketing Organization (SOMO) ne sera pas démantelée dans un premier temps.

L'après-Saddam s'annonce miné. « Beaucoup plus que les armes de destruction massive que Saddam Hussein est accusé de dissimuler, le véritable danger d'une intervention militaire réside dans l'implosion de l'entité irakienne, qui pourrait plonger la région tout entière dans l'instabilité. L'Irak a été et sera toujours une force régionale avec laquelle il faudra composer[17]. » Un « chaos fédéralisé » pourrait surgir des décombres.

Ses voisins sont en alerte. En premier lieu, l'Iran, qui partage la plus longue frontière avec l'Irak. En

---

17. Abdulamir al-Rekaby, « Radiographie de l'opposition irakienne », in *Politique internationale*, n° 96, été 2002.

échange de sa neutralité pendant la campagne militaire américaine, Téhéran souhaite une présence de ses amis chiites dans les instances dirigeantes de l'Irak de l'après-Saddam. Grâce à l'ASRII, l'Iran compte avancer ses pions et pourrait être tenté de créer une zone d'influence frontalière. La brigade Badr de l'ASRII participera-t-elle à des actions militaires sous commandement américain ? Les gardiens de la Révolution iranienne resteront l'arme au pied à la frontière. Mais en sera-t-il de même plus tard si l'instabilité gagne l'Irak ?

La Turquie, elle, a déjà fait savoir qu'elle ne resterait pas les bras croisés si un État kurde voyait le jour dans le nord de l'Irak. Ankara redoute ce scénario sur sa frontière orientale, qui pourrait donner des idées à sa propre minorité kurde. La vieille revendication kurde sur Kirkouk, où réside une minorité turkmène, suscite les inquiétudes de la Turquie. Ses responsables militaires ne cachent pas qu'ils n'hésiteront pas à intervenir au moindre mouvement des Kurdes vers cette région, riche en pétrole. Depuis des années, l'armée turque pourchasse les « terroristes séparatistes » dans les provinces du nord de l'Irak. Comme en 1991, la Turquie pourrait soutenir la campagne militaire américaine, qui aura besoin de la base aérienne d'Inçerlik. Sa participation fait l'objet d'âpres marchandages avec Washington. Ankara a déjà posé ses conditions à son appui : une aide financière [18] et des garanties que les Kurdes ne proclameront pas leur État.

Depuis les attentats du 11 septembre, la Syrie a activement participé à la campagne antiterroriste lancée par le FBI et la CIA. Mais Damas est aussi dans le collimateur de Washington, qui lui reproche la pré-

---

18. La Turquie réclamerait l'effacement de 5 milliards de dollars de sa dette.

sence d'organisations radicales palestiniennes sur son territoire (Hamas, Jihad islamique, Front populaire de libération de la Palestine, FPLP-CG d'Ahmed Jibril) et son soutien au Hezbollah libanais.

Les États-Unis font pression sur la Syrie pour qu'elle stoppe sa contrebande pétrolière avec l'Irak, via l'oléoduc Kirkouk-Banias, et menace même de le détruire en cas de conflit. Redoutant d'être sur la liste des prochains États visés par l'Amérique dans sa guerre contre le terrorisme, Damas a voté à la surprise générale la résolution 1441 des Nations unies, durcissant le régime des inspections en Irak. Un appel téléphonique du président Chirac à Bachar al-Assad, le numéro un syrien, aurait achevé de convaincre Damas de faire preuve de réalisme.

Dans les plans américains, les hachémites et donc la Jordanie pourraient être amenés à jouer un rôle, même symbolique, dans le nouvel Irak débarrassé de Saddam[19]. Sunnites, ils présentent l'avantage d'avoir déjà régné sur le pays et pourraient servir de dénominateur commun aux différentes communautés ethniques et confessionnelles irakiennes.

En privé, le roi Abdallah se défend de toute ambition en Irak : « Nous ne sommes plus dans les années 50 ou 60, où vous pouviez imposer un leadership venu de l'extérieur. Nous sommes au XXIe siècle. En Irak, ce sera l'aventure. J'ai la responsabilité de la Jordanie. Une implication dans les affaires irakiennes pourrait se retourner contre moi et le royaume. »

La présence de son oncle, le prince Hassan, à une réunion d'ex-officiers de l'armée irakienne à Londres, en juillet 2002, a suscité de nombreuses interrogations. Ses embrassades publiques avec son cousin le charif

---

19. « Le retour de la monarchie : scénario ouvert ou message américain aux États de la région ? », *al-Hayat*, 24 août 2002.

Ali Ben Hussein, prétendant au trône de Bagdad, et son discours sur les liens historiques entre l'Irak et la Jordanie ne sont pas passés inaperçus.

Le prince Hassan était-il mandaté par son neveu le roi Abdallah ? Officiellement, non[20]. Certains mettent pourtant en doute cette version. Hassan s'est rendu en mai 2002 aux États-Unis où il a rencontré Condoleeza Rice, secrétaire à la Sécurité nationale, et Paul Wolfowitz, secrétaire d'État adjoint à la Défense. Selon un ancien ministre jordanien, « le prince n'a pas agi seul mais avec l'aval de Washington. Quand le roi Abdallah a été reçu à la Maison-Blanche en septembre, George Bush l'a réprimandé : pourquoi vous êtes-vous distancé de l'activité de votre oncle ? » lui a dit sèchement le président américain.

Relégué aux oubliettes depuis qu'il a été écarté de la succession royale en Jordanie, le prince déchu a saisi l'occasion pour se donner de l'importance, envoyant au passage un message aux Américains. Hassan connaît bien les milieux irakiens et a encouragé la participation des chiites dans l'opposition au nom du dialogue interreligieux.

Les autorités jordaniennes affirment se tenir à distance de l'agitation créée autour de l'opposition irakienne qui « dépense son argent pour acheter des Mercedes », selon les mots du roi Abdallah. Plusieurs rencontres secrètes entre des hauts responsables jordaniens et des membres de cette opposition « frivole » se sont pourtant tenues à Londres en octobre 2002. De quoi ont parlé ces gentlemen ? De l'avenir de l'Irak, bien sûr.

---

20. Pour la première fois depuis son accession au pouvoir en 1999, le roi Abdallah a désavoué publiquement son oncle en déclarant que celui-ci avait commis « une erreur fatale ».

VIII

Les agents de Saddam en Jordanie

L'ombre de la « cinquième colonne »

Depuis longtemps, Saddam Hussein a avancé ses pions en Jordanie. La réouverture de la frontière irako-jordanienne le 15 mai 1991 lui a permis d'infiltrer ses agents dans une communauté d'exilés estimée entre 300 000 et 400 000 âmes. Les plus mal lotis ont terminé leur aventure dans les hôtels miteux du centre-ville d'Amman. Pour quelques dinars la nuit, ils louent des chambres à l'hygiène douteuse, partagées souvent entre plusieurs compagnons d'infortune. Leurs maigres économies leur permettent de tenir quelques mois. Les malchanceux repartiront en Irak après avoir épuisé leur pécule, dégoûtés d'une vie d'exil misérable. Les autres auront eu la chance de décrocher un petit boulot, le plus souvent au noir.

À deux pas du théâtre romain, la place al-Hachimiyeh est devenue au fil des ans le quartier général de cette diaspora irakienne des bas-fonds. La veille de week-end, l'endroit, noir de monde, ressemble à un quartier populaire de Bagdad. L'arabe irakien et son accent si caractéristique résonnent dans les cafés. Les exilés échangent des nouvelles du pays, des bons tuyaux pour obtenir un travail ou des combines pour décrocher un visa. Le café al-Chabab al-Iraki (« Les jeunes Irakiens ») est le point de rendez-vous des chiites originaires de Nadjaf. On déguste le thé à la manière bédouine : pour ne pas se brûler les lèvres, on verse le liquide dans la soucoupe du verre pour le faire refroidir avant de le boire.

Ali, la cinquantaine, a participé au soulèvement chiite de 1991. Il est en Jordanie depuis six ans. « La plupart des gens, ici, sont des diplômés et avaient une bonne situation en Irak. Ce vendeur de cigarettes était juge à Bagdad, lance-t-il en désignant un homme debout derrière un chariot. Moi-même, je suis ingénieur en génie civil. Actuellement, je travaille illégalement comme ouvrier sur un chantier de forage d'eau, à cent trente kilomètres d'Amman. » Des récits semblables à celui d'Ali se comptent par milliers, symboles de la déchéance de pans entiers de la société irakienne.

Les exilés vivent la peur au ventre. La plupart ont dépassé les six mois de validité de leur visa de touriste. S'ils sont arrêtés par la police jordanienne, ils risquent au mieux une amende [1], au pire d'être emprisonnés puis expulsés vers l'Irak. Depuis l'été 2002, les autorités jordaniennes ont renforcé les contrôles. Obtenir des faux papiers ou un visa est donc pour eux une obsession. Pour cela, le système D fonctionne à merveille.

Aux abords de la place al-Hachimiyeh, un marché noir produit faux papiers d'identité, passeports et autres documents administratifs. Ils servent pour déposer une demande de visa dans une ambassade occidentale ou constituer un dossier de réfugié politique auprès de l'UNHCR (haut-commissariat des Nations unies pour les réfugiés). Les autorités jordaniennes ont

---

1. Le clandestin interpellé en situation irrégulière doit payer 1,5 dinar (un peu plus de 2 euros) par jour de dépassement de la validité de son visa.

longtemps fermé les yeux sur ces pratiques illicites, mais depuis que les Irakiens se sont mis à fabriquer des faux papiers jordaniens, Amman a réagi et a arrêté plusieurs faussaires.

On vend aussi pour 50 dinars (environ 70 euros) de fausses histoires ou biographies personnelles que le candidat à l'asile politique récite dans l'espoir de tromper la vigilance des interrogateurs de l'UNHCR. Voici le dernier scénario inventé par les pseudo-réfugiés politiques. « Je suis un paysan de Bassorah. On a retrouvé morts dans mon champ deux membres locaux du parti Baas. Je suis allé prévenir la police. Mais une fois au commissariat, on ne m'a pas cru et on m'a torturé pour que j'avoue ce crime. On m'a ensuite emprisonné. Une fois libéré, j'ai quitté l'Irak illégalement pour venir en Jordanie. »

« J'ai eu affaire à une dizaine de cas qui racontaient la même histoire, explique un membre du UNHCR. Je les ai convoqués en même temps. Ils étaient un peu surpris. Ils ne se parlaient pas entre eux. Quand j'ai demandé : pouvez-vous me décrire la nourriture dans la prison où vous étiez ?, l'un a dit qu'on lui avait servi une pizza, un autre des pâtes, et un troisième de l'eau et du pain. Tous étaient incapables de me décrire les conditions réelles de leur soi-disant détention. »

L'écrasante majorité des demandes enregistrées émanent en fait de migrants économiques[2]. À Amman, les véritables réfugiés politiques ne représentent que 10 % environ des dossiers traités. En Irak, ceux qui méritent ce statut sont morts en prison, ont été assassinés ou se sont enfuis via le Kurdistan ou l'Iran. Jamais en mal d'imagination, les Irakiens dont

2. Sur 600 dossiers qu'il a traités, un interrogateur de l'UNHCR affirme qu'il n'a accordé le statut de réfugié politique que dans un seul cas.

la demande a été déboutée par le UNHCR inventent une nouvelle tactique qui embarrasse de plus en plus les responsables de l'ONU : ils s'arrangent pour devenir des « réfugiés sur place ».

Le faux réfugié politique contacte un journaliste local pour lui raconter ses malheurs. En échange d'espèces sonnantes et trébuchantes, la presse publie son histoire, photos à l'appui. Avec son nom et son visage parus au grand jour, le faux réfugié politique est alors dans l'impossibilité de retourner en Irak, car il risque d'être cette fois-ci arrêté pour de bon par la police irakienne.

Les services de renseignement occidentaux, et plus particulièrement la CIA, s'intéressent de près à cette communauté d'exilés. Disposant de très peu de ressources humaines sur le terrain en Irak, la centrale américaine utilise les informations fournies par des demandeurs irakiens de visas.

Construite sur une colline dans un quartier huppé d'Amman, l'ambassade américaine ressemble à une citadelle imprenable. Elle est gardée par des véhicules blindés.

Pour y pénétrer, le visiteur doit franchir trois sas de sécurité avant de rencontrer son interlocuteur. Dans cette forteresse digne de Fort Knox, les services sensibles ont été installés au sous-sol. Le service des écoutes est l'un des plus puissants du Moyen-Orient. Les employés jordaniens n'ont d'ailleurs pas accès à cette zone confidentielle, reliée au reste de l'ambassade par un tunnel. Ils ne peuvent s'y rendre qu'accompagnés par un responsable américain.

En quelques années, Amman est devenue un nid d'espions. C'est un peu Berlin ou Vienne en modèle réduit au temps de la guerre froide, mais sans l'ambiance du Casablanca des années 40. Ce n'est pas son charme ou sa beauté architecturale, mais sa position géographique centrale au Proche-Orient qui a attiré les « grandes oreilles » de toutes origines. Ici, les rumeurs nourrissent les conversations en ville. Croit-on avoir aperçu des mouvements suspects de troupes américaines dans le royaume ? « De nouveaux GI sont arrivés à Aqaba », glisse un diplomate, tandis qu'un homme soi-disant bien informé ajoute : « Vous êtes au courant : les Américains construisent une nouvelle piste d'aviation dans le désert. »

Dans la capitale jordanienne, où le téléphone arabe fonctionne mieux que les portables, rien n'échappe à l'œil de Bagdad. Les nouveaux venus sont vite repérés. Un temps, des agents de la sécurité irakienne s'étaient installés dans un immeuble jouxtant le siège du haut-commissariat aux réfugiés pour mieux surveiller les demandeurs d'asile[3]. Certains hésitent à s'y rendre de peur d'être fichés par les services irakiens. Leurs familles restées sur place pourraient subir des représailles.

En 2002, un parlementaire irakien a réussi à faire défection : il s'est rendu avec ses proches à Amman, en prétextant un traitement médical. Il est resté terré dans un appartement pendant des mois, de peur d'être repéré par les services de sécurité de Bagdad.

Entre une centaine et un millier d'espions de Saddam opèrent depuis Amman, selon les estimations de certains spécialistes. Recruter des indics est un jeu d'enfant. En ces temps de vaches maigres, l'argent permet de constituer des réseaux et des fidélités dans toutes les couches sociales. Du gamin cireur de chaussures gagnant quelques sous dans le centre-ville au multimillionnaire Nadhim Auchi, PDG de General

---

3. Sarah Graham-Brown, *Sanctioning Saddam. The Politics of Intervention in Iraq*, Londres, I. B. Tauris, 1999.

Mediterranean Holding[4], les Irakiens sont partout : professeurs dans les universités, chanteurs dans les cabarets ou encore travailleurs dans le bâtiment.

Le régime de Bagdad peut s'appuyer sur un réseau de chefs d'entreprise irakiens influents. Derrière les paravents de sociétés respectables, ces derniers font non seulement du business au profit de Saddam, mais collectent discrètement des informations pour le compte de ses *moukhabarats*. La compagnie irakienne al-Iman Investment Group, et sa vingtaine de filiales dans les secteurs agricoles, pétroliers, des services et de l'import-export dispersés dans plusieurs pays du Moyen-Orient (Soudan, Yémen entre autres), est l'un des fleurons de ces sociétés dans l'orbite de Saddam.

Ce n'est pas un hasard si son patron appartient à la puissante tribu des Dleimis, proche du régime. Souvent, ces missi dominici sont liés à des personnalités clés du régime baassiste, et même à plus de mille kilomètres des rives du Tigre, les règlements de comptes restent féroces. En 1998, une querelle d'affaires s'est soldée par une tuerie : cinq Irakiens, dont deux industriels, liés à Barzan, le demi-frère de Saddam Hussein, ont été liquidés.

Dans l'ombre, les autorités irakiennes sont parvenues à nouer des affaires sensibles avec les plus hauts responsables sécuritaires du royaume. « L'affaire des crédits bancaires », qui a éclaté en février 2002, a révélé ainsi de troublantes connexions entre Amman et Bagdad. Tout a commencé par un cas anodin de corruption ayant pour pivot un jeune patron de trente-

---

4. Cet Irakien chrétien a investi près de 200 millions de dollars dans la construction à Amman de l'hôtel Le Royal, une tour s'inspirant du minaret en spirale de la mosquée de Samarra.

deux ans, Majed al-Chamayleh, directeur de la société Global Business, une compagnie florissante au fait des nouvelles technologies. Son siège ultramoderne, sur l'une des grandes artères d'Amman, respire le professionnalisme. Global Business a remporté un contrat pour moderniser le système informatique de la police secrète jordanienne, le tout-puissant General Intelligence Department (GID).

En réalité, grâce à des complicités internes dans le GID, Global Business exportait des logiciels sensibles pour l'Irak. Al-Chamayleh et ses associés ont falsifié des documents et des tampons des services de renseignement pour solliciter de plusieurs banques des prêts fictifs d'un montant total de plus de 67 millions de dinars (environ 100 millions de dollars). Intriguée par des mouvements de fonds suspects, la CIA repère vite la nature du matériel et informe le roi Abdallah II.

Sommé par les trois banques escroquées[5] de rembourser les prêts, Majed al-Chamayleh s'est évanoui dans la nature plusieurs mois avant d'être repéré en Australie et extradé. Le procureur général a promis un procès « transparent ». De son côté, Samih Batikhi, le patron du GID mais aussi l'homme fort de la reine Nour, a finalement été lâché par le roi, qui a voulu lui faire porter le chapeau, et accessoirement se venger de la veuve du roi Hussein[6].

« L'affaire Chamayleh » n'est que la partie émergée

---

5. La Jordan Gulf Bank, la Jordan National Bank et la Jordan Investment and Finance Bank ont été les principales banques plombées par le scandale Chamayleh.

6. La reine Nour est en effet parvenue à capter l'héritage de la famille royale, notamment les nombreuses propriétés immobilières de feu son mari, le roi Hussein. Au début de son règne, le roi Abdallah a entamé une procédure judiciaire contre Nour pour récupérer une propriété à Londres. « Un accord à l'amiable serait intervenu », selon un officiel jordanien.

de l'iceberg irakien en Jordanie. Pendant des années, Saddam Hussein a mis la main au portefeuille et arrosé généreusement la classe politico-médiatique jordanienne. En septembre 1995, un mois après la défection d'Hussein Kamel, le gendre de Saddam, Salameh Neemat, le correspondant du journal panarabe *al-Hayat* à Amman, publie un article qui fait scandale. Il révèle l'existence des réseaux d'influence irakiens en Jordanie. Quarante-deux personnalités et entreprises sont soupçonnées d'entretenir des liens très étroits avec l'Irak, voire d'être carrément « achetées » par le régime de Bagdad[7].

L'article évalue les sommes reçues entre 500 et des centaines de milliers de dollars. Le journaliste évoque notamment le cas de Samih Darouzeh, ministre de l'Énergie à l'époque et propriétaire de la société pharmaceutique Dar al-Hikmat, qui a profité, via de juteux contrats, des largesses de Saddam Hussein. Ces révélations ont valu à son auteur d'être interrogé par le procureur général et de passer deux jours en prison.

« L'emprise de Saddam Hussein sur la Jordanie s'est renforcée au cours de ces dernières années, affirme aujourd'hui Salameh Neemat, qui persiste et signe. Une évolution liée à la faiblesse des ressources jordaniennes et à la crise économique. » À coups de cadeaux et d'argent, Bagdad a pu se constituer une clientèle dans les milieux politiques et médiatiques du royaume. Parmi les cas les plus célèbres figure le financement de la construction par Saddam Hussein d'un complexe de logements pour le syndicat de la presse dans le quartier de Tarek, à Amman.

Rien ne vaut quelques bonnes plumes pour louer les vertus du régime irakien. Plusieurs éditorialistes

---

7. « Les peurs jordaniennes vis-à-vis des infiltrations irakiennes », in *al-Hayat*, 20 septembre 1995.

renommés de journaux gouvernementaux – *al-Raï* et *al-Doustour* – sont toujours rémunérés par l'Irak. « Comment expliquer les somptueuses villas qu'ils se sont fait construire dans les quartiers huppés d'Amman ? Ce n'est certainement pas avec leur salaire du secteur public qu'ils ont pu se les offrir », commente, écœuré, un journaliste local.

Dans les quotidiens, les éditoriaux pro-irakiens sont fréquents. Les imprimeries des journaux jordaniens travaillent sur des contrats passés avec le régime irakien pour l'impression de livres dont la plupart finiront au rebut. Sans ces commandes venues de Bagdad, elles seraient en grave difficulté financière.

Les parlementaires jordaniens ne sont pas oubliés. Dans les années 90, Saddam Hussein leur a offert à chacun une voiture Toyota (modèle Cressida). La majorité a accepté ce cadeau personnel du raïs irakien. L'une des autres ruses pour susciter des sympathies est l'attribution de bourses d'études accordées aux partis politiques jordaniens. Ces derniers les redistribuent ensuite à leurs adhérents. De nombreux hommes politiques ont donc pu étudier dans les universités irakiennes aux frais du régime de Bagdad. Cette sollicitude permet d'entretenir des fidélités à Karak, Salt ou Zarka. En 1997 et 1998, l'implication d'étudiants bassistes pro-irakiens dans des émeutes à Karak a d'ailleurs été évoquée.

Le poids de cette « cinquième colonne » irakienne inquiète les responsables jordaniens. Avec ses agents infiltrés, le régime irakien a la capacité de mener des actions de déstabilisation en Jordanie, notamment des attentats ou des assassinats de personnalités. Le prince Hassan a révélé que les services jordaniens avaient lancé une campagne d'arrestation préventive contre les réseaux dormants d'agents irakiens[8]. Même si le danger paraît surestimé, pour les autorités jordaniennes, mieux vaut prévenir que guérir...

Les angoisses jordaniennes

Les relations jordano-irakiennes sont parfois électriques. La scène se passe au palais royal à la fin de l'année 2001. Le roi Abdallah reçoit pour des entretiens le vice-président irakien, Taha Yassine Ramadan. Ce jour-là, l'émissaire de Saddam est furieux. Il agite une feuille de papier sous le nez du roi. Celle-ci contient une liste d'espions jordaniens infiltrés en Irak. Déstabilisé, Abdallah pâlit, bredouille quelques mots d'étonnement et demande des éclaircissements au chef des services secrets, Samih Batikhi, présent lors de cette rencontre.

Poursuivant sur sa lancée, Taha Yassine Ramadan lance alors méchamment au jeune souverain : « Vous ne servez pas les intérêts du royaume et des Jordaniens, vous êtes au service des Américains. Pourquoi vous intéressez-vous tant aux faits et gestes de notre président, sinon pour renseigner les États-Unis ? » Au moment où Taha Yassine Ramadan quitte la salle, Abdallah II, encore sous le coup de l'émotion, lui serre la main et lui dit : « Soyez sûr que nous voulons travailler au renforcement des relations fraternelles entre nos deux pays. » Et Taha Yassine Ramadan de lui clouer une nouvelle fois le bec : « Sur ce plan-là, vous avez encore beaucoup à apprendre ! »

Les temps ont bien changé entre les deux pays. Avant la guerre du Golfe, les services de sécurité jor-

---

8. Interview publiée le 4 octobre 2002 dans *Yedeonot Aronot* et traduite dans *al-Qods al-Arabi* (5-6 octobre 2002).

daniens collaboraient étroitement avec ceux de Bagdad[9]. Ces derniers pouvaient pratiquement tout leur demander, notamment de surveiller les opposants irakiens, ou supposés tels, installés dans la capitale jordanienne. Aujourd'hui, les réunions entre les deux services sont devenues officielles et formelles. « De part et d'autre, on ne se fait plus confiance », assure un familier du Deuxième Bureau. Plusieurs anciens *moukhabarats* irakiens ont même bénéficié de la complicité de leurs collègues jordaniens pour s'exiler.

Pourtant, les relations entre la Jordanie et l'Irak n'ont pas toujours été marquées par une méfiance réciproque. Le roi Hussein, le père d'Abdallah II, a, pendant longtemps, entretenu d'excellents rapports personnels avec Saddam Hussein. Ces deux hommes de la même génération s'appréciaient, bien qu'ils n'eussent pas une conception identique du pouvoir. Saddam invitait régulièrement le roi Hussein à des parties de chasse en Irak. Dans son palais de Tikrit, un pavillon portait son nom et lui était réservé. La guerre du Golfe a été le chant du cygne de leur relation.

Pendant ce conflit, sous la pression de la rue acquise à la cause de Bagdad, le roi Hussein adopte une neutralité bienveillante à l'égard de Saddam. À l'époque, le président irakien n'est pas encore diabolisé par l'Occident. Ce choix politique est périlleux, dans la mesure où les poids lourds du monde arabe – l'Égypte et la Syrie – participent à l'opération Tempête du Désert. La Jordanie paie très cher sa non-participation à la coalition victorieuse.

Elle doit d'abord encaisser l'afflux de près de

---

9. La CIA utilisait les services jordaniens pour désinformer parfois Bagdad, tout en soutenant officiellement l'Irak dans sa guerre contre l'Iran.

300 000 Palestiniens expulsés du Koweït[10]. Ensuite, l'ostracisme politique et économique des pays du Golfe, qui ferment leurs frontières aux exportations jordaniennes et coupent les vannes du pétrole, fragilise son économie.

Même s'il ne le dit pas ouvertement, le roi Hussein en veut à Saddam Hussein d'avoir mis son royaume dans une position très délicate. Peu à peu, les liens entre les deux hommes se distendent. À partir de 1995, lorsque le roi accueille le gendre et les filles du dictateur qui ont fait défection, « l'option hachémite » pour l'après-Saddam apparaît même dans certains articles de la presse jordanienne.

Aujourd'hui, la Jordanie se trouve dans une configuration totalement différente, mais pas forcément plus confortable. Abdallah II a succédé à son père à la mort de ce dernier en février 1999. Cependant, il n'a ni son charisme ni son légendaire sens politique. Entouré d'une jeune garde de technocrates bardés de diplômes, le souverain n'a pas d'assise populaire. Il connaît mal les tribus, qui constituent pourtant le fondement de son pouvoir.

Déçus par les mauvais résultats économiques enregistrés depuis 2000, certains chefs de clans commencent à ruer dans les brancards et n'hésitent plus à critiquer ouvertement le monarque pour sa gestion des affaires et son style occidental de gouvernement. Sous le roi Hussein, les chefs de tribus pouvaient venir armés au palais pour rencontrer leur souverain, le fusil étant un signe de fierté. Aujourd'hui, sécurité oblige, cette pratique pourtant traditionnelle a été supprimée. « Avant, les portes du palais étaient ouvertes, regrette

---

10. La future reine Rania et sa famille ont fait partie de cette vague de réfugiés, qui gonfla de près de 10 % la population du royaume.

un député d'une grande tribu bédouine. Aujourd'hui, je dois prendre un rendez-vous avec une secrétaire qui a le toupet de me demander pour quelle raison je veux rencontrer Sa Majesté ! »

La grogne a gagné les milieux officiels, mécontents de nominations de « copinage » décidées par le roi. Dans la diplomatie, l'affectation de Dina Qawar au poste d'ambassadeur à Paris n'a toujours pas été digérée : détentrice d'un passeport français, cette employée de l'ambassade n'aurait obtenu ce poste que parce qu'elle avait auparavant supervisé le shopping de la reine Rania dans la capitale française !

Celle de Karim Qawar comme chef de poste à Washington, qui avait donné un stage à la souveraine dans son entreprise d'informatique, lorsqu'elle n'était encore qu'une inconnue, est tout aussi contestée : cet homme d'affaires serait en fait chargé de surveiller les intérêts financiers du roi aux États-Unis.

Mais surtout, l'entourage du souverain fait jaser et irrite la communauté économique et financière. Zeid Jouma, le beau-frère d'Abdallah, est devenu une sorte de trésorier de l'ombre. D'origine kurde et circassienne, il a épousé la princesse Aïcha, la sœur cadette du roi. C'est lui qui avait présenté Rania à Abdallah lors d'un dîner organisé chez lui.

Aujourd'hui, explique un officiel, « la négociation des principaux contrats dans le royaume doit passer par Zeid Jouma, au grand dam des entrepreneurs privés qui se plaignent de cette concurrence déloyale. Cette ambiance délétère commence à faire désordre ». Ce qui n'empêche pas Abdallah de se faire construire un nouveau palais dans les collines environnantes d'Amman, « avec une immense cuisine japonaise », précise un intervenant sur le chantier.

L'armée est bien sûr toujours fidèle, mais des états d'âme surgissent à l'occasion d'augmentations de soldes mal réparties. La troupe mais aussi des officiers ont parfois du mal à comprendre la stratégie du jeune souverain. Dans l'opinion publique, le traité de paix avec Israël signé en 1994 passe mal, y compris dans certains milieux officiels. Depuis le déclenchement de l'intifada palestinienne sur l'autre rive du Jourdain, beaucoup de Jordaniens se sentent floués par cette paix, dont les dividendes se sont réduits comme peau de chagrin.

Les attentats du 11 septembre 2001 à New York et à Washington ont encore accru les tensions. Le roi Abdallah, qui a été le premier chef d'État arabe à rencontrer George Bush après cette tragédie, s'est rangé sans hésitation sous la bannière antiterroriste de Washington. Avec son épouse Rania, il a pendant plusieurs mois monopolisé les émissions de talk-show des grandes chaînes de télévision américaine, martelant un seul message : « La Jordanie est avec les États-Unis. »

Les services de renseignements jordaniens ont fourni au FBI et à la CIA de précieuses informations sur les réseaux islamiques au Proche-Orient. L'US Army a pu utiliser la base aérienne de Jafar, dans le sud du royaume, dans sa campagne militaire anti-Talibans en Afghanistan. Elle a servi de centre de prépositionnement pour les troupes américaines, notamment pour son aviation et ses forces spéciales. Une solidarité appréciée à la Maison-Blanche : en 2002, les États-Unis ont doublé l'aide financière et économique annuelle à la Jordanie, passée à 450 millions de dollars.

Lancée à l'automne 2002, la campagne médiatique « La Jordanie d'abord ! » est le signe le plus tangible de l'alignement d'Amman sur Washington : « Il suggère que le royaume ne prendra pas parti pour l'Irak comme en 1991 mais pour la coalition alliée », affirme un ancien ministre, ajoutant que « les États-Unis utilisent le pays de façon brutale ».

Cette alliance avec la puissante Amérique est aussi étouffante [11]. Lors d'un déjeuner informel avec des correspondants étrangers au palais royal [12], le roi Abdallah confie son embarras : « Quand je dois rencontrer George Bush, affirme-t-il, j'ai des briefings préliminaires avec des officiels du Pentagone, de la CIA et du Département d'État qui me demandent de faire passer des messages ou des suggestions au président. C'est ce que j'ai fait pour Colin Powell, qui discrètement a levé le pouce en souriant en signe de victoire à l'occasion d'entretiens avec le président auxquels il assistait. »

Après des articles parus dans la presse arabe et anglo-saxonne sur la présence de troupes américaines en Jordanie pendant l'été 2002, le roi Abdallah n'hésite pas à téléphoner au président américain pour lui demander des explications. « Qu'est-ce qui se passe ? lui ai-je dit. Ce n'est rien, m'a répondu George Bush, c'est juste un jeune officier qui voulait impressionner sa petite amie en faisant circuler des rumeurs pour lui prouver qu'il était quelqu'un d'influent à Washington ! » Le roi était sidéré... mais a aussi compris qu'il ne pesait pas lourd face à l'Amérique.

Il a en fait été l'enjeu de rivalités entre les « faucons » du Pentagone et les « colombes » du Département d'État américain. Informés des projets du

---

11. Le roi connaît bien le monde anglo-saxon, puisque sa mère est anglaise et qu'il a fait une partie de ses études à Washington. Il maîtrise mieux la langue de Shakespeare que l'arabe classique.

12. L'un des auteurs a participé à ce déjeuner, qui a eu lieu le 26 septembre 2002.

ministère de la Défense d'utiliser la Jordanie comme base militaire, les hommes de Colin Powell ont fait circuler à dessein ces rumeurs pour saboter ce projet, trop risqué à leurs yeux. Le roi connaît l'étroitesse de sa marge de manœuvre. « Nous avons un couteau sous la gorge, je ne suis pas naïf, soupire-t-il à propos d'un éventuel déploiement des GI dans le royaume. Nous sommes dans une position très difficile. » En privé, les responsables jordaniens répètent que dans tous les cas de figure, le royaume ne mettra pas en péril cette relation avec les États-Unis, qualifiée de stratégique, pour les beaux yeux de Bagdad. Le dilemme est posé : l'aide américaine ne peut compenser l'affaiblissement des intenses relations économiques irako-jordaniennes. L'Irak est le poumon économique de la Jordanie. Sans lui, de nombreuses compagnies du royaume auraient depuis longtemps mis la clé sous la porte.

Un chiffre résume l'importance vitale du marché irakien : Bagdad est le premier partenaire commercial de la Jordanie et absorbe plus de 20 % de ses exportations [13]. Les pressions exercées par les puissantes chambres de commerce et d'industrie sur les autorités jordaniennes sont constantes pour développer les relations économiques. Pour s'en rendre compte, il suffit de se rendre sur la zone industrielle de Sahab, à une vingtaine de kilomètres à l'est d'Amman.

Toutes les sociétés présentes sur le site ont le regard tourné vers Bagdad. La plupart des secteurs industriels sont représentés, mais l'agroalimentaire, la chimie et la pharmacie tiennent le haut du pavé. Une zone où les produits prennent parfois des destinations inattendues et déroutantes : un industriel irakien a ainsi

---

13. Les flux commerciaux jordaniens avec l'Irak se sont élevés à 910 millions de dollars en 2001, contre 626 avec les États-Unis et 283 avec l'Arabie saoudite.

exporté du whisky dissimulé dans des canettes de boisson gazeuse vers l'Arabie saoudite et l'Afghanistan à l'époque où les Talibans étaient encore au pouvoir à Kaboul !

« L'Irak, ce sont de bons prix et de grosses quantités », lance catégorique Tewfic Abou Aitah, directeur d'une usine de cartons d'emballage qui réalise plus de la moitié de son chiffre d'affaires sur le marché irakien. Avec le Memorandum of Understanding (MOU) qui régit les relations commerciales entre l'Irak et les Nations unies, les affaires sont parfaitement sécurisées. Les procédures d'attribution des contrats prennent entre un et six mois. Le paiement en euros a lieu trente-cinq jours après la livraison de la marchandise. Une aubaine pour les chefs d'entreprise jordaniens confrontés à un marché local étroit et déprimé.

Même dans les plus hautes sphères de l'État jordanien, le gâteau du commerce avec l'Irak ne laisse pas indifférent. À commencer par le Premier ministre lui-même. Ali Abou Ragheb est un businessman proche du régime irakien. En août 2000, il est la première personnalité arabe de ce rang à briser l'embargo aérien sur l'Irak, permettant ainsi à la compagnie nationale Royal Jordanian de redémarrer ses vols directs entre Amman et Bagdad.

Son fils Hassan, patron d'une société d'exportation de matériaux de construction (fer, acier, etc.), réalise un gros volume commercial avec l'Irak. De même, le neveu du Premier ministre, Ibrahim Abou Ragheb, un ami proche du roi Abdallah, considéré comme l'un de ses trésoriers de l'ombre, retire lui aussi de substantiels bénéfices de son activité avec Bagdad.

Autant dire qu'une attaque américaine sur l'Irak serait déstabilisante pour la Jordanie, qui n'a rien à gagner dans un conflit armé. Le royaume dépend à

100 % de son voisin pour ses approvisionnements en brut et en produits dérivés [14]. Bagdad fournit à Amman 5,5 millions de tonnes de pétrole chaque année, la moitié gratuitement et l'autre à un tarif préférentiel, très en dessous des cours mondiaux. Un cadeau royal de la part de Saddam ! L'or noir est acheminé jusqu'à la raffinerie de Zarka dans la banlieue d'Amman par une noria constituée de milliers de camions-citernes qui roulent jour et nuit.

« Le pétrole irakien ne sert pas seulement à mettre de l'essence dans les voitures, mais aussi à faire tourner les infrastructures, notamment les stations de pompage et de traitement d'eau. En cas d'interruption partielle ou totale, toute la vie économique pourrait être perturbée », affirme un ancien officiel jordanien. Lors de la guerre du Golfe, en 1991, la route Amman-Bagdad était restée ouverte, mais une vingtaine de camions-citernes avaient été détruits par l'aviation américaine. Des émissaires américains ont promis que dans tous les cas de figure, l'approvisionnement énergétique de la Jordanie ne serait pas menacé. Malgré ces promesses, le gouvernement a pris soin de constituer des stocks pétroliers de sécurité.

Autre source d'inquiétude pour Amman : les responsables jordaniens répètent à l'envi qu'ils n'acceptent aucun réfugié sur leur territoire. Depuis l'été 2002, les conditions d'entrée des ressortissants irakiens en Jordanie ont été durcies. Ceux qui sont en transit ou qui viennent pour des raisons familiales (mariages,

---

14. Cette fourniture n'entre pas dans le cadre de la résolution « Pétrole contre nourriture », mais n'est pas considérée comme de la contrebande. Cet accord pétrolier entre la Jordanie et l'Irak n'a jamais été approuvé officiellement par le comité des sanctions de l'ONU, mais il bénéficie d'un feu vert tacite et informel.

décès, etc.) ou médicales sont admis sans problème, tous les autres cas sont étudiés à la loupe. Beaucoup d'Irakiens ont ainsi été refoulés au poste frontière de Trébil pour des raisons de sécurité parfois obscures. Mais la grande angoisse des autorités jordaniennes vient plutôt de sa frontière occidentale. Le scénario cauchemardesque serait l'expulsion de milliers de Palestiniens de Cisjordanie.

Le gouvernement israélien pourrait profiter du désordre régional provoqué par une attaque américaine pour régler le problème palestinien à sa façon. Dans l'idéologie de la droite extrémiste israélienne, l'État de Palestine existe d'ailleurs déjà, et s'appelle la Jordanie. Même si un tel transfert paraît difficile à mettre en œuvre en pratique, il hante les autorités jordaniennes qui ont gardé en mémoire l'exode des Palestiniens de 1948, 1967 et 1991.

Depuis l'été 2002, l'armée jordanienne s'est déployée sur le Jourdain et sur sa frontière avec l'Irak, comme lors de la guerre du Golfe. Quinze minutes : c'est le laps de temps nécessaire à un avion de chasse irakien pour traverser l'espace aérien jordanien et parvenir jusqu'aux frontières d'Israël. Le scénario redouté par l'état-major jordanien serait un règlement de comptes israélo-irakien dans le ciel du royaume hachémite. « Et soyez-en sûrs, les Israéliens ne demanderont pas l'autorisation de survol du territoire jordanien en cas d'attaque irakienne », assure Adnane Abou Odeh, ancien conseiller politique des rois Hussein et Abdallah.

La base aérienne de l'oasis d'Azraq, à l'est d'Amman, est en état d'alerte permanent depuis l'été 2002. Quatre Mirage F1 pendant la semaine et quatre F16 pendant le week-end se tiennent prêts à décoller en trois minutes le jour et dix la nuit pour intercepter d'éventuels avions venus de l'est. Azraq constitue l'élément stratégique de la sécurité aérienne jordanienne. Sa piste est protégée par des missiles britanniques Hawks et l'armée jordanienne a acquis trois radars de défense aérienne pour couvrir l'est du royaume et l'ouest de l'Irak.

Devant la montée des périls, la Jordanie a entrepris la modernisation à marche forcée de son armée de l'air[15]. En 2002, elle a négocié l'achat de F16 d'occasion avec la Belgique et l'Afrique du Sud et a passé commande à la société Eurocopter de seize hélicoptères de type EC 635 destinés à la surveillance des frontières et à la lutte contre les infiltrations et la contrebande. Ces appareils peuvent opérer la nuit grâce à des systèmes infrarouges. Au sol, les forces spéciales ont été équipées de jumelles de vision nocturne pour mieux contrôler les cent soixante kilomètres de la frontière jordano-irakienne.

Outre des avions irakiens, l'état-major jordanien craint que Saddam, dans un ultime geste de folie, n'ordonne le tir de missiles Scud ou l'envoi de drones remplis de charges chimiques ou bactériologiques sur Israël. « À basse altitude – entre 50 et 100 mètres – et de nuit, il est très difficile d'intercepter des drones. La parade est incertaine et aléatoire », affirme un expert militaire. Une erreur de tir ou un dysfonctionnement, et l'engin de mort pourrait s'abattre sur une zone urbaine. Or, en Jordanie, à la différence d'Israël, la population ne dispose d'aucune protection contre une attaque chimique ou biologique.

---

15. Sur la base d'Azraq, elle dispose de 30 Mirage F1, dont 20 sont opérationnels, et de 15 chasseurs américains F16.

Fin de partie

Le dialogue de sourds de ces dix dernières années entre l'Irak et la communauté internationale semble toucher à sa fin. Contrairement à Bill Clinton, George Bush paraît décidé à joindre l'action militaire à la volonté politique d'en finir avec Saddam.

« Quoi que nous fassions, nous ne sommes plus rachetables », se plaignait il y a quelques années déjà Tarek Aziz à ses interlocuteurs étrangers, qui lui avaient tant de fois promis une levée de l'embargo en échange d'une flexibilité irakienne.

La parole d'un dictateur pèse peu, même quand il dit certaines vérités. Face aux Nations unies, Saddam a joué de bout en bout une carte politique. Il a d'abord caché, escomptant survivre aux sanctions, un potentiel militaire dont il a besoin pour peser sur le Moyen-Orient. Mais à la longue, il a fini par perdre toute crédibilité, même auprès de ceux qui pouvaient se montrer plus compatissants à l'égard des souffrances endurées par son peuple.

Sous la pression américaine, quitte à se déconsidérer parfois, l'ONU a refusé d'entrer dans le jeu. Le Conseil de sécurité ne voulait pas penser un règlement politique de la crise, qui aurait tourné autour d'une levée des sanctions civiles et de la mise en place d'un mécanisme de surveillance à long terme, neutre et impartial, de l'armement irakien, afin que ce pays ne soit plus une menace pour ses voisins. Mais l'idée n'a jamais été de lever l'embargo, plutôt d'en retarder la fin, et c'est pourquoi les États-Unis n'ont jamais présenté la moindre carotte à Saddam. Les inspecteurs en désarmement n'ont jamais procédé à une évaluation précise de la menace irakienne. On est resté enfermé dans la logique scientifique des experts, celle du doute, de l'erreur toujours possible, même si chacun sait qu'en matière de désarmement, l'option zéro n'existe pas.

Pendant ces huit années où des centaines d'agents ont fouillé jusque dans les palais de Saddam, sachant très bien que les kilos de levure de bière manquant à leur tableau de chasse ne s'y trouvaient pas, il est devenu politiquement incorrect de dire que l'Irak est désarmé. Les frustrations accumulées par certains experts ou diplomates alors en charge du dossier en disent long aujourd'hui sur ce jeu de dupes...

La France, fidèlement, a joué la carte des Nations unies. Elle le fit en 1998, même si l'Unscom échappait complètement au contrôle de l'ONU, afin de sauver justement le système de surveillance onusien. Mais elle n'eut pas le courage d'aller jusqu'au bout de sa logique et de dire solennellement que le reliquat d'armes qui n'avait pas été découvert ne constituait pas un programme capable de menacer les voisins de l'Irak. Paris, aujourd'hui, pour éviter la guerre, campe sur la légalité internationale, mais jusqu'où peut-elle résister ?

Tout au long de ces années, Saddam a tenté de désolidariser les Russes et les Français des Américains. Mais, au final, il a mal évalué les alliances qui, au dernier moment, se feront sans doute contre lui. Il vit décalé par rapport à l'évolution du monde, dans une sorte d'apnée. Qui ose encore lui dire la vérité ? Personne, sinon peut-être son fils Qoussaï, et en y mettant les formes !

Son pouvoir, à défaut d'être pleinement exercé, doit être exhibé : les réunions bihebdomadaires avec ses responsables de l'industrie militaire diffusées à la télévision sont d'abord destinées à narguer son ennemi Bush fils.

Dans le brouhaha médiatique orchestré sur le thème de la menace irakienne, les fantasmes les plus saugrenus ont eu droit de cité : des « palais ateliers d'anthrax » aux témoignages gonflés des opposants débriefés par la CIA et le Renseignement anglais, qui peinent à le confondre.

L'Irak n'a pas un passé d'État terroriste. Tous les experts sérieux le reconnaissent. Bagdad a abrité des groupes terroristes, comme Abou Nidal, à des fins de dissuasion envers d'autres pays. Les Frères musulmans syriens, par exemple, ont été une carte face à son frère ennemi Hafez al-Assad. Mais, contrairement à ses voisins iraniens ou syriens, Bagdad n'a pas exporté le terrorisme.

L'Irak baassiste du laïc Saddam goûte peu à la pratique rigoriste de l'islam prônée par Oussama Ben Laden. Mais le dos au mur, le dictateur pourrait recourir à certaines passerelles entre le duo des ennemis publics numéro un des États-Unis, voire transformer la bataille de Bagdad en une sale guerre. En frappant l'Irak, George Bush pratiquerait un « détournement d'objectif » commode, mais dangereux. On vise Saddam à défaut de pouvoir mettre la main sur le patron d'al-Qaeda.

Saddam est victime du « syndrome Arafat ». Quoi qu'ils fassent, ils ne sont plus crédibles. Ils sont devenus le problème. Leur double jeu a fini par lasser. Même s'ils ont été victimes des deux opérations de relations publiques les mieux réussies de ces dernières années (la tromperie de Camp David pour Arafat et celle de l'année 98 pour Saddam), ils doivent être écartés de la scène proche-orientale, fût-ce au prix du chaos qui suivra.

L'Irak, que la France, comme les grands pays occidentaux, a beaucoup armé du temps où il était un rempart utile, a sans doute fini par expier les péchés des autres.

Gouverner la tumultueuse mosaïque irakienne a toujours été une tâche extrêmement ardue. Les Anglais qui s'y sont essayés dans le passé en ont gardé des souvenirs amers. Et s'il est un peuple que Saddam a détruit, c'est le sien. Bien peu d'Irakiens le regretteront, le jour où il sera chassé du pouvoir. Reste à s'interroger dans quelles conditions...

Chronologie

25 avril 1920 : la conférence de San Remo attribue à la Grande-Bretagne un mandat sur l'Irak.
Juin-novembre 1920 : révolte antibritannique.
23 août 1921 : Fayçal Ier couronné roi d'Irak.
3 octobre 1932 : l'Irak accède à l'indépendance et adhère à la SDN.
28 octobre 1936 : premier coup d'État militaire du général Bakir Sidki.
31 mars 1941 : coup d'État nationaliste de Rashid Ali al-Gaylani.
24 février 1955 : l'Irak rejoint le pacte de Bagdad réunissant le Pakistan, l'Iran, la Turquie et la Grande-Bretagne.
14 juillet 1958 : la monarchie est renversée.
8 février 1963 : premier coup d'État du Baas. Qassem est exécuté.
18 novembre 1963 : le général Aref chasse les baassistes et prend le pouvoir.
17 juillet 1968 : second coup d'État baassiste.
30 juillet 1968 : le duo Ahmed Hassan al-Bakr-Saddam Hussein s'empare du pouvoir.
1er juin 1972 : nationalisation du pétrole irakien.
8 octobre 1978 : Bagdad expulse d'Irak l'ayatollah Khomeyni (arrivé à Nadjaf en 1965), qui s'installe en France, à Neauphle-le-Château.
16 juillet 1979 : Saddam Hussein met Ahmed Hassan al-Bakr à la retraite et devient le numéro un du régime.

17 septembre 1980 : début de la guerre Iran-Irak. Bagdad déclenche les hostilités.

25 novembre 1984 : rétablissement des relations diplomatiques entre Bagdad et Washington.

Mars 1988 : face aux revers de son armée au Kurdistan, Bagdad utilise l'arme chimique à Halabja.

8 août 1988 : fin de la guerre Iran-Irak.

2 août 1990 : l'Irak occupe le Koweït.

17 janvier 1991 : la coalition alliée attaque l'Irak, la seconde guerre du Golfe commence.

26 février 1991 : Saddam annonce son retrait du Koweït.

Février-mars 1991 : révolte des chiites et des Kurdes en Irak.

10 novembre 1994 : l'Irak reconnaît officiellement l'indépendance du Koweït.

Août 1995 : défection à Amman des deux gendres de Saddam Hussein, Saddam Kamel et Hussein Kamel.

9 décembre 1996 : Bagdad accepte la résolution 986, dite « Pétrole contre nourriture ».

16-19 décembre 1998 : les États-Unis et la Grande-Bretagne bombardent l'Irak au cours de l'opération Renard du Désert visant à forcer Bagdad à coopérer avec l'Unscom, la commission de l'ONU chargée du désarmement.

29 janvier 2002 : l'Irak est désigné avec l'Iran et la Corée du Nord comme faisant partie d'un « axe du mal » par le président américain George W. Bush.

16 septembre 2002 : Bagdad accepte le retour des inspecteurs de l'ONU en désarmement.

15 octobre 2002 : Saddam est réélu président de la République avec un score de 100 % des voix.

13 novembre 2002 : l'Irak accepte la résolution 1441, durcissant le régime d'inspection en désarmement.

7 décembre 2002 : Saddam présente ses excuses aux Koweïtiens pour l'invasion de l'émirat en 1990.

8 décembre 2002 : l'Irak transmet aux Nations unies le rapport exigé sur son désarmement. Georges Bush le juge « décevant ».

Remerciements

Nous tenons à remercier l'ensemble des personnes interrogées pour les besoins de l'enquête, qu'elles apparaissent sous leur nom ou de façon anonyme pour des questions de sécurité. Merci pour leur disponibilité et l'accueil qu'elles nous ont réservé au cours de nos entretiens. Notre gratitude va également à ceux et celles qui nous ont conseillés et encouragés tout au long de notre travail : Assem al-Omari, Mohammed Abou Mayzar, Chafika Mattar, Hussein al-Hindawi, Hayat Attiyeh, Ghanim Jawad et Faleh A. Jabar.

Bibliographie

William Rivers Pitt, entretien avec Scott Ritter, *Guerre à l'Irak. Ce que l'équipe Bush ne dit pas*, Le Serpent à Plumes, 2002.

Andrew et Patrick Cockburn, *L'Énigme Saddam*, First Edition, 1999.

Alain Michel et Fabien Voyer, *Irak, la faute*, Éditions du Cerf, 1999.

Pierre-Jean Luizard, *La Question irakienne*, Fayard, 2002.

Richard Butler, *Saddam Defiant*, Londres, Phoenix, 2000.

Sarah Graham-Brown, *Sanctioning Saddam*, Londres, I. B.Tauris, 1999.

Saïd K. Aburish, *Saddam Hussein. The Politics of Revenge*, Londres, Bloomsbury, 2000.

Hanna Batatu, *The Old Social Classes and the Revolutionary Movements of Iraq*, Princeton University Press, 1978.

Chris Kutschera, *Le Défi kurde ou le rêve fou de l'indépendance*, Bayard, 1997.

Pierre-Jean Luizard (dir.), « Mémoires d'Irakiens : à la découverte d'une société vaincue... », *Maghreb-Machrek*, La Documentation française, n° 163, janvier-mars 1999.

Faleh A. Jabar, Hisham Daoud, *Tribes and Power in the Middle East*, Al-Saqi Books, 2002.

Index

ABBAS, Aboul : 146.
ABDALLAH II (roi de Jordanie) : 9, 106, 148, 220, 235, 236, 243-253, 255.
ABDALLAH (prince) : 103.
AFLAK, Michel : 22, 42, 114.
AL-ASSAD, Bachar : 235.
AL-ASSAD, Hafez : 30, 50, 100, 156, 259.
AL-AZZAOUI, Hikmat Ibrahim : 153.
AL-BAKR, Ahmed Hassan : 21, 22, 24, 29, 30-33, 42, 55, 79, 261.
ALBOU NASSER : 92.
ALBRIGHT, Madeleine : 119, 123, 129, 137.
AL-DOURI, Izzat Ibrahim : 24, 53, 93, 100, 103, 111.
AL-DULAYMI, Mohammed Mazloum : 112, 113.
AL-KHARAILLAH, Adnane : 80, 82, 92.
AL-MAJID, Ali Hassan : 79, 100, 106, 230.
AL-QAÏSSI, Riyad : 142, 147.
AL-RASHEED, Maher : 80.
AL-RASHID, Haroun : 57, 193.
AL-RAZZOUKI, Roukkan : 84.
AL-SADATE, Anouar : 10.
AL-SADR, Mohammed Baqr : 35, 227.
AL-SADR, Mohammed Sadeq : 75.
AL-TIKRITI, Barzan : 24, 30, 76, 77, 79, 82, 85, 88, 92, 160, 242.
AL-TIKRITI, Hardan : 31, 32.
AL-TIKRITI, Hussein Haza Fayçal : 77.
AL-TIKRITI, Mazahem Sa'ab Hassan : 96.
AL-TIKRITI, Nafi'e Fad'am : 77.
AL-TIKRITI, Nawfal Mahjnoum : 115.
AL-TIKRITI, Saba'oui : 89.
AL-TIKRITI, Watban : 79, 84-86, 88, 89, 92.
AL-ZUBAYDI, Mohammed Hamza : 75, 76.
AMMASH, Saleh Mahdi : 31, 32.
ANNAN, Kofi : 60, 61, 123, 124, 133, 135, 142.
ARAFAT, Yasser : 21, 31, 43, 259, 260.
AREF, Abdel Salam : 16, 22, 213.

ATTIYEH, Ghassan : 88.
AUBIN DE LA MESSUZIÈRE, Yves : 59, 61, 62, 123, 125.
AWAD, Nassif : 44, 66.
AZIZ, Tarek : 58, 60, 61, 62, 63, 64, 71, 100, 103-105, 126, 210, 225, 257.
AZIZ, Ziyad : 104.

BARAM, Amitza : 91, 98.
BARRE, Raymond : 10, 67.
BARZANI, Masrour : 215.
BARZANI, Massoud : 33, 80, 211, 214-217, 223, 230.
BARZANI, Mulla Moustapha : 33, 155, 215.
BARZANI, Najirvan : 215.
BEN LADEN, Oussama : 259.
BLAIR, Tony : 21.
BOISDEVAIX, Serge : 61.
BOUTEFLIKA, Abdelaziz : 64.
BUSH, George : 119, 221, 225.
BUSH, George W. : 9, 148, 150, 184, 229, 236, 250, 251, 257, 259, 262.
BUTLER, Richard : 117, 121, 126, 127, 129, 131, 133-137, 143, 146.

CHALABI, Ahmed : 219, 220, 221, 222, 223, 224, 225, 226, 230, 233.
CHAMAR (tribu) : 110.
CHEYSSON, Claude : 69.
CHIRAC, Jacques : 60, 61, 64-67, 70, 72, 124, 125, 135, 235.
CLINTON, Bill : 60, 123, 124, 133, 135, 212, 257.
COUSSERAN, Jean-Claude : 125.

DEJAMMET, Alain : 130, 155.
DUELFER, Charles : 121, 124.
DUFOURCQ, Bertrand : 124.

EKEUS, Rolf : 90, 95, 120, 121, 123, 143.

GIRAUD, André : 66, 226.
GISCARD D'ESTAING, Valéry : 65, 66.

HAMOUD, Taha : 57.
HASSAN II, roi du Maroc : 68.
HEKMATIYAR, Gulbudin : 216.
HITLER, Adolf : 9.
HMOUD, Abed : 93, 95, 97.
HOWEICH, Abdel Melah : 149.
HUSSEIN, Adnane : 68.
HUSSEIN, Hala : 42, 43, 92, 95.
HUSSEIN, Oudaï : 12, 42, 43, 54, 79, 81-90, 92, 96, 103, 154, 160, 162, 169, 172.
HUSSEIN, Qoussaï : 37, 40, 42, 43, 59, 75, 76, 79, 80, 81, 87, 88, 92, 93, 95, 96, 97, 104, 107, 149, 161, 214, 259.
HUSSEIN, Raghad : 42, 89, 90, 91.
HUSSEIN, Rana : 42, 89, 90, 91.
HUSSEIN (roi de Jordanie) : 11, 14, 20, 29, 31, 47, 50, 90, 224, 243, 247, 248, 255.
HUSSEIN, Sajida : 38, 42, 86.

JABAR, Faleh A. : 112.
JAJO, Kamel Hanna : 81, 86.
JAWAD, Ghanim : 98.
JBOUR (tribu) : 110, 111, 113.

JBOURI, Ali : 75.
JEAN-PAUL II : 63.
JENABI (tribu) : 111.

KADHAFI, Muammar : 53, 100.
KAMEL, Hussein : 59, 86, 90, 91, 92, 95, 119, 120, 244, 262.
KAMEL, Saddam : 90, 91, 92, 262.
KHOMEYNI (ayatollah) : 10, 30, 35, 194, 205, 261.
KRAATZ-WADSACK, Gabrielle (docteur) : 132.

LEWINSKY, Monica : 123, 134, 135.
LOUZI, Ahmed : 50.
LUIZARD, Pierre-Jean : 99.

MAKHLOUF : 156.
MAUROY, Pierre : 69.
MITTERRAND, François : 69, 159.
MORIZET, Jacques : 45, 49, 65, 66, 67, 68.
MOUBARAK, Suzanne : 81.

MOUSTAPHA, Jamal : 92, 95.
MOUSTAPHA, Kamal : 92, 93.

NASSER, Gamal Abdel : 10, 14, 25, 100.
NIDAL, Abou : 259.

ORNANO, Michel d' : 65, 66.

RAMADAN, Taha Yassine : 20, 24, 51, 100, 105, 106, 246.
REEPS, Hoorst (docteur) : 132.
RITTER, Scott : 93, 121, 122, 127, 129, 133, 151.

SABRI, Naji : 80, 104.
SALADIN : 38, 41, 57.
SAUVAGNARGUES, Jean : 67.
SCHNEIDER, Michael E. : 145.
SEVAN, Benon : 143.
SMIDOVICH, Nikita : 129, 130.

TALABANI, Jalal : 210, 211, 213, 216, 223, 229, 230.

VÉDRINE, Hubert : 61, 62, 118.
VON SPONEK, Hans : 58, 146, 147, 210.

Table

Introduction. *L'Irak en ligne de mire* 9

I. Une histoire violente et tourmentée (1958-1979) .. 13
   Bain de sang royal 13
   « L'âge d'or » du Baas 21
   Saddam Hussein prend le pouvoir 29

II. Saddam hors du temps 37
   Le Bédouin de Tikrit 37
   L'obsession de la survie 50
   France – Irak : l'autisme de Saddam 59

III. Le système Saddam 75
   Une famille turbulente, mais aux ordres ... 78
   Un appareil sécuritaire impénétrable 93
   Les apparatchiks toujours aux commandes ... 100
   La bouée de sauvetage des tribus 108
   La calcification du pouvoir 113

IV. L'Irak paiera : Saddam le paria 117
   1998, l'année charnière 117
   Les petits scandales de l'ONU 137
   Les circuits occultes de la contrebande ... 148

V. Une société en recomposition 163
   Un peuple digne dans les épreuves 164

Un État féodalisé en voie de privatisation 173
Le chantier de la reconstruction 182

VI. L'Irak, nation ou puzzle communautaire ? 193
La mosaïque irakienne 193
Les chiites, entre dissidence et loyauté 202
Les Kurdes déjà autonomes 210

VII. L'opposition en exil : combien de divisions ? ... 219
CIA, dollars et trahisons... 219
La cacophonie de l'opposition 227

VIII. Les agents de Saddam en Jordanie 237
L'ombre de la « cinquième colonne » 237
Les angoisses jordaniennes 246

Fin de partie 257

Chronologie 261

Remerciements 263

Bibliographie 265

Index 267

Photocomposition Nord Compo
59650 Villeneuve-d'Ascq

Impression réalisée sur CAMERON par

BRODARD & TAUPIN
GROUPE CPI

La Flèche

pour le compte des Éditions 1
31, rue de Fleurus, Paris 6ᵉ
en janvier 2003

Imprimé en France
Dépôt légal : janvier 2003
N° d'éditeur : 13497/01 – N° d'impression : 16822